절대적 기도

절대적 기도

초판 1쇄 인쇄   2022년 7월 1일
초판 1쇄 발행   2022년 7월 3일

지은이 | 김요셉
펴낸이 | 김경일
펴낸곳 | (주) 도서출판 에제키엘
출판등록 | 2005.01.20 (제 2005-9호)
주소 | 경기도 일산동구 성석동 1268번지
홈페이지 | http://teach.quv.kr
        http://pcd.quv.kr
전화번호 | 010-7281-1678
이메일 | hisown@hanmail.net
팩스 | (0303) 3444-7281

ISBN 979-11-967313-2-8(03230)

absolute prayer

김요셉

에제키엘 출판사

absolute prayer

❝추천의 글❞

"기도에 대한 깔끔함과 체계성이 매우 돋보이는 책이다. 이 책은 기도핸드북 역할을 톡톡히 해낼 것으로 기대된다. 기도의 가장 뼈가 되는 내용만을 명쾌하게 요점 정리한 책이다"

- 크리스챤 투데이 신문

"이 책은 왜 신앙인들이 기도에 어려움을 느끼며 기도를 방해하는 것들은 무엇인지, 또 그것을 이기는 방법과 기도해야 하는 이유, 기도의 능력을 알려준다" - 들소리 신문

"절대적 기도는 성경에 근거한 기도 실천의 방법, 기도의 중요성과 효과를 알려줄 계획이다" - 국민일보 서윤경 기자

"기도가 회복되어야 모든 것이 회복된다는 슬로건 아래 행사를 개최하는 기도학교 대표 김요셉 목사는 '절대적 기도'라는 책의 저서로 '읽으면 읽을수록 기도열기가 뜨거워지도록 기도에 관한 내용을 핵심적으로 잘 담아냈다'는 평가를 받은 바 있다"
- 크리스천 투데이 김지혜 기자

"요즈음 살기가 어렵다고 야단입니다. 하는 일마다 힘들다고 난리입니다. 왜 그럴까요? 이 책을 읽으면 그 대답이 분명해집니다. 그 이유는 기도하지 않기 때문입니다. 기도하지 않으면 하나님께서도 일하시지 않습니다. 그런데 기도하면 하나님께서 일하시기 시작합니다.

이 책은 간결합니다. 기도에 관해서 선언적입니다. 기도의 맛을 아는 사람만이 기도할 수 있습니다. 기도응답은 기도를 할 때에만 가능합니다. 기도하지 않는데 어떻게 응답이 있을까요? 이 책을 읽으면서 기도의 능력을 체험합시다.

나 스스로 기도의 능력을 확신하는 순간에 기도할 수 있습니다. 기도하면 희망이 있습니다. 절망 속에서 살아남을 수 있는 사람은 기도를 통해 위로부터 오는 힘을 공급받는 사람입니다. 앞도 막히고 뒤도 막히고 옆도 막힐 때 위로 하늘이 찬연히 열려있는 것을 알아야 합니다. 기도하면 하늘의 능력을 힘입어 모든 어려움을 극복할 수 있습니다"
- 소기천 교수 (장신대학교 신약학)

"김요섭 목사님의 책은 기도에 대한 책입니다. 우리는 교회 생활 중에 기도에 대한 이야기를 많이 듣지만 기도에 대하여 체계적으로 배우거나 훈련을 받는 일은 그다지 흔하지 않은 것 같습니다. 기도에 대하여는 다 아는 것 같아도, 실제로 올바른 기도에 대하여는 잘 모르는 경우가 많습니다.

김요섭 목사의 책은 실제적인 기도 지침서입니다. 이 책을 통하여 독자들의 기도생활이 더욱 풍성해지기를 기대합니다"
- **현요한 교수 (장신대학교 조직신학)**

"이 책은 포스트모던 시대에 다양성을 강조하는 상대적인 가치관 속에서 하나님께 기도해야만 하는 본질적인 이유를 제공하는 유익한 기도입니다.

이러한 기도서는 하나님께서 당신의 자녀들에게 주시는 약속뿐만이 아니라, 하나님을 신뢰하는 방법까지 깨닫게 하는 기도서이다. 이 책은 기도목회를 하는 목회자에게 적절한 지침서가 될 것이다.

이 책은 그동안 잊고 있었던 하나님의 사랑을 다시 찾게 해준 기도서입니다. 이 책은 기도학교의 교과서로서 신앙인들에게 유익하리라 생각합니다. 이러한 기도서는 하나님께서 당신의 자녀들에게 주시는 약속뿐만이 아니라 하나님을 신뢰하는 방법까지 깨닫게 합니다.

영원히 우리의 목마름과 배고픔은 주님의 기도학교로 보내시기 위한 교육과정인 것입니다. '주님의 선하심과 인도하심을 알지어다'라는 말씀을 신뢰하며 계속해서 우리의 생수의 아름다운 소리들이 하나님께 상달되기를 바랍니다"

- 한상진 교수 (총신대 기독교교육학, 기독교교육연구소 소장)

"이번에 김요셉 목사님이 《절대적 기도》라는 책을 출판하게 된 것을 축하합니다. 《절대적 기도》는 기도가 무엇이며, 왜 기도해야 하며, 기도가 어떻게 하나님의 보좌를 움직이는 가를 간명하게 기술함으로서 우리에게 기도를 가르칠 뿐만 아니라 기도하도록 강권하는 힘이 있습니다.

저자인 김요셉 목사님은 한국교회 현실에서 기도만이 모든 문제의 해결책이며, 한국교회의 부흥과 갱신을 가져올 수 있는 유일한 원천이라는 확신에서 이 책을 집필했고, 이 책이 오늘 우리 주변에 스며든 영적 퇴락을 물리치고 영적 해갈을 가져올 수 있다는 확신에서 이 책을 기술했습니다.

저자는, 기도는 모든 리더십의 기초라고 말합니다. 이 점은 성경과 교회사가 보여주는 중요한 가르침이기도 합니다. 사도행전의 역사는 한 기도회에서 시작되었고, 기도는 역사를 움직이는 힘이었습니다. 교회사에 나타나는 영적 지도자들에게 나타나는 가장 현저한 특징은 저들은 기도의 사람이었다는 점입니다.

기도야말로 오늘 우리의 잠든 영혼을 흔들어 깨우는 힘이자, 우리를 위해 예비하신 능력을 받는 수단이기도 합니다. 이런 점에서 저자는 기도를 보물창고라고 말합니다.

이 책은 기도가 무엇인가를 말할 뿐 아니라 우리의 실제의 삶에서 기도하지 않으면 안되는 기도하는 사람의 길을 제시합니다. 오늘 우리 앞에 노출된 세속주의, 형식주의, 무질서와 음란, 우리의 영혼을 오도하는 거짓된 가르침 앞에서 우리에게 기도하는 삶의 길을 제시합니다.

호주의 유명한 전기 작가인 라일J. C. Ryle의 경구警句는 오늘 우리에게 죄의 파괴력과 기도의 힘을 확인시켜 줍니다. 그는 "죄는 기도를 죽이고, 기도는 죄를 죽인다."고 했습니다.

기도는 성령의 임재를 경험하게 하며 날마다 성화의 삶을 가능하게 하지만 죄는 우리의 영혼을 병들게 하고 기도를 무력화시킵니다. 오늘 나의 현실이 어떠한가를 깊이 알면 알수록 기도의 무장이 얼마나 긴요한 요청인가를 깨닫게 합니다. 이런 점에서 이 책은 오늘을 사는 그리스도인들에게 교훈과 경고를 주는 살아있는 메시지라고 생각합니다.

이 책이 읽혀지고, 기도하는 사람들이 이 강산과 대지에 영적 해갈을 가져오고, 드디어는 우리가 꿈꾸는 1907년과 같은 대 부흥을 가져오는 역사가 일어나기를 기대해 봅니다.

김요섭 목사님의 기도에 대한 책, '절대적 기도'는 우선 기도가 무엇인가를 간명하게 가르쳐 주고 있다는 점에서 애정이 가는 책이다. 이 책에서 저자는 기도를 그리스도인의 삶의 방법 중의 하나로 말하는 것이 아니라, 기도만이 문제의 해결이며, 기도만이 영적인 삶의 길임을 제시하고 있다.

그러기에 저자는 오직 성경, 오직 은혜, 오직 믿음과 함께 "절대적 기도"를 말하고 있다. 그는 성경과 역사, 그리고 능력 있는 삶을 살았던 영적인 인물들을 통해 기도의 힘이 얼마나 큰 것인가를 우리 앞에 노출시키고 있다.

이 책이 소중한 가치를 지니는 것은 이 책은 단순히 기도에 대해 가르치는 것이 아니라, 우리로 하여금 기도하게 한다는 점 때문이다. 언제나, 누구나 편안하게 읽을 수 있기에 이 책은 모든 그리스도인들에게 유익을 줄 것이다"
- 이상규 교수 (고신대학교 신학과, 신과대학 학장)

"《절대적 기도》는 기도의 절대적 중요성을 강조한 책으로서, 급속히 세속화되는 선교 현장에서 꼭 필요한 책입니다. 선교 현장의 사역자들은 선교가 하나님의 선교가 되도록 본 저서를 꼭 한 번씩 일독해야 합니다.

선교는 기도의 힘으로 해야 합니다. 선교는 머리로 하는 것이 아니라 마음으로 하는 것입니다. 위대한 마음은 양을 위해 죽을 수 있는 마음이요 생명을 바쳐 주님을 사랑하는 것입니다. 머리로는 결코 주님께서 맡겨주신 사명을 이루기 위하여 충성할 수 없고 순교할 수 없습니다.

오직 기도로 무장했을 때에 다른 영혼을 감동시키고 살려낼 수 있습니다. 기도를 통해 하나님의 기름인 성령이 사람의 마음에 부어질 때에 사람의 마음과 영혼은 부드러워지며 세속적이고 이기적인 동기와 목표에서 벗어날 수 있습니다.

요한 웨슬리는 하루에 새벽 미명에 일어나 2시간씩 주님과의 교제의 시간을 가졌고, 헨리 마틴H. Martin은 기도하는 선교사였으며, 조나단 에드워드의 평가에 따르면 브레이너드Brainerd는 하나님과 다른 영혼을 위해 불타는 열정을 소유한 기도의 사람이었습니다.

선교는 사람들에게 하나님의 말씀을 전파하기 전에 먼저 하나님께 아뢰는 기도로부터 시작되어야 합니다. 《절대적 기도》를 일독하게 되면 기독교 신앙과 선교 실천에서 무엇이 절대적인 기초임을 깨닫게 될 것입니다. 그것은 바로 기도입니다. 기도는 하나님 앞에 자신을 굴복시키는 것이요 항복하는 것이며 겸손한 복종의 표시입니다.

이 책을 통해서 하나님 앞에서 인간의 지력과 자존심 그리고 허영을 십자가에 못 박으며 자신의 영적 파산을 인정함으로써 절대 기도를 체험할 수 있을 것입니다. 만일 신앙과 선교 실천에서 절대적기도 없이 하나님의 뜻과 예수 그리스도의 마음이 빠진다면 그 행위들은 율법지상주의와 도덕무용론의 회칠한 무덤이 될 것입니다.

절대 기도를 통해 인간이 용서할 수 없는 일을 생명의 성령의 능력으로 용서하고, 절대 기도를 통하여 참생명을 얻으며, 하나님의 나라의 선교에 참여하기를 바라며 《절대적 기도》를 추천합니다"
- 노윤식 교수 (성결대학교 선교학)

"저자는 중요한 경건의 두 가지 유형 중에서 기도에 초점을 맞추어 신학적인 논의를 전개하고 있습니다. 저자는 무엇보다도 말씀에 기초한 기도, 곧 말씀의 지도를 받는 기도야말로 가장 이상적인 기도임을 역설하며, 그런 점에서 기도 생활이 신앙인의 삶에서 "절대적으로" 필요하고 중요한 것임을 강조합니다. 저자의 체험과 신앙고백이 진하게 녹아들어 있는 본서의 일독을 권합니다."
- 강성열 교수 (호남신학대학교 구약학 교수)

"기도는 산소라는 말이 있습니다. 기도 없이 크리스천은 아무 것도 아닙니다. 김요셉 목사님의 《절대적 기도》는 하나님과 깊은 교제를 하게 하는 책입니다"
- 최종호 교수 (경성대학교 신학대학 학장)

"영국의 유명한 설교자였던 스펄전 목사님은 '기도 없는 영은 그리스도 없는 영이다'라고 하였습니다. 기도 없이는 어떤 사람도 그리스도와 관계를 가질 수 없다는 말입니다. 생명이신 그리스도와 관계가 없다는 말은 생명이 없다는 말입니다. 다시 말해서 기도 없는 영은 그 자체가 죽은 영이라는 말입니다. 이렇게 생각할 때 기도의 필요성은 가치가 있다. 또는 복을 받는다. 문제의 해답을 얻는다는 등의 이유를 넘어 살기 위하여 기도해야 함을 발견할 수 있습니다. 저자가 말하는 '절대적 기도'라는 제목은 이런 의미에서 아주 적절하고도 가장 기도를 정확하게 표현한 글이라 생각합니다.

절대적 기도를 읽어보시면 알겠지만 간단하지만 감동이 있고 읽는 이들에게 영적인 도전을 줄 수 있는 글입니다. 기도하기를 원하는 사람들, 새롭게 기도 생활을 시작하는 사람들, 기도하면서도 영적 힘을 찾지 못한 사람들, 기도의 응답이 없다고 낙심이 되시는 분들이 한번 읽어보시면 전혀 새로운 기도의 의미를 발견하게 될 것입니다. 직접 기도하며 속앓이를 한 간증이 있는 책입니다. 읽으면서 목사님이 글을 쓰면서 깨닫고 체험한 귀한 은혜를 받아 기도에 힘을 얻는 기회가 되시기 바랍니다"
- 이용남 목사 (장석교회 담임목사)

"기도 교과서로 사용해도 손색이 없는 간결 명료하면서도 알찬 기도 안내서입니다. 많은 이들이 기도를 부담스럽게 생각하는데 큰 도움이 될 책입니다. 그동안 유익한 책을 저술하느라 수고가 많았습니다" **- 심재선 목사 (한국교회연합 명예회장)**

"영혼의 웰빙, 영적인 웰빙, 이에 대한 답은 기도입니다. 기도를 통하여 우리의 영혼은 위로받고 치료받으며 다시 일어설 수 있을 것입니다. 기도를 통하여 절망과 슬픔과 좌절 너머에서 오늘도 우리에게 다가오시는 하나님을 느낄 수 있을 것입니다. 영적 웰빙이 절실히 필요한 이 시대에 김목사님의 이 책은 여러분의 도우미가 되어줄 것입니다. 기도에 대한 많은 것을 알려줄 것입니다"   **- 김도훈 교수 (장신대 조직신학 교수)**

"절대적 기도는 더 깊은 기도의 짜릿함을 누리고 또 한번 영적 충만함을 얻는 귀중한 시간들입니다. 기도의 구체적이고 실질적인 능력을 체험할 수 있는 절대적 기도를 적극 추천합니다"   **- 우가향 교수 (숙명여대)**

"승리하는 그리스도인의 삶의 두가지 무기는 말씀과 기도입니다. 《절대적 기도》는 말씀의 원리에 따라 바르게 기도하는 방법을 초보단계부터 성숙한 기도인 그 분의 마음을 알고 드리는 듣는 기도까지 명료한 언어로 잘 정리하였습니다.

기도의 장애물과 혼돈의 강을 한 걸음씩 건너서 드디어는 주님의 마음과 일치가 되어 자유에 이르는 길을 단순하면서도 간결하게 소개한 책이 많지 않는데 이 책은 단순한 언어로 모든 독자들이 읽기에 쉽게 정리하여 두었습니다.

손에 들고 다니면서 어디서든 조용히 펴 보면 즉각적으로 기도의 줄을 하늘로 연결시켜 응답의 문을 두드릴 수 있도록 기록하였기에 모든 성도들에게 일독을 권합니다. 특히 여행길에서, 일상 속에서, 달리는 지하철에서 짬을 내어 읽어가노라면, 기도의 오솔길에서 맛보는 달콤함과 흥미진진한 스릴을 경험하게 될 것입니다" **- 신현태 목사 (갓피플 독서치유 상담사)**

"김요셉 목사님의 《절대적 기도》는 기도의 본질에서부터 기도의 실행에 이르기까지 기도의 전부를 담고 있습니다.

저자는 누가복음의 눈으로 기도가 곧 사역임을 곳곳에서 드러내고 있습니다. 기도는 아무 것도 할 수 없을 때 할 수 있는 것이자 다 할 수 있을 것 같을 때 반드시 먼저 해야 하는 것이 기도 합니다. 한 번 손에 잡고 단숨에 이 책을 숙독해 볼 것을 권해 봅니다" **- 김종춘 목사 (CBS 칼럼니스트)**

들어가는 말

"절대적 기도"는 절대기도 책의 보완적인 성격으로 절대기도에서 다룬 내용들이 더 깊은 스펙트럼으로 "절대적 기도"에서 다루어졌다 해도 과언이 아닐 것입니다. "절대적 기도"는 그동안 출간된 절대기도, 기도자, 무릎비전, 헌신학교, 기도혁명의 통합본이기도 하며, 기도의 교과서적인 책을 출간하려고 많은 시간 노력하여 출간하는, 저의 역작이자 옥고이기도 합니다. "절대적 기도"를 읽으시면 기도에 관한 깊은 스펙트럼과 만날 수 있을 것이라고 자신합니다.

기도만큼 아니 기도보다 중요한 것은 없습니다. 절대기도, 기도자, 무릎비전, 헌신학교, 기도혁명을 집필하며 절실히 고백하고 싶은 것은 기도보다 중요한 것은 없으며 무릎은 바로 비전이라는 사실입니다.

책의 제목을 "절대적 기도"라 정한 이유는 단순히 기도에 대한 중요성을 "기도를 많이 해야 한다." "하나님은 우리의 기도에 응답하신다."라는 식의 습관적으로 고백하고 알고 있는 사람이 아닌, 기도의 절대적 중요성을 절실히 깨달은 사람, 믿음은 무릎으로부터만 시작되어진다는 사실을 깨달은 사람만이 진정한 기도의 깊은 스펙트럼을 경험한 자라는 의미에서 책의 제목을 "절대적 기도"라 정하였습니다.

신학적, 성경적 기초가 없는 기도는 사상누각의 기도일 수밖에 없기에 기도의 성경적 근거, 기도의 신학적 근거를 든든히 세우는 기도신학적 작업도 충실히 이 책에서 완성하였습니다.

목차에 있는 기도의 여러 스펙트럼을 정리하면서 고백하는 것은 목차에 있는 기도의 여러 스펙트럼들이 결국은 주님께서 가르쳐주신 주기도문의 모든 내용들과 일치된다는 사실 앞에 놀라운 은혜를 받지 않을 수 없었습니다.

"절대적 기도"는 주님께 기도의 방법을 알고 싶어했던 제자들의 간절함, 그러한 제자들에게 "이렇게 기도하라"며 기도의 모본을 알려주신 주님의 마음을 담은 책이라 확신합니다.

기도의 선구자들의 기도에 관한 고백과 간증을 들어보면 기도에는 하나의 공통적인 방법론들이 존재하고 있다는 사실을 알 수 있습니다. "절대적 기도"는 효과적인 기도, 응답받는 기도의 매우 중요한 방법론을 제시하여 줄 것입니다.

모든 것은 기도에서 시작됩니다. 믿음은 무릎 꿇음에서 시작됩니다. 무릎 꿇지 않는 사람은 아무것도 할 수 없는 무력한 사람입니다. 기도 안에 모든 것이 있고 기도 안에 해결책이 있습니다. 기도가 회복 돼야 모든 것이 회복됩니다. 그래서 기도는 너무나 소중하며 중요한 것입니다.

"우리는 기도해야 합니다. 기도하지 않는 모든 이들을 대신해서 기도해야 합니다. 우리는 모두 기도의 전문가가 되어야 합니다." (마더 테레사)

"기도를 제대로 드리는 법을 배우고 실행에 옮기는 것보다 더 중요한 것은 없습니다." (앤드류 머레이)

이 책을 통하여 여러분의 기도생활에 놀라운 기도의 진보가 있기를 축원합니다. 또한 이 책을 통하여 여러분들에게 강력한 성령의 바람이 태풍처럼 몰아칠 것을 저는 확신하고 단언합니다.

기도할 때, 강력한 성령의 바람이 불어옵니다. 성령의 능력과 권능, 성령의 어노인팅(기름부으심)과 성령의 강력한 바람은 기도자에 물붓듯, 기름붓듯 반드시 부어집니다.

여러분의 교회와 가정과 개인의 강력한 기도의 부흥이 있기를 기원합니다. 기도하는 그 곳에 반드시 강력한 성령의 바람이 태풍처럼 몰아칠 것임을 저는 확신하고 단언합니다.

"능력의 근원을 접촉하고자 주님과 교제하며 하루하루를 보내는 은밀한 삶은 세상을 움직인다. 이러한 삶의 주인공들은 쉽게 잊혀질수 있다. 이들이 죽더라도 아무도 칭송하지 않을수 있다. 세상이 별로 주목하지 않는다. 그러나 시간이 갈수록 그들의 삶이 일으키는 거대한 흐름은 드러나기 시작할 것이다" (고든)

"기도 생활에 진보가 있기를 원하는 사람마다 일정한 기도 시간을 정해야 한다. 이 시간을 방어하고 굳게 지켜 나가자. 기도할 시간을 달라고 주님께 기도하자. 우리는 기도 시간을 보호해 달라고 반드시 기도해야 한다. 기도 시간을 놓치지 않도록 기도하라. 그렇지 않다면 계속해서 기도할 수 없게 된다" (워치만 니)

2022년 6월 성석동 골짜기에서
김요섭 목사 배상

absolute prayer

차 례

· 추천의 글 -------------------- 4페이지
· 들어가는말 -------------------- 15페이지

1장 기도는 모든 것입니다 ---------------------------- 21페이지
2장 강력 기도 -- 50페이지
3장 헌신과 기도 -------------------------------------- 64페이지
4장 영적 파산을 인정하는 기도------------------------ 86페이지
5장 회복의 기도 -------------------------------------- 125페이지
6장 신뢰의 기도 -------------------------------------- 144페이지
7장 사역의 기도 -------------------------------------- 169페이지
8장 찬양, 곡조있는 기도 ----------------------------- 194페이지
9장 듣는 기도 -- 213페이지
10장 저주의 사슬을 끊는 기도 ------------------------ 234페이지
11장 무릎비전, 계시로서의 기도 ---------------------- 253페이지
12장 기도의 시간과 장소 ----------------------------- 306페이지
13장 중보기도 -- 325페이지
14장 기도중 기도, 주기도 ---------------------------- 340페이지
15장 구원과 기도 ------------------------------------- 347페이지
16장 기도의 성공자가 인생의 성공자 ----------------- 361페이지
17장 기도십(prayership)과 리더십 -------------------- 365페이지

· 참고문헌 ----------------------- 369페이지

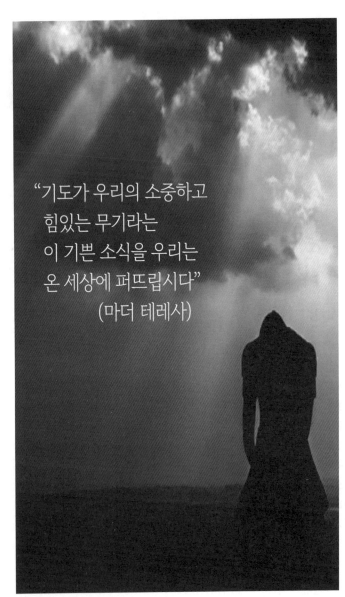

"기도가 우리의 소중하고
힘있는 무기라는
이 기쁜 소식을 우리는
온 세상에 퍼뜨립시다"
(마더 테레사)

absolute prayer

1장 기도는
모든 것입니다

진정한 쉼, 기도

정신 위생을 연구하는 데이빗 핑크(David Fink)박사는 안정을 위한 4박자 균형이라는 내용을 발표하였는데 그 4박자 균형의 4가지는 일(work), 놀이(play), 사랑(love), 예배(worship)입니다.

사실 데이빗 핑크 박사는 이 글에서 예배가 안정적 삶의 매우 중요한 요소임을 말하고 있습니다. 그러나 저는 놀이에 초점을 맞추려 합니다. 효과적으로 일을 하기 위해서는 잘 놀고 잘 쉬어야 합니다. 하나님이 만드신 인간의 생체 리듬은 6일은 일하고 하루는 쉬는 것입니다.

잘 휴식하지 못하면 오히려 몸의 균형이 깨져 쉬는 만도 못한 경우가 많습니다. 잘 쉬지 못해서 몸에 더 무리가 가고 몸이 더 힘들어지는 경우가 많습니다. 그래서 잘 쉬는 것이 정말 중요합니다.

마찬가지로 우리 크리스천들도 역시 잘 쉬어야 합니다. 특별히 저는 사역을 하면서 휴가가 가게 되면 휴가 계획을 잡습니다. 휴가를 가면서 정말 푹 쉬고 스트레스를 마음껏 풀고 올수 있는 곳을 결정합니다.

그러나 수차례 휴가를 갔다 오면서 절실하게 느낀 점은 휴가를 휴양지나 휴가지로 다녀온 것이 나에게 진정한 쉼이 안 된다는 사실을 깨닫게 되었습니다.

오히려 기도원에 올라가서 마음껏 눈물 흘리며 기도하고 찬양하고 말씀을 보며 주님과 깊은 교제를 하고 돌아왔을 때에 내 영혼에 진정한 안식이 되었다는 것입니다.

우리의 진정한 안식과 진정한 쉼은 주님 안에 거할 때 있는 것입니다. 거창한 휴가 계획을 세우고 유명한 휴양지를 다녀오는 것보다 기도원에 올라가 마음껏 기도하고 찬양하며 말씀을 읽으며 살아계신 하나님과 인격적인 교제를 나눌 때에 우리는 참된 쉼과 안식을 얻을 수 있다는 사실입니다.

이 사실을 저는 온몸으로 깨닫게 되었습니다. "아! 주님 안에 거하지 않고는 나에게 진정한 안식이 없구나!....."하는 것을 깨닫게 되었습니다.

성 어거스틴은 고백합니다. "오! 하나님 당신 안에 거하기까지는 나에게 진정한 안식은 없습니다."

사도행전 16장 13절을 보면 사도바울이 제 2차 전도여행에서 빌립보 지방에 이르렀을 때, 그가 제일 먼저 찾은 것은 기도할 장소였습니다.

"안식일에 우리가 기도처가 있는가 하여 문밖 강가에 나가 거기 앉아서 모인 여자들에게 말하더니"

왜 입니까? 바울이 자기의 영혼을 뉘일 수 있으며 진정한 안식과 쉼을 얻을 수 있는 곳이 바로 기도처이기 때문입니다.

신앙은 우리 삶의 변두리가 아닙니다. 신앙은 우리 삶의 중심입니다. 그래서 바울이 새로운 지역에 가서 제일 먼저

한 것이 기도처를 찾는 일이었습니다. 우리는 이사를 하면서 큰 집으로, 더 나은 집으로만 가려고 합니다.

내가 영적인 에너지를 공급받을 수 있는 기도처가 있는 지, 자기의 영혼을 뉘일 수 있으며 진정한 안식과 쉼을 얻을 수 있는 기도처에 대해서는 관심이 없습니다. 이것은 매우 중요한 문제입니다.

우리는 이사할 때 기도처가 있는지 없는지에 대해서는 소홀합니다. 내가 그 지역에 가서 영적 공급을 충분히 받을 수 있는 곳인지에 대해서 소홀합니다. 여기서 바로 심각한 영적 문제가 발생합니다.

교회를 섬길 때 보면 교인들 중에 교회 멀리로 이사 가 는 교인들이 있습니다. 이것은 사실 바람직한 모습이 아닙니 다. 가능한 한 기도처소가 있는 본 교회 중심으로 이사를 가 야 합니다. 영적 공급을 충분히 받을 수 있는 곳인 본 교회 를 멀리 떠나 더 좋은 곳으로 더 나은 곳으로 이사를 가는 것은 영적으로 무익합니다.

왜 그럴까요? 신앙은 우리의 변두리가 아니라 우리의 중 심이기 때문입니다.

아모스 예언자는 말합니다.

"그 날이 온다. 내 주 하나님이 하는 말이다. 내가 이 땅에 기근을
보내겠다. 사람들이 배고파하겠지만 그것은 밥이 없어서 겪는
배고픔이 아니다. 사람들이 목말라 하겠지만 그것은 물이 없어서
겪는 목마름이 아니다. 주의 말씀을 듣지 못하여서 사람들이
굶주리고 목말라 할 것이다" (암 8:11)

말씀이 없을 때 우리는 영적 가뭄을 당할 수밖에 없습니다. 기도처가 없을 때 우리는 영적 갈급에 헤맬 수밖에 없습니다. 우리가 안식할 곳은 바로 주님 안입니다.

기도하며 하나님이 주시는 진정한 참 쉼을 누리시지 않겠습니까? 기도 안에 쉼이 있습니다.

'기도는 완성입니다'라는 글이 있습니다.

기도는 완성입니다. 당신이 참된 기도를 발견했다면, 참으로 주님을 발견했다면 당신은 아마 이렇게 고백할 것입니다.

"오, 주님. 바로 이것입니다. 제가 평생을 찾아 헤매었던 것이
바로 여기에 있습니다. 이곳이 나의 고향입니다.
이 기도의 자리가 나의 마침표입니다.
나는 이곳을 떠나지 않을 것입니다. 나는 모든 것을 얻었습니다.

다른 것이 더 이상 내게 필요하지 않습니다.
더 이상 구할 것이 없습니다.
주님, 저는 인생의 정상에, 목표에 서 있습니다.

모든 것을 다 이루었으며
또 영원히 계속 나아갈 길을 저는 찾았습니다.
오, 주님. 감사합니다.
저는 이것을 영원히 잊지 않을 것이며
영원히 잃어버리지 않을 것입니다"

기도는 우리 삶의 변두리가 아니라 우리 삶의 완성이며 중심입니다. 기도처가 없을 때 우리는 영적 갈급에 헤맬 수밖에 없습니다. 우리가 안식할 곳은 바로 주님 안입니다.

"하루를 지내는 동안 우리는 기도에 말을 깊이 묵상하고 자주 그 안에서 쉼을 찾아야 합니다" (마더 테레사)

기도하며 하나님이 주시는 진정한 참 쉼을 누리시지 않겠습니까?

"숨쉬지 않고 사는 사람이 있다면 기도하지 않고 존재하는 그리스도인도 있을 것이다" (매튜 헨리)

"기도는 영적 생명의 맥박이다" (앤드류 머레이)

정원 목사님의 <기도는 진정한 행복입니다>라는 글을 소개합니다.

"기도만이 참된 행복을 줍니다. 기도 없는 행복은 행복이 아닙니다. 기도 없는 복권 당첨, 기도 없는 증권수익, 기도 없는 멋진 결혼, 기도 없는 황홀한 데이트, 그것은 모두 모래성에 불과합니다. 그것은 모두 멸망의 문턱으로 인도하는 것입니다.

사람들은 모두 기도 없이 이루어지는 행복을 사모하지만 기도 없는 행복만큼, 기도 없는 성공만큼 무서운 것은 없습니다. 모든 참된 행복과 성공은 자신의 기도이든, 그를 위한 타인의 중보이든 기도의 대가 없이는 이루어지지 않습니다.

당신이 기도하지 않았는데 행복하다면, 당신은 조심해야 합니다. 당신을 위해 기도하는 사람이 없는데도 불구하고 당신의 모든 환경이 잘 풀리는 듯이 보인다면, 당신은 경계심을 늦추지 말아야 합니다. 왜냐하면 기도 없는 행복은 마귀의 작품이며, 마귀는 공짜가 없기 때문입니다."

"시작이 반이다. 그러나 기도 없이 시작된 일은 결코 좋은 시작일 수 없다." (팬스하우)

가장 좋은 해결책

모든 것은 기도에서 시작됩니다. 믿음은 무릎 꿇음에서 시작됩니다. 무릎 꿇지 않는 사람은 아무 것도 할 수 없는 무력한 사람입니다. 기도 안에 모든 것이 있고 기도 안에 해결책이 있습니다.

스펄전C. H. Spurgeon 목사는 **"기도하지 않고 성공했으면 성공한 그것 때문에 망한다"**고 말했습니다.

좋은 것은 다 위로부터만 옵니다. 위로부터의 것은 기도로만 얻어집니다. 따라서 야고보도 좋은 은사와 완전한 선물은 위로부터만 온다고 역설합니다.

"온갖 좋은 은사와 온전한 선물이 다 위로부터
빛들의 아버지께로부터 내려오나니
그는 변함도 없으시고 회전하는 그림자도 없으시니라" (야고보서 1:17)

기도하는 자는 가장 좋은 것을 얻습니다. 완전한 선물은 다 위로부터만 오기 때문입니다. 즉 완전한 선물은 바로 기도로부터만 얻어집니다.

그래서 칼빈John Calvin은 그의 《기도론Prayer》에서 이렇게 말합니다.

"우리가 필요로 하는 모든 것을 아시는 하나님께서
우리로 하여금 기도하게 하시는 것은

첫째는 모든 좋은 것이 오직 그 분께로부터 온다는 것과
둘째는 우리로 하여금 하나님만을 의뢰하며 살게 하시려 함이다"

다니엘 학습법으로 유명한 김동환 전도사는 다음과 같이 고백합니다.

"저는 다른 것은 잘 못해도 한가지 잘하는 것이 있습니다. 바로 기도입니다. 저는 어떤 문제가 닥쳤을 때 제가 무엇을 할 수 있다고 생각하지 않습니다. 살아오면서 내가 무언가를 할 수 있다고 생각했을 때, 자신감에 차 있을 때, 그 문제는 해결되지 못하고 더욱 어려워졌습니다.

하지만 도저히 내 힘으로, 내 능력으로 할 수 없다고 생각한 문제는 처음부터 철저하게 하나님께 두 손을 들고 매달리며 기도했습니다. 그러면 도저히 감당할 수 없을 것처럼 보이던 문제가 해결되었습니다. 지금 무슨 일이 생기면 다른 사람들의 도움을 빌려보겠다는 생각은 아예 하지 않습니다. 인간을 의지하여 무언가를 먼저 해보겠다는 생각은 아예 잊었습니다.

대신 바로 하나님께 가지고 나아가 기도합니다. 공부하다가 갑작스레 문제가 생기면 공부를 잠시 접고 두 손 들고 기도합니다. 걸어갈 때도 갑자기 무슨 문제가 생각나면 그 문제를 놓고 기도합니다.

제가 비록 스물아홉이라는 짧은 인생을 살았지만 여러 번의 시행착오를 거치면서 뼈저리게 느낀 것이 하나 있습니다. 나의 노력과 나의 힘으로 무언가를 해보려고 했을 때 생기는 참담한 시행착오를 이제

부터라도 온전히 주님께 맡겨보자는 것입니다. 그래서 요즘은 어떤 문제가 생기더라도 당황하지 않습니다. 재빨리 주님께 아뢰는 일에 힘을 쓰기 때문입니다."

가장 좋은 해결책은 오직 기도로부터만 나옵니다. 가장 좋은 것은 기도를 통하여 위로부터 옵니다. 그럼에도 불구하고 우리는 얼마나 많이 기도를 최후의 것으로 쓰는지 모릅니다. 세상적인 모든 방법을 동원하다 되지 않으면 그때서야 기도하는 것이 우리의 현실입니다.

그러나 가장 찾아가기 쉬운 것, 가장 먼저 찾아가야 되는 것이 기도입니다. 즉 우리가 일상생활에서 일어나는 모든 일에 대하여 얼마나 자주 하나님께 의뢰하는가 하는 문제를 기도라고 합니다. 어느 만큼까지 하나님께 맡기느냐의 싸움을 기도라고 합니다.

고아의 아버지 조지 뮬러 목사님이 말년에 80대의 노구를 이끌고 의자에 앉아 신학생들 앞에서 강의했습니다. 강의가 끝나자 어느 신학생이 질문했습니다.

"목사님, 목사님은 평생 1만 명의 고아들을 먹여 살리고 10만 명의 교회학교 학생들을 도와주셨습니다. 또 허드슨 테일러 선교사님을 비롯해 많은 선교사님들에게 1만권 이상의 성경을 보내셨습니다. 어떻게 빈손으로 그런 엄청난 일을 하실 수 있습니까?"

뮬러 목사님은 몸에 힘을 주면서 의자에서 겨우 일어나더니 의자를 마주 보고 돌아서서 바닥에 무릎을 꿇고 앉았습니다. 그리고 의자 위에 두 팔을 얹고 손을 깍지 끼고 고개를 숙였습니다. 얼마 후 일어나서 말했습니다.

"이것이 비결입니다. 나의 비결은 이것뿐이었습니다." 기도 외에 다른 비결이 없었다는 것이지요.

세상에서 가장 안정된 자세

세상에서 가장 안정된 자세는 기도하는 자세입니다. '가장 무릎을 잘 꿇는 자가 가장 잘 서있는 자'라는 말이 있습니다. 가장 안정된 자세는 기도하는 자세입니다.

여러분은 비둘기가 왜 그렇게 우스꽝스럽게 뒤뚱뒤뚱 걷는지 아십니까? 그 이유는 자신이 가는 방향을 보기 위함이라고 합니다. 비둘기의 눈은 움직일 때는 초점을 맞출 수 없기에 다시 초점을 맞추려면 걸음 사이사이에 실제로 머리를 완전히 정지시켜야 합니다. 머리를 앞으로 내밀고는 정지, 또 뒤로 움직이고는 정지하면서 어색하게 뒤뚱뒤뚱거리며 나아갑니다.

주님과의 영적 행보에서 우리에게도 비둘기와 같은 문제가 있습니다. 우리가 움직이고 있는 동안에는 제대로 보기가 어렵습니다. 우리가 주님과 동행하는 길에는 계속 나아가기 전에 우리가 더 잘 볼 수 있도록 멈추는 장치들이 꼭 마련되어 있어야 합니다.[1]

아프리카의 밀림속으로 들어간 아프리카 선교의 아버지인 리빙스턴으로부터 소식이 끊겼습니다. 스탠리가 이끄는 탐험대가 아프리카로 오지 탐험을 겸하여 들어갔다가 1873년에 중앙 아프리카 한 마을에서 리빙스턴을 발견하였습니다 그때 리빙스턴은 이미 60세로 병들어 쇠약하였습니다.

그는 30년 동안을 문명을 등지고 아프리카 오지에서 토인들과 생활을 함께하고 있었습니다. 그래서 스탠리 씨는 여러 말로 그에게 영국으로 귀국할 것을 설득하고 권면하였습니다. 그러나 그는 아프리카에 머물렀고 같은 해에 별세하였습니다.

그의 시체는 무릎꿇고 기도하는 자세 그대로 발견되었다고 합니다.

하나님의 부름을 받은 그 순간에도 기도하는 자세로 발견된 리빙스턴, 기도하는 자만이 진정으로 하나님과 동행하는 자입니다.

"기도의 산책로를 따라 주님과 동행하면서 우리는 그 분을 닮게 되고 자신도 모르게 주님의 아름다움과 은혜를 다른 사람들

에게 증거하게 된다" (E.M. 바운즈)

다니엘에게 하루에 세 번씩 기도하는 것은 하나님과 동행하는데 있어 필수적인 요소였습니다.

> "… 전에 하던 대로 하루 세 번씩 무릎을 꿇고 기도하며
> 그의 하나님께 감사하였더라" (다니엘 6:10)

어떤 특정한 영적 재조정은 우리가 멈추어 서지 않는 한 얻을 수 없다는 것을 다니엘은 알고 있었습니다. 이런 멈춤들 때문에 그가 걷는 걸음은 주위 사람들의 눈에 띄게 달랐습니다. 우리는 어떻습니까? 다니엘이 그랬던 것처럼 다르게 보이는 위험을 감수하고라도 비둘기로부터 중요한 교훈을 배워야겠습니다.

'멋있게 보이는 것'은 '잘 보는 것'만큼 중요하지 않습니다.[2] 뒤뚱뒤뚱거리는 비둘기 걸음이 안정된 자세가 아닌 것 같지만 비둘기의 뒤뚱거림은 정확히 초점을 맞추기 위함입니다. 이것은 기도의 원리에도 적용됩니다.

세상에서 가장 안정된 자세는 기도하는 자세입니다. 기도하는 자는 가장 안정된 삶, 승리와 축복의 삶을 살 수 있습니다. 가장 무릎을 잘 꿇는 자가 가장 잘 서 있는 자인 것입니다.

열왕기상 18장에서 엘리야는 아합 왕에게 3년 6개월이나 지속됐던 가뭄이 그치고 비가 올 것을 예언하며 아합 왕에게 이제 근심하지 말고 올라가 마실 것을 권면합니다. 아마 아합 왕은 이스라엘에 수년간 계속된 가뭄으로 인하여 식음을 전폐할 정도로 몹시 근심하고 탈진되었던 것 같습니다.

> "엘리야가 아합에게 이르되 올라가서 먹고 마시소서
> 큰 비 소리가 있나이다 아합이 먹고 마시러 올라가니라.
> 엘리야가 갈멜산 꼭대기로 올라가서
> 땅에 꿇어 엎드려 그의 얼굴을 무릎 사이에 넣고"
> (열왕기상 18:41-42)

이렇게 엘리야가 3년 6개월이나 계속된 가뭄에서 이스라엘에 비가 올 것이라고 확신하는 근거는 무엇입니까?

그것은 바로 기도입니다.

기도하는 자는 자신만만한 인생을 살 수 있습니다. 엘리야는 아합에게 비가 올 것을 자신만만하게 자신하고 다시 갈멜산 꼭대기로 올라갑니다. 그리고는 땅에 꿇어 엎드려 그 얼굴을 무릎 사이에 넣고 간절히 하나님께 기도합니다. 41절과 42절의 분위기가 너무 다르지 않습니까? 41절에서 아합 왕에게 비가 올 것임을 자신만만하게 소리치던 엘리야는 42절에서 갈멜산에 올라가 땅에 꿇어 엎드려 그 얼굴을 무릎 사이에 넣고 간절히 하나님께 기도합니다.

땅에 꿇어 엎드려 그 얼굴을 무릎 사이에 넣고 간절히 기도하는 엘리야의 자세는 하나님을 향하여 배수의 진을 친 가장 안정된 자세입니다. 자신만만하고 확신에 찬 엘리야의 모습은 바로 부복俯伏하는 기도로부터 온 것입니다.

다니엘 2장에서 다니엘도 느부갓네살 왕의 꿈의 해석을 자신 있게 자청하고 나섭니다. 만약 해석이 틀리면 왕을 조롱한 죗값을 톡톡히 치러야 했습니다. 그러나 기도하는 인생은 장담을 할 수 있습니다.

기도하는 자는 자신만만한 인생을 살 수 있습니다.
기도하는 자는 확신에 찬 인생을 살 수 있습니다.
세상에서 가장 안정된 자세는 기도하는 자세입니다.
가장 무릎을 잘 꿇는 자가 가장 잘 서 있는 자인 것입니다.
세상에서 가장 강한 무기는 기도입니다.
기도는 가장 크고 강한 영적 무기입니다.

세상에서 가장 복된 결단

마더 테레사Mother Teresa는 말합니다.
"기도가 우리의 소중하고 힘있는 무기라는 이 기쁜 소식을 우리는 온 세상에 퍼뜨립시다."

로널드 던Ronald Dunn은 말합니다.

"기도란 크리스천의 비밀 무기다."

그리고 영국의 종교 개혁자 존 낙스John Knox는

"기도하는 한 사람이 기도하지 않는 모든 민족보다 강하고 무릎 위에 놓인 나라는 무기 아래 놓인 나라보다 더 강하다"고백합니다.

시드로우 백스터J. Sidlow Baxter는 다음과 같이 역설합니다.

"마귀의 한 가지 관심은 그리스도인들이 기도하지 못하게 하는 것이다. 마귀는 기도 없는 성경공부, 기도 없는 봉사, 기도 없는 종교의식을 결코 두려워하지 않는다. 마귀는 우리의 수고를 비웃고 우리의 지혜를 조소하지만 우리가 기도할 때에 떤다. 사람들은 우리의 호소를 일축하고 우리의 복음을 거절하고 우리의 주장을 반대하고 우리의 성도들을 경멸할 수 있을지 모르지만 우리의 기도에 대해서는 꼼짝 못한다."

"기도의 힘은 그 힘의 능력을 온전하게 드러낸 적이 없었습니다. 우리가 약함 중에, 실패 중에 그리고 실망 중에 하나님의 힘을 느끼고 싶다면, 하나님의 영원한 도전에 응답을 해 봅시다" (허드슨 테일러)

앤드류 머레이는 "하나님의 자녀는 기도로 모든 것을 정복할 수 있다. 사탄이 교인들에게서 이 무기를 빼앗거나 그것의 사용을 제지하려고 최선을 다하는 것은 이상한 일이 아니다"라고 역설합니다. 기도는 가장 크고 강한 영적 무기입니다.

안산동산교회 김인중 목사님도 이렇게 지적합니다.

"기도보다 성령보다 앞서지 말라. 기도로 시작하고 기도로 끝마쳐라. 이것은 내 좌우명과도 같습니다. 세상의 많은 영혼을 만나보면 기도하지 않고는 아무 일도 할 수 없다는 것을 느낍니다.

이것은 반대로 신앙인들이 먼저 기도로 준비하지 않으면 전도도, 선교도, 구제도, 목회도 할 수 없다는 말입니다. 그 누구보다 기도하는 사람이 큰 사람입니다"

안산새능력교회 김동성 목사님은 "크리스천들에게 기도는 지상에서 가장 강력한 무기인 것이다. 기도는 주님의 뜻을 분별하게 하며, 불가능을 가능하게 한다" 라고 역설합니다.

"기도하는 자는 숨어 있는 것과 같이 보이지만 사실은 영적 전쟁의 최전방에 있는 사람들입니다. 기도는 사단의 권세를 사전에 꺾는 놀라운 힘이 있습니다. 그리고 예수님도 기도로 사셨습니다. 기도하는 자가 가장 주님을 닮아가는 자입니다. 기도하는 자가 가장 큰 일을 이루는 자입니다" (지구촌 교회 이동원 목사)

세상에서 가장 축복된 결단은 바로 기도하기로 결심하는 결단입니다. 세상에서 가장 아름다운 자세는 기도하는 자세이며 세상에서 가장 아름다운 언어는 바로 기도입니다.

「늘 기도하는 그대의 모습이 좋습니다」 라는 작자 미상의
아름다운 시 한편을 소개합니다.

늘 기도하는 그대의 모습이 좋습니다.
마음으로 간절히 주님을 향해 손을 모은 그 모습을 보면
가슴이 뭉클합니다.
기도는 인간의 힘이 아닌 주님의 도우심을 구하는
겸손이 들어있기 때문입니다.

잠에서 깨어나 가장 먼저 손을 모으고
주님을 향해 감사를 하는 당신의 모습에서
알 수 없는 신성함이 느껴집니다.

자신을 낮추고 주님을 높이며
다른 사람을 위해 간구의 기도를 하는 그대의 모습이
참 아름답습니다.

그런 그대를 볼 때면
함께 기도하고 싶은 그런 마음이 솟아납니다.

기도는
사람의 마음을 맑게 정화시켜 줍니다.
하나님과의 대화를 하기 때문입니다.

늘 기도하는 그대의 모습이

참 아름답습니다.
일반인에게서 느낄 수 없는
숭고한 아름다움이 전해집니다.

　창세기 32장에서 야곱은 형 에서를 20년 만에 만나러 가기 전에 혹시 형이 자신과 가족들을 해할지 모른다는 두려움에 자신의 소유물과 처자식은 얍복 나루를 건너보내고 자신은 홀로 남아 얍복 강가에서 기도하기로 결단합니다. 세상에서 가장 복된 결단은 바로 기도하기로 결심하는 결단입니다. 얍복 강가에서 기도하던 야곱은 결국 천사의 축복을 받습니다.

"… 거기서 야곱에게 축복한지라"
(창세기 32:29)

　기도의 시작도 축복이요 기도의 마지막도 축복입니다. 왜 하나님께서 우리에게 기도라는 위대한 선물을 주셨을까요? 이런 감격과 감동의 고백이 여러분들에게 있습니까? 그렇다면 여러분은 기도의 축복을 알고 깨달은 분입니다. 야곱의 기도는 시작과 끝이 축복이었습니다.

　<기도로 세계를 움직이라>는 책에서 웨슬리 듀웰은 이렇게 말합니다.

　"기도에는 감히 말로 표현할 수 없을 정도로 거룩한 실재의 세계가 있다. 기도는 하늘에도 닿을 수 있으며 그 어느 때라도, 이

세상 그 어느 곳까지도 나아갈 수가 있다. 정말로 놀라운 의미에서, 기도는 우리로 하여금 하나님의 축복의 매개자가 되게 한다. 기도는 축복에 이르는 정도(正道)이며, 기도는 남에게 축복을 베풀 수 있는 최대의 수단이다. 기도는 남을 축복할 수 있는 능력으로 하나님께서 주신 선물이다.

하루를 살아가면서 하나님께서 기억나게 하시는 사람이나 일에 대해, 즉시 기도하도록 하라. 사람에게 무릎을 꿇지 않으려면 하나님께 무릎을 꿇어라. 하나님께 무릎을 꿇으면 사람에게 무릎 꿇을 일이 없다."

오스왈드 챔버스Oswald J. Chambers는 이런 말을 했습니다.

"기도는 더 위대한 일을 하도록 하는 것이 아니다. 바로 기도 자체가 위대한 일이다."

"우리를 기도하게 만드는 모든 것이 축복이다." (챨스 스펄젼)

"세상에서 가장 위대한 일은 기도하는 것입니다
세상에서 가장 위대한 사람은 기도하는 사람입니다" (워치만 리)

정말 아름다운 시 한편을 소개하고자 합니다.

"기도는 하나님이 주시려는 복을 전하는 그릇이로다
그리스도인은 평생 기도하리니

오직 기도하는 동안 그의 생명이 있음이라

그대, 침묵 가운데 여전히 있을 것인가?
그리스도께서 그대의 기도를 바라시는데
나의 영혼아, 그대에게 하늘의 친구가 있으니
일어나서 거기서 그대의 복을 알아보라

생각이 산만하고 말이 어눌해도
기도는 연약한 영혼을 붙드도다

말할 수 있든 없든 기도하라
예수의 이름을 믿는 믿음으로 기도하라"

스탠리 존스Stanley Jones는
"우리가 만일 기도의 기교를 알고 행한다면 생의 기교를 알고 행
할 것이다."라고 하였습니다.

설교자이자 찬송가 작시자인 토마스 켈리Thomas Kelly도
"기도는 우리의 시간을 빼앗아 가는 것이 아니라 우리의 모든 시
간을 얻게 하는 것이다."라고 하였습니다.

신길교회 이신웅 목사님도 다음과 같이 말씀하십니다.
"흔히 기도가 답답하고 괴롭고 절박할 때만 필요한 것이라고 생각
한다. 그러나 기도는 우리 인생의 모든 문제에 대한 해답이 담겨 있는
것이다."

모든 것은 기도에서 시작됩니다. 믿음은 무릎 꿇음에서 시작됩니다. 무릎 꿇지 않는 사람은 아무것도 할 수 없는 무력한 사람입니다. 기도 안에 모든 것이 있고 기도 안에 해결책solution이 있습니다.

왜 기도신학인가?

기도란 우리 영성생활의 한 부분이 아니라 영성생활의 전부입니다.

사도바울도 전승에 따르면 순교할 때도 기도를 하면서 순교하였다고 한다. 그의 모든 목회는 기도에 근간을 두고 있으며 기도에 의해 발전하는 모습을 볼수 있다. 바울에게 기독교인의 경험은 본질적으로 기도의 계속적인 행위였다. 구원받은 사람들은 우리 주 예수 그리스도의 아버지, 하나님의 주권적 은혜에 의해 지배를 받는다. 기도는 구원자에게 부어지는 영원한 감사로서 행해진 의식적 행위이고 성령에 의해 능력을 받고 동기부여가 제공된다. 또한 기도는 하나님의 "편재성과 전능성"에 의존한다. 그리스도의 구속을 받은 사람은 기도와 별도로 절대로 상상할 수 없고 불가능하다.

그리스도가 다메섹도상에서 바울에게 자신을 계시하신 후에 바울에 대해 '저가 기도하는 중이다'라고 말씀하신 것은(행 9:11) 의미심장하다. 아마 바울은 처음으로 기도가 진실로 무엇인지를 발견하였던 것 같다. 그의 회심을 가져온 심령의 변화는 이처럼 심오했던 것이다. 그 순간부터 그는 기도의 사람이 되었다.(행 22:17 이하)

'오직 믿음'을 강조했던 루터의 이해에 따르면 인간이 기반으로 삼아야 할 것은 신앙이다. 그러나 그 신앙생활은 기도위에 이루어져야 한다. 올바른 하나님과의 관계에 있어서의 신앙은 기도밖에 없으며 우리의 신앙은 모름지기 기도이다. 신앙은 인간의 내적 사고가 아니라 끊임없는 하나님과의 사귐 속에서 그의 역사하심을 받고 그를 향하여 고백하고 주어지는 그리스도의 의로 돌아가는 것이다.3)

이와 같이 루터에게 있어서 신앙은 하나님과의 인격적인 관계이며 기도는 그 구체적인 표현임으로 신앙과 기도를 떼어 생각할수 없다.

그러므로 루터야말로 기도를 크리스챤 됨의 증거로 받아들였다. 하나님의 은혜를 종교개혁의 원리로 내세웠던 루터에게 있어서 기도는 은혜의 결과였기 때문이다.

칼빈에 의하면 기도는 그것을 통해서 하나님의 은택을 받는 매일 받는 믿음의 으뜸가는 행사이다. 그는 기도의 두 요소를 부각시킨다. 기도는 신앙의 주된 사역이며 기도로써 우리는 하나님의 은덕들을 매일 받는다. 기도는 신앙의 사역이며 이 점에서 기도는 우리가 하나님께 나아가는 길이다.

그러나 우리가 하나님의 은덕들을 기도를 통하여 받기 때문에 기도가 동시에 하나님께서 우리에게로 나아오는 길이라는 가능성이 열리게 된다.

칼빈은 기도를 '믿음의 영속적 행사'라고 부른다. 즉 우리의 심령 속에 참되고 살아있는 믿음이 있으면 기도가 저절로 터져 나온다.[4]

칼빈은 기도를 믿음의 영속적 행사라고 하였습니다. 즉 믿음을 가지면 기도하게 되고 그리고 그 기도를 통하여 다시 믿음이 강화되고 활력이 유지되는 차원에서 바로 믿음은 바로 기도요 기도는 바로 믿음의 외적 표징이 되는 것입니다.

칼빈에게 있어서는 인간은 그리스도와 성령의 도움을 받아 하나님께 나아가려고 노력하여야 하는 존재, 즉 인간은 근본적으로 "기도하여야 할 존재"로 철저히 이해되었던 것이다.

캐나다 리디머대학에서 철학·종교·신학을 가르치는 크레이그 바르톨로뮤는 누가복음이 기도로 시작해서 기도로 끝난다는 점에 주목한다. 누가복음은 예수님이 중대하게 기도하는 장면을 의도적으로 일곱(성경에서 완전함, 충만함을 상징하는 숫자) 차례 보여 준다. 이를 통해 예수님의 삶과 사역에서 기도가 어떤 역할을 했는지 조명한다.

누가복음이 보여 주는 기도에 대한 강조는, 누가복음의 속편인 사도행전으로도 이어진다. 누가복음-사도행전에서 기도는 선교 운동에 동참하라는 하나님의 부르심에 응답하는 길이다. 저자는 이와 같이 누가복음을 중심으로 성경 텍스트를 해설하면서 기도가 하나님의 구속 사역에서 핵심이며, 기도가 신앙생활의 중심이 되어야 한다고 강조한다.

기도가 중요하지 않다고 말하는 기독교인은 없을 것이다. 기독교인 중에서 오로지 '기도'라는 키워드만으로 성경을 읽어 본 사람은 몇이나 될까. '기도의 심장, 누가복음'(이레서원)이라는 책에서 크레이그 바르톨로뮤는 '기도'로 누가복음을 읽는다. 전체 내러티브를 개괄하고, 누가의 기도 신학을 살핀다.

그리스도인들의 신앙생활에 있어서 기도의 중요성은 아무리 강조해도 지나치지 않는다. 기도는 하나님께서 우리 그리스도인들에게 주신 최고의 선물이요, 영적전쟁을 승리로 이끌 수 있는 가장 강력한 무기이다. 누가는 다른 공관복음서에는 언급이 되어 있지 않은 기도에 대하여 첨가함으로써 기도에 대한 중요성, 또한 예수께서 항상 기도하셨던 분이라는 것을 강조한다.5)

누가는 일관성 있게 "기도하시는 예수"의 모습을 강조함으로써 기도의 모본으로 제시하고 있다. 누가는 제자들이나 다른 사람들의 기도보다는 예수의 기도에 많은 관심을 보이고 있다.

이것은 누가가 복음서를 읽는 독자나 오늘날 말세를 살고 있는 그리스도인이 예수의 기도생활과 사도행전에 나타난 초대교회 성도들의 기도의 생활을 본받아서 영적 전쟁에서 승리하고, 주 예수의 재림의 때까지 믿음을 잃지 말 것을 권면하고 있는 것이다.

누가는 기도가 하나님의 성령을 받는 중요한 방법과 수단이요, 계기가 됨을 강조하고 있다. 누가에 의하면 인간의 기도에 대한 하나님의 가장 좋은 응답, 선물은 성령이라는 것이다.(눅 11:13) 누가는 예수의 기도를 강조함으로써 모든 그리스도인들이 예수처럼 "항상 깨어 있고"(21:36) "시험에 들지 않도록 기도하여"(22:40) 늘 성령 충만함으로 예수께서 하나님의 뜻을 이루신 것처럼 그렇게 살 것을 가르치고 있다. 누가는 그리스도인들에게 중요한 것은 종말이 임박한 것이 아니라 지금 겪고 있는 많은 박해와 고난 속에서도 신앙의 승리자로 살아가기 위해서는 기도가 매우 중요하다는 것을 가르치고 있다.[6]

지상에 계신 예수의 생애의 핵심은 아버지의 뜻을 이루는 것이다. 그리고 그 뜻을 이루시는데 있어 기도는 절대적인 요소이다. 그리고 하나님 보좌 우편에 좌정하고 계신 예수께서 하시는 일도 기도이다.(롬 8:34, 히 7:25) 하나님 아버지에게서 나오시는 성령께서도 성도들의 연약함을 도우시기 위해 말할 수 없는 탄식으로 기도하신다.(롬 8:26) 또한 초대교회 성도들의 핵심적인 삶의 모습도 기도이었다.

신약성경은 기도에 대하여 "성령으로" 또는 "성령 안에서" 기도하라고 명하고 있다. 유다서 1장 20절은 "사랑하는 자들아 너희는 너희의 지극히 거룩한 믿음 위에 자기를 건축하며 성령으로 기도하며"라고 말씀한다. 자기 영혼을 건축하는 기초요 토대가 성령으로 기도하는 것이라 볼 수 있다. 또한 에베소서 6장 18절은 "모든 기도와 간구로 하되 무시로 성령 안에서 기도하고 이를 위하여 깨어 구하기를 항상 힘쓰며 여러 성도를 위하여 구하고" 라고 함으로 무시로 기도하되 성령을 의지해야 함을 말하고 있다.

그렇다면 오늘을 사는 우리 그리스도인들도 기도가 삶의 핵심이 되어야 마땅할 것이다. 기도는 육체로 말하는 호흡이다. 기도가 멈추는 것은 곧 신령한 호흡이 멈춤과 같고, 이는 곧 죽음이다. 예수 그리스도의 최후의 순간, 그의 영혼이 떠나심과 동시에 그의 기도도 멈췄다. 그러나 그가 다시 살아나심으로써 그의 기도도 다시 시작되었다. 그는 지금도 하나님 앞에서 밤낮없이 우리를 위해 간구하신다. 이와 같이 기도는 산 자의 영적 호흡이다.[7]

유진 피터슨은 이렇게 말합니다. "기도는 하나님을 찾는 것이 아니라 우리를 찾는 하나님께 반응하는 것이다. 무엇을 얻기 위한 도구가 아니라, 존재하고 존재가 되어가기 위한 도구이다."

미우라 아야꼬도 이렇게 말합니다.

"한 사람의 삶이란 소중한 것이며 그 삶을 지탱해주는 기도는 더욱 소중한 것이다. 설령 알아주는 이가 없고 보아 주는 사람이 없더라고 우리는 인간으로서 기도해야 할 바를 참되게 기도하면서 살아야 한다."

"기도는 우리가 하나님을 만나는 우리 마음속의 공간이다. 진정으로 긴장을 풀고 우리 본연의 모습을 찾을 수 있는 공간이다. 기쁨으로 우리가 영접 받고 환대 받으며 흔쾌히 받아들여지는 공간이다. 기도는 환영 받는 공간인 것이다" (기도로의 초대, 벳시리)

"기도는 그 사람을 결정짓는다." (토저)

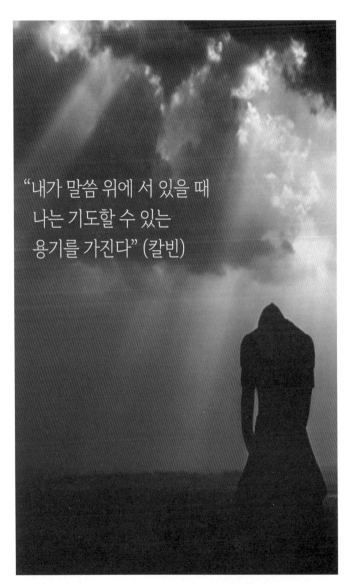

"내가 말씀 위에 서 있을 때
나는 기도할 수 있는
용기를 가진다" (칼빈)

absolute prayer

2장 강력 기도

말씀을 붙잡은 기도

말씀과 기도는 불가분의 관계에 있습니다.

"너희가 내안에 거하고 내 말이 너희 안에 거하면
무엇이든지 원하는 대로 구하라 그리하면 이루리라"
(요한복음 15:7)

"무엇이든지 구하는 바를 그에게서 받나니
이는 우리가 그의 계명을 지키고
그 앞에서 기뻐하시는 것을 행함이라"
(요한일서 3:22)

우리가 주님 안에 거하고 주님의 말씀이 우리 안에 거하면
무엇이든지 구하는 대로 응답받는다고 주님은 약속하셨습니다.

'주님 안에 거한다'는 뜻은 무엇입니까? 주님 안에 거한다는

것은 바로 주님의 말씀 안에 거한다는 의미입니다. 주님의 말씀 안에 거하는 자는 바로 실존적으로 주님 안에 거하는 자입니다.

주님의 말씀이 우리 안에 거하면 무엇이든지 구하는 대로 응답받는 놀라운 역사가 있습니다. 바로 주님의 말씀이 우리 안에 거할 때입니다.

역대하 26장을 보면 웃시야 왕에 대하여 이렇게 말씀합니다.

"하나님의 묵시를 밝히 아는 스가랴가 사는 날에
하나님을 찾았고 그가 여호와를 찾는 동안에는
하나님이 형통하게 하셨더라"
(대상 26:5)

하나님의 묵시(말씀)를 붙잡고 웃시야가 하나님께 기도하셨을 때, 하나님은 말씀을 붙잡고 기도한 웃시야를 형통케 하셨다는 말씀입니다.

5만번 기도응답을 받은 기도의 사람 조지 뮬러George Mueller도 하나님의 일을 위해서 무엇이 필요하게 되면 기도를 바로 시작하지 않았다고 합니다. 그는 자기가 올릴 기도의 내용이 성경의 어디에 약속되어 있는가를 꼭 찾은 다음에 기도를 했다고 합니다.

그래서 어떤 때는 기도를 하기 전에 며칠 동안 성경을 찾을 때도 있었다고 합니다.

"뮐러는 하나님의 말씀을 읽는 가운데 기도의 동기가 나왔고 거기서 기도의 제목이 나왔다고 했다. 그리고 자기 자신을 바로 볼 수 있게 되었고 또한 하나님의 뜻을 잘 깨달을 수 있었다."[8]

말씀은 하나님의 영원하신 약속입니다. 자신을 부인하지 못하시는 하나님의 성실하고 영원한 약속이 바로 말씀입니다.

"하나님은 사람이 아니시니 거짓말을 하지 않으시고
인생이 아니시니 후회가 없으시도다
어찌 그 말씀하신 바를 행하지 않으시며
하신 말씀을 실행하지 않으시랴"
(민수기 23:19)

"풀은 마르고 꽃은 떨어지되
오직 주의 말씀은 세세토록 있도다"
(베드로전서 1:24-25)

변치 않고 영원한 말씀을 붙잡은 기도는 가장 강력한 기도입니다. 그래서 윌리엄 거널William Gurnall은 다음과 같이 역설합니다.

"약속의 말씀에 따라 당신의 기도의 응답을 강력히 요청하는 변론을 하나님께 드려라. 약속은 신앙의 근거로서 신앙이 강해지면, 열심도 더해지고 이러한 열심은 즉각 기도로 이어지고 그 기도는 항상 승리로 보상받을 것이다. 말씀으로 무장하여 강해지면 강해질수록 기도의 역사도 더욱 강해지는 것이다."

그래서 주님께서도 "내 말이 너희 안에 거하면 무엇이든지 원하는 대로 구하라 그리하면 이루리라"고 말씀하신 것입니다.

기도할 때에 주님의 말씀이 여러분 안에 거하도록 하십시오. 윌리엄 거널의 말처럼 말씀으로 무장하면 무장할수록 기도의 역사도 더욱 강해지는 것을 체험할 것입니다.

칼빈은 "내가 말씀 위에 서 있을 때 나는 기도할 수 있는 용기를 가진다"고 고백합니다.

《너무 바빠서 기도합니다Too Busy Not To Pray》라는 책에서 빌 하이벨스Bill Hybels도 이렇게 역설합니다.

"성경은 기도의 근거가 됩니다. 밑받침이 됩니다. 기도하기 전 '하나님이 이런 것까지…', '하나님이 이 정도를…'이라고 한정하고 규정하는 때가 많습니다. 성경에 나타난 하나님의 역사를 믿고 기도하십시오"

미국에서 100만부 이상이 팔린 《지경을 넓히는 기도Prayers That Avail Much》라는 책에서 제르마인 코프랜드Germaine Copeland도 동일하게 이렇게 말씀을 붙잡고 기도할 것을 촉구합니다.

"하나님의 말씀이 우리를 하나님과 만나게 합니다. 우리는 하나님의 말씀을 기억하고(사 43:26) 우리 주 예수 그리스도의 이름으로 그분의 능력 안에서 하나님께 담대히 요구합니다. 그리스도 예수로 인해 그분의 풍성함을 따라 우리들의 필요한 것을 채워달라고 요구합니다. 말씀은 헛되이 - 아무 결과 없이 - 그분께 돌아가지 않습니다. 오직 하나님께서 기뻐하시는 대로 그 목적을 성취하고 그분의 행하시는 일에 풍성한 결과를 가져올 것입니다. 주의 말씀이 입술에 가득하게 기도함으로써 주의 보좌 앞에 올바르게 나아가십시오."

"내 입에서 나가는 말도 이와 같이
헛되이 내게로 되돌아오지 아니하고
나의 기뻐하는 뜻을 이루며 내가 보낸 일에 형통함이니라"
(이사야 55:11)

변치 않고 영원한 말씀을 붙잡은 기도는 가장 강력한 기도입니다. 영원하고 신실하신 하나님의 말씀을 붙잡고 기도의 능력의 줄로 하나님 보좌를 흔드십시오.

A.W. 토저는 그의 책 "기도"에서 다음과 같이 말합니다

"기도가 계속 응답되지 않을 때, 하나님과 그분의 말씀으로부터

멀어지거나, 스스로의 노력으로 응답에 영향을 미치려고 시도하기 시작한다. 그 결과는 성경적인 기도가 점점 줄어들고 하나님이 우리의 기도를 이루어주시도록 도우려는 자신의 노력이 점점 많아지는 것이다. 그러나 응답되지 않은 우리의 많은 기도들이 잘못된 동기로 구한 결과일 가능성도 있지 않은가? 또한 응답받지 못하는 기도의 다른 원인은 우리가 하나님 앞에서 처리하지 않은 죄(개인적인 죄나 공동의 죄, 또는 둘 다) 때문일 수 있다(시 66:18).

"너희가 내 안에 거하고 내 말이 너희 안에 거하면 무엇이든지 원하는 대로 구하라 그리하면 이루리라"(요 15:7). 성령의 능력 안에서 하나님 말씀에 순종하는 행위가 기도 응답을 받는 데 매우 중요하다는 뜻이다"

마틴 루터의 기도 글을 다룬 책인 "프로테스탄트의 기도"(비아)에서 루터는 역시 말씀의 중요성을 다음과 같이 역설합니다.

"우리가 더욱 열심히 기도하도록 자극하는 건 그분의 약속 때문입니다. 주님은 진실로 우리의 기도에 응답하겠다고 약속하셨습니다. 이 약속(말씀)은 우리 마음에 기도의 열망과 사랑을 불러일으킵니다. 그러므로 이 약속(말씀)을 가벼이 듣거나 바람에 흩날려 버리지 말고 확실한 믿음으로 기도합시다"

이사야 7장을 보면 유다 아하스 왕 때에 아람나라와 북쪽 이스라엘이 동맹하여 유다 예루살렘을 에워쌉니다. 그때

왕과 백성들의 마음이 삼림이 바람에 흔들림 같더라 라고 했습니다.

선지자 이사야가 아하스 왕에게 찾아가서 여호와께서 말씀하시는데 "너는 네 하나님께 한 징조를 구하되 깊은 데서든지 높은 데서든지 구하라" 라고 말합니다

즉 네가 어떤 형편에 처해있든지 구하라, 기도하라 그리하면 내가 징조를 보여주겠다 하나님이 말씀하셨지만 아하스 왕는 "귀찮다 나는 구하지 않겠다" 합니다.

그때에 이사야 선지자가 하는 말이 "너희가 사람을 괴롭게 하고 그것을 작은 일로 여겨서 또 나를 괴로우시게 하려느냐?"고 합니다.

하나님 자녀가 인생의 문제 앞에서 기도하지 아니하는 것은 하나님을 괴롭게 하는 것이라 것입니다. 하나님께서는 기도하기만 하면 내가 징조를 보여줄 것인데 기도해도 소용없다 하고 기도하지 않으니 얼마나 하나님 입장에서 보면 딱하겠느냐는 것입니다.

어느 목사님께서 기도는 하나님 편에서 먼저 하라고 하신 것이지 결코 우리가 먼저 기도하겠다고 한 것이 아니라고 말씀하십니다. 그러므로 하나님께서 기도하라고 해서 했으니 하나님도 들어주실 의무가 있는 게 아니냐고 반색하십

니다

　"하나님은 분명히 '너는 내게 부르짖으라 내가 응답하리라'라고 말씀하셨습니다. 하나님께서 그 약속을 성취하시는데 있어서는 아무런 제한도, 울타리도, 방해물도 없습니다.

　그분의 말씀이 걸려있습니다. 하나님은 진지하게 기도에 응답하십니다. 사람은 응답을 기대하고 그것으로 생기를 얻게 됩니다.

　거짓말을 하지 않으시는 하나님은 반드시 응답을 하십니다. 그분은 진정으로 기도하는 사람의 기도에, 응답하려는 의무를 기꺼이 지십니다" (E.M. 바운즈)

강력 기도의 기도신학적 접근

　웨스트민스터 대요리문답에서 기도를 위한 지침으로 하나님이 우리에게 전체 말씀을 주셨다고 언급되어 있습니다.

　《영성과 목회》에서 오성춘 교수는
　"말씀을 따라 구하고 말씀 자체가 기도가 되고 말씀을 뜻을 실천하기 위하여 기도하는 기도인 '말씀의 기도'는 하나님께서 무엇을 구하든지 응답하는 만사형통의 기도이다"라고 말합니다.

　존 스토트John Stott는
　"우리에게 기도할 충분한 이유와 그 분이 들으시고 응답하실 것이라는 확신을 주는 것은 오직 그 분의 약속들이다."라고 말합니다.

그러므로 하나님의 말씀위에 기초하게 될 때에 우리는 참으로 담대하게 기도를 드릴 수 있게 됩니다. 우리가 하나님의 은혜의 보좌 앞으로 나아갈 때 겁을 먹으면 기도가 더럽혀지고 하나님의 이름이 손상을 입습니다(누가복음 1:73-78). 하나님은 자신의 약속들 때문에 마치 자기가 우리에게 채무자이신 것처럼 우리 앞에 계심을 우리는 알아야 합니다.(시편 119:58).

우리가 기도하는 데 필요한 말들을 공급받을 수 있도록 성경의 약속들을 묵상할 것을 칼빈은 강권하며, 성령에 대하여 기도의 형식들을 우리에게 주술해주는 분으로 이해하고 있습니다.

하나님은 우리의 기도가 뜨겁게 하기 위해서 우리에게 말씀을 집어넣어 주신다는 사실에 칼빈은 주목하고 있습니다. 그래서 그는 간주하기를 성령께서 말씀을 가지고 기도의 형식들을 성도들의 입에 넣어주신다는 사실로 미루어 그러한 형식들을 사용하는 것은 무익하지 않다고 했습니다.[9]

칼빈은 말씀을 기초로 한 믿음을 가리켜서 '기도의 어머니'라고 하고, 말씀에서 멀어지는 기도는 즉시 부패하게 된다고 강조했습니다.

기도가 하나님의 말씀위에 기초하여 시작되고 그 말씀에 의하여 성령께서 기도의 틀을 만들어 주시는 까닭에 말씀에 의하여 제한된다고 하는 것은 당연할 것입니다. 하나님의 말씀이 기도를 시작하기 전에 선행하고 동기를 제공해야 할뿐만 아니라 우리의 기도는 그것을 방향과 세부적인 사항에서 바로 그 말씀에 의하여 지배되고 억제되어야 한다고 칼빈은 강조합니다.

그런 점에서 우리가 우리의 욕구들을 절제하여 하나님이 말씀하신 것에 우리의 기도를 제한시키지 않으면 우리의 기도는 믿음으로 드리는 것이 될 수 없습니다. 그러므로 기도를 위한 유일하고 안전한 법칙은 하나님의 말씀에 잘 비추어 보고 그가 명시한 것을 따라 우리의 기도를 구성하고 우리의 기도가 우리의 심령 속에서 하나님의 약속들의 메아리가 되게 하며 그가 약속하신 것 이상을 구하지 않는 것입니다.10)

하나님과의 이 교제는 인간적인 경건의 표현이 아니며, 이 간절한 마음은 오직 말씀의 능력 아래 있습니다.

칼빈에게는 '기도에는 대전제가 있어야 한다'는 기본입장이 있었습니다. 즉 인간은 기도를 하여야 할 (기도를 절대 필요로 하는) 존재이나, 기도의 보증인이시요 기도의 준비자

이신 그리스도의 대속적 피의 은혜를 근거하지 않고는, 즉 그리스도가 하나님과 기도자인 인간 사이의 중재자, 화해자가 되지 않고서는, 이를테면 타락한 죄스러운 인간에게 있어서는 절대적 공포의 대상인 하나님의 위엄과 영광의 보좌를 그리스도의 대속적 중재에 의하여 은혜의 보좌로 만들기 전에는 기도의 가능성이 전혀 열려 있지 않은 존재가 바로 인간이라고 하는 대전제를 갖고 있었습니다. 이 그리스도는 또한 "성육成肉하시는 말씀"이셨습니다.

그러므로 말씀이 앞서지 않으면, 즉 말씀에 근거되지 않은 기도, 이를테면 말씀과는 역행하면서라도 어떻게 해서든지 스스로를 독려하려고 하는 기도는 잘못된 기도가 된다는 것입니다. 그러나 주어진 말씀(로고스)에 대한 긍정과 신뢰에 기초한 기도는 성령의 도우심을 통하여 바르게 이루어질 수 있다고 보았습니다.

따라서 기도의 "객관적 가능성"은 그리스도에 의해서 이루어지고 그 말씀으로서의 그리스도에 대한 기도자의 신앙을 그 출발점으로 하는 기도의 "주관적 가능성"은 성령의 도우심에 의하여 성립되며 이 성령은 기도의 효력을 돕는 역할을 한다는 것입니다.[11]

스펄전 목사는 다음 주석을 좋아했다고 합니다.

"성령은 우리를 위하여 기도문을 작성하시고, 성자 예수님은 우리를 위하여 기도문을 제출하시고 성부 하나님 아버지는 기도를 들으신다. 성삼위일체가 우리의 기도를 도우시는데 우리가 기도를 못하는 이유가 무엇이냐?"

삼위 하나님께서 여러분의 기도를 도우십니다. 여러분들이 기도를 못할 이유가 없습니다. 삼위 하나님의 도움을 기억하며 힘을 내어 기도하시기 바랍니다.

인간은 철저히 기도가 필요한 존재이지만 또한 인간은 스스로 하나님께로 이를 수 없는 부패한 존재이기 때문에 성경이 말하는 인간의 기도는 철저히 본질상 인간의 노력과 인간의 의도 및 인간의 공적에 의존해 있지 않는 것으로서, 기도는 전적으로 하나님의 약속에 기초하고 있는 것이며 따라서 기도의 응답은 어디까지나 이미 성경 속에 계시된 하나님의 약속의 실현일 뿐이고, 그러므로 인간의 기도는 하나님의 약속의 성취에 동참할 수 있기를 요청하는 것 이외의 다른 것일 수는 결코 없다고 하겠습니다.

하나님의 명령에 대한 순종이 기도이고 이 기도는 또한 철저히 예수 그리스도의 중보에 근거하고 있는 것이 됩니다. 말하자면, 기도는 하나님이 이미 약속하신 것이 우리 안에 이루어지기를 기원하는 것일 뿐 이것이 아닌 그 어떤 다른 것 일수는 결코 없다는 말이 됩니다. 즉 하나님의 뜻이 아닌 것을 기원하여서는 안 됩니다.[12]

이 성자 예수는 하나님으로부터 우리에게 오신 성육成肉하신 말씀(로고스)입니다. 그러므로 그리스도를 믿는다는 것, 그것은 말씀을 믿는다는 것입니다. 따라서 우리의 기도의 근거가 예수 그리스도라는 것은 우리의 기도의 근거가 하나님의 약속에 기초되어야 한다는 것을 뜻합니다.

예수님의 기도학교

우리의 기도는 말씀에 근거하고 있는가? 예수님께서 주기도문에서 우리에게 말씀하신 바는 무엇인가? 아버지의 뜻이 하늘에서와 같이 이 땅에서도 이루어지기를 간절히 원하는 기도이셨다. 하나님의 뜻을 이루는 기도는 전적으로 하나님의 말씀을 듣고 우리의 기도를 말씀으로 강력하게 재구성할 때 그러한 기도를 통하여 하나님의 뜻이 이 땅위에서 온전히 이루어질 것입니다

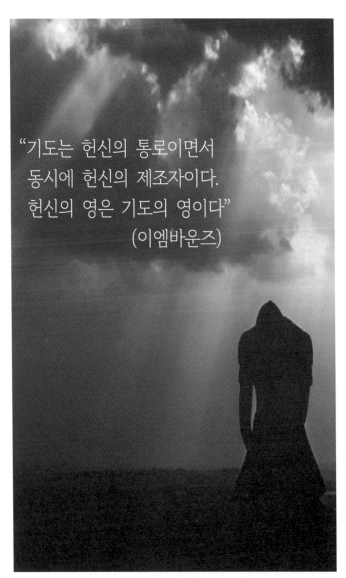

"기도는 헌신의 통로이면서
동시에 헌신의 제조자이다.
헌신의 영은 기도의 영이다"
(이엠바운즈)

absolute prayer

3장 헌신과 기도

자발적인 마음

서울여대 기독교학과 교수인 장경철 교수의 《축복을 유통하는 삶》 이라는 책에 「초코파이 하나」라는 글이 있습니다. 다음과 같은 내용입니다.

"학교에서 저녁에 학생들을 가르칠 때가 있는데, 그 때 한 학기에 한 번 정도 학생들에게 초코파이를 사 줍니다. 저녁 6시에 수업을 시작하는데, 직장에 다니는 학생들이 식사를 못하고 올 때가 있기 때문입니다.

어느 날 여느 때와 같이 학생들이 초코파이를 받아서 먹는데, 앞에 앉은 한 학생이 '교수님도 하나 드세요' 하고 저에게 초코파이 하나를 건네주었습니다. 그 말을 듣는데 왜 그렇게 기쁘죠? 너무 너무 기뻤습니다. 하지만 생각해 보니 제가 기뻐할 이유가 하나도 없었습니다. 첫째, 저는 집에서 밥을 먹고 왔기 때문에 먹고 싶은 생각이 전혀 없었습니다. 둘째, 그 초코파이는 모두 제 돈 내고 제가 산 것이거든요. 자기 것을 받는데 누가 기뻐하겠습니까? 그런데 왜 그렇게 기쁘죠?

그 때 제가 외람되나마 하나님의 기쁨을 조금 느껴 보았습니다. 어떤 의미에서 보면, 제가 하나님께 봉사하고 헌신하는 것 모두 자랑할 것이 없습니다. 다 하나님이 주신 힘과 능력으로 하는 것이기 때문입니다. 사실 우리는 드릴 수 있는 것이 아무것도 없습니다. 그렇다면 정말 내가 드릴 수 있는 것이 하나도 없습니까? 그날 저는 초코파이를 받으면서 하나 깨달았습니다. 제 목소리며, 지성이며… 모든 것이 다 하나님께로부터 받은 것인데, 딱 한 가지 제 편에서 드릴 수 있는 것이 있음을 알았습니다. 바로 자원하는 마음입니다. 그것 하나만 하나님께 드릴 수 있다고 생각했습니다.”

우리가 하나님께 드릴 수 있는 것이 하나 있습니다. 안 드릴 수도 있지만 드릴 수 있는 '마음', 그것 하나만이 진정으로 우리가 기여할 수 있는 부분입니다. 하나님은 바로 이 자발적인 마음과 자원하는 영혼을 찾고 계십니다.

나의 몸을 거룩한 산 제물로

로마서 12장 1절 말씀에서 사도 바울은 예배에 대한 혁명적 개념을 제시합니다. 이것은 우리가 예배 개념에 대한 패러다임paradigm을 바꾸어야 함을 말하고 있습니다. 그 개념을 사도 바울은 '몸 예배'로 표현합니다. 즉 진정한 의미에 있어서 예배란 나의 몸을 거룩한 산 제물로 하나님께 드리는 것입니다. 나의 몸을 하나님의 거룩한 제단에 바치는 것 그것이 진정한 예배입니다. 그래서 사도 바울은 이렇게 고백합니다.

> "… 너희 몸을 하나님이 기뻐하시는 거룩한 산 제물로 드리라
> 이는 너희가 드릴 영적 예배니라"
> (로마서 12:1)

이 말씀에서 '영적 예배'란 헬라어로 '영적인spiritual 예배'을 의미하지 않습니다. 여기서 '영적'이란 '합당한rational', '타당한reasonable'을 의미하는 것입니다. 그러니 정확한 로마서 12장 1절 말씀은 우리 몸을 거룩한 산제사로 하나님께 드리는 것, 그것이 바로 합당한 진정한 예배라는 의미입니다.

예배란, 바로 나의 몸을 거룩한 산 제물로 하나님의 거룩한 제단에 바치는 것입니다.

왜 우리는 매 주일예배에서 하나님께 드리는 예배에 실패합니까? 왜 거룩한 향기로 하나님께 우리의 예배가 올려지지 못합니까?

먼저 나의 삶을 거룩한 산제사로 하나님께 드리지 못했

기 때문입니다. **《온전케 하는 예화》**에 보면 이런 예화가 나옵니다.

1948년 상해 교회의 대부흥회에서 헌신의 물결이 밀려들었습니다. 형제자매들은 힘을 다해 재물을 하나님께 드렸습니다. 어느 한 부자형제가 사람들이 힘을 다해 헌신하는 것을 보고는 자신도 재물을 조금 드리려고 했습니다. 그래서 그는 책임 형제에게 복음 전도용 차를 한대 헌납하고 싶다고 했습니다.

책임 형제는 그 형제가 먼저 자기 자신을 하나님께 드리지 않은 것을 알고 사람이 먼저 헌신되지 않는다면 물건을 드려도 아무 소용이 없다고 그를 권면하였습니다. 그리고 그의 차를 받지 않았습니다. 이 형제는 책임 형제가 차를 받지 않은 것을 알고 이번에는 헌금을 드렸습니다. 그런데 책임 형제는 여전히 그 헌금을 받지 않았습니다.

하나님은 제물을 원하시는 것이 아니라 사람인 우리 자신을 원하십니다. 먼저 자신을 거룩한 산제사로 주님께 드려야 재물을 드릴 수 있습니다.

먼저 하나님께 예배하기 전에 나의 몸을 거룩한 산 제물로 하나님께 드려보십시오. 거기에 예배의 능력이 있고 권능이 있고 하나님이 나의 예배를 받으심을 체험하는 기쁨이 회복됩니다.

"하나님! 저의 삶을 거룩한 산 제물로 받으십시오" 이렇게 고백하시고 하나님께 예배를 드리십시오. 하나님이 그 예배를 받으십니다.

"하나님! 저의 삶을 거룩한 산 제물로 받으십시오" 이렇게 고백하시고 하나님께 십일조를 드리십시오. 하나님이 그 십일조를 받으십니다.

하나님의 관심사

이 사실을 확연히 보여주는 말씀이 바로 창세기 4장의 가인과 아벨이 하나님께 제사 드리는 장면입니다. 창세기 4장에서 가인과 아벨은 똑같이 하나님께 제사를 드립니다. 그런데 한 사람의 제사는 하나님께 흠향되고 또 한 사람의 제사는 흠향되지 못합니다.

창세기 4장 4-5절에서 "아벨은 자기도 양의 첫 새끼와 그 기름으로 드렸더니 여호와께서 아벨과 그 제물은 받으셨으나 가인과 그의 제물은 받지 아니하신지라"고 말씀합니다.

중요한 대목은 하나님은 아벨의 제물만 받으신 것이 아

니라 먼저 아벨이라는 사람 자체를 받으셨다는 사실입니다. 가인의 제물을 하나님께서 받지 않으신 까닭은 가인이라는 사람 자체를 하나님께서 받지 않으셨기 때문입니다.

하나님의 관심사는 제물과 형식이 아닙니다. 바로 우리의 몸 자체입니다. 우리의 몸이 먼저 하나님께 거룩한 산 제물로 드려져야 합니다. 이것이 실패한 다른 예배의 요소들은 전혀 무의미합니다. 가인은 이 부분에서 실패하였습니다. 왜입니까? 그는 악인惡人이었기 때문입니다. 요한일서 3장 12절은 가인의 삶이 악인의 삶이었음을 지적합니다.

"가인같이 하지 말라 저는 악한 자에게 속하여
그 아우를 죽였으니 어찐 이유로 죽였느냐
자기의 행위는 악하고 그 아우의 행위는 의로움이니라"
(요한일서 3:12)

가인은 자신의 몸을 거룩한 산 제물로 하나님께 드림에 실패하였습니다. 그는 악인이었기 때문입니다. 자신의 거룩한 산 제물로 하나님께 드림에 실패하였기에 그의 제사도, 제물도 하나님께 드려질 수 없었던 것입니다. 기도도 마찬가지입니다. "하나님! 저의 삶을 거룩한 산제사로 받으십시오" 이렇게 고백하시고 기도하십시오. 하나님이 그 기도를 받으십니다.

중요한 것은 기도가 아닙니다. 예배가 아닙니다. 십일조가 아닙니다. 먼저 내 자신을 주님께서 거룩한 산 제물로 받으시느냐 하는 것입니다. 주님께서 나를 산 제물로 받으실 때 거기에 예배의 능력이 나타납니다. 주님께서 나를 산 제물로 받으실 때 거기에 기도의 능력이 나타납니다.

E. M. 바운즈는 "기도의 실패자는 생활의 실패자"라고 하였습니다. 주님께 나를 기쁨의 산 제물로 드릴 수 있다면 우리가 무엇을 하나님께 구하든 응답받는 능력의 삶이 가능함을 요한일서 3장 22절 말씀은 분명히 말합니다.

> "무엇이든지 구하는 바를 그에게서 받나니
> 이는 우리가 그의 계명을 기키고
> 그 앞에서 기뻐하시는 것을 행함이라"
> (요한일서 3:22)

주님께 나를 기쁨의 산 제물로 드릴 수 있다면 그리고 주님께서 나를 산 제물로 받으실 때 거기에 기도의 능력이 나타납니다.

E. M. 바운즈는 《기도의 능력》이라는 책에서 이렇게 말합니다.

"기도는 헌신의 통로이면서 동시에 헌신의 제조자이다. 헌신의 영은 기도의 영이다. 기도와 헌신은 영과 육이 연합되듯이, 생명과

심장이 붙어있듯이 서로 연합되어 있다. 헌신 없이는 참된 기도가 있을 수 없고 기도 없이 참된 헌신이 있을 수 없다"

그렇기에 우리는 더욱 죄와 싸워야 합니다.
시편기자는 고백합니다.

> "내가 나의 마음에 죄악을 품었더라면
> 주께서 듣지 아니하시리라"
> (시편 66:18)

죄악을 품은 자의 기도는 하나님께서 듣지 않으시기에 우리는 더욱 죄와 싸워야 합니다. 이것은 우리의 몸을 더욱 온전하고 정결하게 거룩한 산 제물로 하나님께 바치기 위함입니다. 그래야만 바로 기도의 능력이 회복됩니다. 주님께서 나를 산 제물로 받으실 때에 기도의 능력이 나타납니다.

'잊혀진 명령 거룩하라'라는 책에서 윌리엄 맥도날드는 이렇게 선언합니다.

"모든 그리스도인들은 거룩이 없이는 아무도 주를 보지 못하리라는 말씀에 충격을 받아야 한다" (히 12:14)

히브리서 12장 4절에서 "너희가 죄와 싸우되 아직 피흘리기까지는 대항하지 아니하고"라 했습니다. 이 말씀의 실제적 의미는 죄와 싸우되 복싱 경기장에서 선수들이 격렬하고 공격적으로 싸우듯 죄와의 싸움도 격렬하며 공격적인 자세가 필요함을 보여주는 말씀입니다.

데살로니가전서 5장 22절에서도 "악은 어떤 모양이라도 버리라"고 하였습니다. 그래야 우리의 몸을 더욱 온전하고 거룩한 산제사로 하나님께 바칠 수 있습니다. 그 때에만 바로 기도의 능력이 회복될 것입니다.

A.W. 토저도 그의 저서 "기도"(규장)라는 책에서 '온 삶으로 기도하라'라고 말하며 아래와 같이 역설합니다.

"가장 좋은 기도는 그 사람의 삶 전체로 드리는 것이다. 그러한 기도는 오직 성령 안에서 사는 삶의 결과로 주어진다. 우리가 하나님 안에 거할 때 우리의 모든 생각과 행위는 기도가 되고, 온 삶이 찬양과 예배의 거룩한 제사가 되며, 끊임없이 하나님과 교제하는 삶의 탁월함을 알게 될 것이다.

기도는 순종을 대신하지 않는다 우리의 기도가 응답되지 않는 이유를 알아내려 해야 한다. 나는 우리의 문제가 기도로 순종을 대신하려는 데 있다고 믿는다. 그것은 효과가 없을 것이다.

자신들의 유일한 약점이 기도하지 않은 것이라고 생각했지만, 사실 그들은 정말 중요한 순종의 문제에서 여러모로 부족했던 것이다. "순종이 제사보다 낫고"(삼성 15:22). 기도는 결코 순종의 대체물이 될 수 없다. 통치자 하나님은 그분의 피조물들로부터 순종이 동반되지 않은 제물을 받지 않으신다.

그리스도를 믿어 구원을 받으면 죄의 형벌을 면하게 되지만 그리스도의 말씀에 순종해야 하는 의무에서 벗어나는 것은 아니다. 오히려 그는 기쁨으로 순종해야 할 의무를 갖게 된다.

우리가 하나님의 복을 받으려면 순종하기 시작해야 한다. 우리가 기도를 순종의 대체물로 사용하기를 멈출 때, 기도는 효력을 나타낼 것이다. 하나님은 순종 대신 드리는 기도를 받지 않으신다. 우리가 그것을 대신하려는 것은 스스로 속이는 것밖에 안된다.

하나님께 드리는 기도는 성령의 능력 안에서 하나님께 순종하는 삶에 기반을 두어야 한다. 하나님과 둘만의 시간을 가지고, 매일 순종과 기도 생활에 대한 열정을 회복시켜 주서서 매일의 도전과 기회들에 대응하게 해달라고 기도하라.

기도와 순종에 대해 율법적인 속박에 빠지지 않도록 주의하라. 우리가 더 많이 순종할수록 하나님이 기도를 더 많이 들어주신다고 생각하기 쉽다. 신자가 하나님께 순종할 때 그는 그리스도의 마음을 갖게 되며 하나님이 기도하라고 보여주시는 것에 대해 더 많이 기도하게 된다"

조지 뮬러의 5만번 기도응답 비결

5만번이나 기도 응답을 받은 조지 뮬러의 기도생활에 대한 동영상을 최근에 본 적이 있습니다. 짧은 분량의 동영상이었지만 조지 뮬러의 대한 동영상을 보며 정말 큰 감동과 감격 속에 제 기도생활을 돌이켜 보게 되었습니다.

　　무엇보다 조지 뮬러의 동영상을 보면서 응답받는 기도의 정말 중요한 비결을 발견할 수 있었습니다. 그 비결은 바로 하나님께 온전히 헌신된 자의 기도는 기도의 응답이 신속하고 선명하다는 사실입니다.

> "사랑하는 자들아 만일 우리 마음이 우리를 책망할 것이 없으면
> 하나님 앞에서 담대함을 얻고
> 무엇이든지 구하는 바를 그에게서 받나니
> 이는 우리가 그의 계명을 지키고
> 그 앞에서 기뻐하시는 것을 행함이라"
> (요한일서 3:21-22)

　　무엇이든지 구하는 대로 간구하는 대로 하나님께서 주신다는 것입니다. 그러나 그냥 주신다고 하시지 않으셨습니다. 분명한 조건이 있습니다. 주님 안에 거하는 자, 주의 계명을 지키고 주 앞에서 주의 기뻐하시는 삶을 사는 헌신된 자에게만 하나님께서 주신다는 것입니다. 이러한 자들에게 기도의 응답은 매우 분명하고 신속하게 이뤄짐을 알 수 있습니다. 이러한 자들에게 기도 응답은 매우 실제적이며 자연스러

운 것입니다.

조지 뮬러는 잘 아시다시피 영국 고아들의 아버지라고 불립니다. 조지 뮬러는 추호의 의심도 없이 본인이 하는 고아원 운영이 하나님의 뜻임을 그는 확신하였습니다. 왜냐하면 하나님 말씀에 하나님은 고아와 과부와 객의 하나님이라고 말씀하셨기 때문입니다.

"그의 거룩한 처소에 계시는 하나님은
고아의 아버지시며 과부의 재판장이시라"
(시편 68:5)

그는 하나님께 이렇게 기도합니다.

"하나님, 제가 고아원을 하고 싶어 하는 것은
우연한 일이 아니라
하나님께서 친히 제 마음에 불러일으키신 소원임을 믿습니다.
저는 오직 당신의 종으로만 일할 뿐입니다."

그는 그것이 하나님의 뜻이라고 확신이 들면 담대하게 하나님께 확신으로 간구하였고 하나님은 그의 기도에 매우 분명하고 신속하게 응답 하셨습니다.

뮬러의 태도에 감명 받은 사람들은 고아원 운영 재원을

마련하기 위해 바자회를 열고 모금운동을 벌이자고 제안했습니다. 그러나 뮬러는 이를 거절했습니다. 그는 한 번에 마련한 물질에 기대어 고아원을 운영하는 것은 하나님의 뜻이 아니라고 생각했기 때문입니다. 마치 만나와 메추라기에만 의존해 40년간 광야의 식탁을 차렸던 구약의 이스라엘 민족처럼 처음부터 끝까지 자원하는 사람들의 성금과 성물로 고아원을 운영하겠다는 것이 그의 기도였습니다.

물론 고아원이 세워진 뒤 어려움은 계속 찾아왔습니다. 마지막 남은 밀가루로 빵을 만들어 저녁식탁을 차리면서 내일 아침을 위해 기도해야 하는 날들이 되풀이되었습니다. 그러나 뮬러는 끊임없는 기도로 고아원에 필요한 모든 것을 간구했습니다. 그가 기도했던 물품과 음식은 언제나 어김없이 공급되었고 때로는 믿지 않는 사람들까지도 그의 고아원을 찾아왔던 것입니다.

폭우가 쏟아지던 어느 날 아침 고아원에는 먹을 수 있는 것이라곤 아무 것도 남아있지 않았다고 합니다. 400명의 고아들과 함께 빈 식탁에 둘러앉아 뮬러는 손을 맞잡고 식사기도를 드리기 시작했습니다. 그의 기도가 끝났을 때 한 대의 마차가 고아원 문을 두드렸습니다. 그 마차에는 아침에 막 구운 빵과 신선한 우유가 가득했습니다. 인근 공장에서 종업원들을 위한 야유회에 쓰기 위해 주문했지만 폭우로 취소되자 고아들에게 보내온 것입니다.

뮬러는 이처럼 고아원을 운영한 65년 동안 순간순간 기적적인 주님의 공급을 체험했습니다. 또한 그는 하나님께서는 구하는 자에게 가장 선한 것으로 주신다는 사실을 의심 없이 믿었습니다. 그는 그것이 하나님의 뜻이라고 확신이 들면 담대하게 하나님께 확신으로 간구하였고 하나님은 조지 뮬러의 기도에 매우 분명하고 선명하고 신속하게 응답 하셨습니다.

하나님의 뜻을 아는 6가지 단계

기도의 사람 조지 뮬러는 하나님의 뜻을 아는 6가지 단계를 소개하는데, 이는 다음과 같습니다.

첫째, 어떤 문제가 있을 때 그 문제에 관한 나의 의사가 있지 않도록 마음을 비우려고 노력한다.

둘째, 결과에 대해서는 나의 감정이나 이상을 개입시키지 않도록 노력한다.

셋째, 성령께서 나를 인도하시고자 하는 방향을 깨달으려고 노력한다.

넷째, 주변 상황을 고려한다. 종종 상황과 말씀과 성령이 서로 연결되어 하나님의 뜻을 밝혀준다.

다섯째, 기도하는 가운데 하나님의 뜻을 내게 보여주시기를 간구한다.

여섯째, 앞에 열거한 대로 하나님께로 향한 기도를 통하고, 성경 말씀과 묵상을 통한 뒤에 심사숙고하여 다다르게 된 결론에 따라 행한다. 이때 내 마음에 평안이 따르면, 두세 번 더 기도한 다음 진행한다.

매우 분명하고 선명하고 신속한 능력 있는 기도응답의 비결은 주의 기뻐하시는 삶을 사는 헌신된 삶에 있습니다.

주님 뜻 안에 거하는 자, 주님 안에 거하는 자, 주의 계명을 지키고 주님 앞에서 주의 기뻐하시는 삶을 사는 헌신된 자에게는 기도의 응답이 매우 분명하고 신속하게 이루어짐을 알 수 있습니다. 이러한 자들에게는 기도 응답은 매우 실제적이며 자연스러운 것입니다

사도요한은 말합니다.

"그를 향하여 우리의 가진 바 담대한 것은 이것이니
그의 뜻대로 무엇을 구하면 들으심이라
우리가 무엇이든지 구하는 바를 들으시는 줄을 안즉
우리가 그에게 구한 그것을 얻은 줄을 또한 아느니라"
(요일 5:14-15)

헌신과 기도의 기도신학적 접근

마틴 루터의 기도 글을 다룬 책인 "프로테스탄트의 기도"(비아)에서 루터는 아래와 같이 역설합니다

성 히에로니무스(Hieronymus)가 이렇게 말한 적이 있는데 한번 들어보게나 '신앙인이 하는 일은 무엇이든 기도다' '성실하게 일하는 사람은 기도를 두 배로 하는 것이다'

무슨 근거로 이런 말을 했는지 생각해 보게나 믿음의 사람은 평소에도 주님을 경외하는 마음으로 일하지 않는가. 이런 사람은 그 분이 주신 계명을 명심하고 있기에 부당한 일을 행하거나, 도둑질하지 않고, 사특한 이익을 도모하지 않고, 그런걸 남에게 시킬 생각도 않는다네. 그래서 '성실하게 일하는 사람은 기도를 두 배로 하는 것'이라는 말은 우선 그 계명을 새겨 실천하기 때문에 첫번째 기도가 되는 것이고, 그 삶이 주님께 바치는 찬양의 제사가 되기에 두 번째 기도, 즉 곱절의 기도가 된다는 뜻이라네.

또한 같은 책에서 루터는 성화를 위한 강력한 훈련의 책으로써 "주기도문", "십계명", "사도신경", "시편"을 한 구절, 한 구절 강해하며 "주기도문", "십계명", "사도신경", "시편"의 중요성을 역설하고 있습니다

기도란 우리 영성생활의 한 부분이 아니라 영성생활의 전부입니다. 그런 의미에서 우리의 전 삶이 기도인 것입니다.

그런 의미에서 구약에서의 기도는 제사(예배)와 깊은 관련이 있습니다. 창세기 12장 8절의 "거기서 벧엘 동편 산으로 옮겨 장막을 치니 서는 벧엘이요 동은 아이라 그가 그곳에서 여호와를 위하여 단을 쌓고 여호와의 이름을 부르더니"에서 볼수 있듯이 제사(예배)와 기도는 연결이 되어 있습니다.

욥 42장 8절 - 9절에서 "그런즉 너희는 수송아지 일곱과 수양 일곱을 취하여 내 종 욥에게 가서 너희를 위하여 번제를 드리라 내 종 욥이 너희를 위하여 기도할 것인즉 내가 그를 기쁘게 받으리니"에서와 같이 욥의 친구들의 제사와 기도는 긴밀한 연관을 이루고 있다.[13]

제사가 외적 형태의 나아감이라면 기도는 내적인 형태의 나아감입니다. 스피어Wayne R. spear는 "구약성서의 기도와 제사는 대립적이 아니고 보조적(보완적)이라고 말할 수 있다"고 말하고 있다.[14]

기도는 성도의 향이요 제사요 예배입니다.

"또 다른 천사가 와서 제단 곁에 서서 금향로를 가지고 많은 향을 받았으니 이는 모든 성도의 기도들과 합하여 보좌 앞 금단에 드리고자 함이라 향연이 성도의 기도와 함께 천사의 손으로부터 하나님 앞으로 올라가는지라" (계 8:3-4)

"나의 기도가 주의 앞에 분향함과 같이 되며 나의 손드는 것이
저녁 제사같이 되게 하소서" (시 141:2)

"나의 반석이시요 나의 구속자이신 여호와여 내 입의 말과
마음의 묵상이 주의 앞에 열납되기를 원하나이다" (시 9:14)

루터는 다음과 같이 기도와 예배(제사)를 다음과 같이
설명합니다.

"기도를 통하여 하나님께 나아가는 길은 하나님이
인간에게로 오시는 길이다. 즉 인간이 되신 그리스도
안에서 인간은 하나님을 만나며 당신의 중보사역
없이는 인간이 하나님에게 나아갈 수 없다."고 말합니다.

그리스도는 기도자가 제물로 바쳐지는 제단이며, 그리하
여 기도가 하나님께 상달됩니다. 이 점에서 기도와 찬양의
제사는 상호 교차합니다5)

기도를 통하여 우리의 존재가 완전히 하나님의 성령으로
성화되게 되면 우리는 영적 성숙의 정점에 설수 있게 되는
것입니다. 이 단계에서 우리는 더 이상 말이나 행동에 매여
하나님을 향해 돌아서려고 애쓸 필요가 없습니다. 오히려 우
리의 전체 삶이 점점 더 하나님께 향할 수 있게 되고, 또 우
리의 삶 자체가 기도가 됩니다. 성화된 그리스도인은 그만큼
더 잘 기도할 수 있고 아버지 하나님과의 교제가 보다 긴밀

한 것입니다.

성화와 기도는 병행적으로 진보하며 서로 영향을 미칩니다.[16] 성화의 정도와 상태가 기도의 열정에 영향을 미치며 기도의 농도와 성화의 정도는 정비례합니다. 성화는 기도를 보다 온전하게 하고 깊게 하며 지속적인 기도는 기도자를 더욱 성화시킵니다.[17]

기도의 목적은 예수님을 본받고 그 분과 연합되어 온전한 그리스도인이 되기 위함입니다. 예수님은 모든 면에서 그리스도인들의 모범이 되시고 사표師表가 되십니다. 특히 주님은 기도생활에 있어서도 우리의 모범이 되십니다. 그 분은 모든 일을 착수하기 전에 기도하셨고 기도하신 후에 아버지 하나님의 뜻을 깨닫고 그 뜻에 따라 모든 일을 결정하셨고 또한 수행하셨습니다.

그러므로 우리가 예수님의 기도 생활을 본받아 살면 그 분과 연합된 존재가 되며 온전한 그리스도인이 됩니다. 누구도 기도 없이는 구원받을 수 없고 성화될 수 없고 온전한 그리스도인이 될 수 없습니다.[18]

프랑스 신학자인 쟈끄몽 역시 이렇게 표현했습니다.
"성령이 세례 받은 사람의 전적인 삶에 생기를 불어넣는다. 그리고 성령은 이 삶 자체가 이 하나님이 살아있는 예배가 되도록 변화시킨다. 하나님이 우리에게 바라는 예배는 우리의 전 삶이 희생제물이 되는 것이다."[19]

기도의 목적은 기도를 통하여 우리의 삶이 더 깊고 높고 넓고 길어지는 데 있습니다. 우리가 살아가는 이 세상의 삶과 더불어 이 삶을 더욱 풍요롭고 의미 있게 만드는 영적인 삶, 즉 영성생활의 기초가 바로 기도입니다.

영성생활이란 하나님이 온전히 우리 삶을 지배하는 삶이라 할 수 있습니다. 우리 존재 전부가 온전하게 "그 너비와 길이와 높이와 깊이"(에베소서 3:18)에 포함되는 삶을 실제로 누리게 되는 것입니다.

펌프가 땅속의 물을 퍼 올리기 위해서 한 바가지의 물을 필요로 하는 것처럼, 기도는 우리에게 차고 넘쳐흐르는 생명수를 보장할 한 바가지물이 될 것입니다.[20]

예수님의 기도학교

예수님께서도 주기도문을 명령하시면서
"우리가 우리에게 죄 지은 자를 사하여 준 것같이 우리의 죄를 사하여 주옵시며"라고 기도하라 하셨다.

우리의 죄가 하나님 앞에 고백되어지고 사함을 얻고, 그

리하여 우리가 거룩과 성화를 덧입을때 우리의 기도가 더욱
강력한 기도로 하나님께 올려질수 있기 때문입니다.

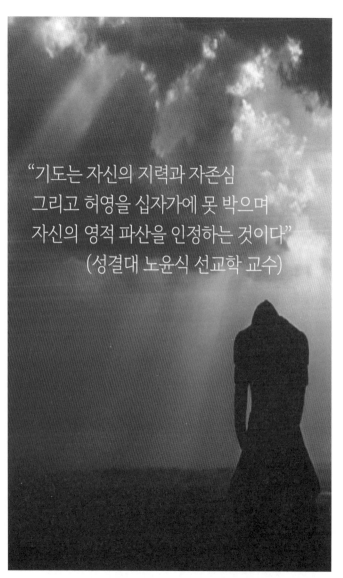

"기도는 자신의 지력과 자존심
그리고 허영을 십자가에 못 박으며
자신의 영적 파산을 인정하는 것이다"
(성결대 노윤식 선교학 교수)

absolute prayer

4장 영적 파산을
인정하는 기도

기도의 진정한 차원, 영적 파산의 기도

성결대 선교학과 교수님이신 노윤식 교수님은 기도에 대하여 이렇게 정의하십니다.

"기도는 하나님 앞에 자신을 굴복시키는 것이요 항복하는 것이며 겸손한 복종의 표시이다. 기도는 자신의 지력과 자존심 그리고 허영을 십자가에 못 박으며 자신의 영적 파산을 인정하는 것이다. 우리가 기도할 때에 두 손을 모으는 것은 내 손에 당신을 해할 무기가 없다는 표시이며, 입을 벌리는 것은 자신의 내부를 공개하는 가장 유약한 표현이며, 무릎을 꿇고 고개를 조아리는 것은 항복을 의미한다."

기도의 진정한 차원dimension과 의미는 바로 영적 무력함과 영적 파산의 인정이라는 것입니다. 엄밀하게 말하면 기도에는 영적 파산과 영적 무력함을 인정하는 기도만이 존재합니다.

위클리프 USA의 명예 총재이신 조지 코완은 이렇게 말합니다.

"기도란 우리가 하나님께 의지한다는 성명서와 같습니다. 우리의 힘으로 일하지 않을 것을 고백하며 우리의 힘만으로는 아무런 일도 할 수 없음을 겸손히 인정하는 것입니다. 기도하지 않는 것은 우리 자신의 힘으로 일을 하며 주님의 도우심이 필요하지 않다고 말하는 것과 다를 바가 없습니다. 우리가 우리 힘으로 할 수 있는 일은 다만 하나님께 감사하는 것 이외에는 아무것도 없습니다."

많은 분들이 기도가 잘 되지 않는다고 합니다. 그 이유는 무엇입니까? 저는 어떤 장소에 있든 간에 성령의 큰 감동으로 그 자리에 무릎을 꿇고 상한 심령으로 기도하고 싶은 강렬한 감동을 때때로 경험합니다. 물론 그러한 뜨거운 성령의 감동이 늘 계속되어지는 것은 아닙니다. 때로는 기도하는 것이 힘들고 버거울 때도 있습니다. '왜 성령의 큰 감동의 기도가 지속되지 못할까? 왜 계속적으로 상한 심령의 기도가 계속되지 못할까?' 이것이 저의 의문이었습니다.

그 이유는 영적 파산과 영적 무력함을 인정하지 못하는 데에 있었습니다. 자신의 영적 파산을 인정할 때만이 기도의 진정한 차원을 경험하게 될 것입니다. 자신의 영적 무력함을 고백할 때만이 기도의 진정한 차원이 체험되어 질것입니다.

여러분 파산의 의미가 무엇입니다. 영어로는 bankrupt입니다 즉 더 이상 은행에 돈을 갖지 못하여 집에 있는 나의 모든 재산은 이제 내 재산이 아니라 은행의 재산이 되고, 다 압류딱지가 붙고 더 이상 내 재산이 아니라 은행의 재산인 것입니다.

기도가 영적 파산이라는 말도 동일합니다. 더 이상 기도의 주체가 내가 아니라 성령이 말할수 없는 탄식으로, 내 지력과 내 능력, 내 교만과 내 가능성을 철저히 부인하고 오직 하나님만이 역사하시고 일하시는 분임을 내 기도가운데 선포되어지는 기도, 그 기도가 바로 영적 파산의 기도인 것입니다.

바울은 "누가 너를 남달리 구별하였느냐 네게 있는 것 중에 받지 아니한 것이 무엇이냐 네가 받았은즉 어찌하여 받지 아니한 것 같이 자랑하느냐"(고전 4:7) 하고 말합니다.

다윗도 역시 "모든 것이 주께로 말미암았사오니 우리가 주의 손에서 받은 것으로 주께 드렸을 뿐이니이다"(대상 29:14) 라고 고백합니다.

마틴 루터의 기도 글을 다룬 책인 "프로테스탄트의 기도"(비아)에서 루터는 사도신경의 '전능하사 천지를 만드신 창조주 아버지를 내가 믿습니다'라는 구절을 설명하면서 아래와 같이 설명합니다.

　"이 구절을 자네가 진심으로 받아들인다면, 한줄기 위대한 서광이 자네 마음을 비출걸세, 자네만 놓고 보면, 아무 것도 아니고, 아무 것도 할수 없고, 아무 것도 알지 못하고, 아무 능력도 없지만, 자네는 분명히 창조주가 직접 빚어낸 피조물이며 걸작품이라네. 천년 전 자네는 무엇을 하고 있었나? 육천년 전엔 하늘과 땅은 무엇이었을까? 아무것도 아니었다네. 하지만 자네가 입으로 고백하는 것처럼 주님은 모든 것을 창조하셨지. 자네 자신, 자네가 아는 것, 할수 있는 것, 성취할수 있는 것, 그 모든 것을 말이야. 그러니 자네 존재만으로는 아무 것도 아니고, 주님이 자네의 창조주라는 사실 외에는 아무 것도 자랑할게 없다네"

　여러분이 가지고 있는 것 모두, 주님이 주신 것 아닙니까? 기도 가운데 이러한 영적 파산의 선포가 되어지지 않는다면 그 기도는 능력있는 기도, 응답받는 기도가 될수 없습니다.

　오직 성령이 말할수 없는 탄식으로, 내 지력과 내 능력, 내 교만과 내 가능성을 철저히 부인하고 오직 하나님만이 역사하시고 일하시는 분임을 내 기도가운데 선포되어지는 기도, 그 기도가 바로 영적 파산의 기도인 것입니다.

　"유창하게 기도할수록　나는 기도생활에서 얻는 것이 거의 없다. 그러나 달변을 멈추고 신학적으로 하나님을 대하지 않고, 그저 위를 향하여 주님이 내 마음에 말씀하시기를 기다릴 때면 연필과 노트를 붙

잡고 내 마음에 말씀하시는 것을 적지 않을수 없을 정도로 주님은 강렬하게 말씀하신다" (A.W.토저)

바리새인과 세리의 기도

이러한 기도의 차원을 매우 잘 보여주는 것이 누가복음 18장의 바리새인과 세리의 기도입니다. 바리새인과 세리가 함께 기도하러 성전에 올라갑니다.

"또 자기를 의롭다고 믿고 다른 사람을 멸시하는 자들에게
이 비유로 말씀하시되 두 사람이 기도하러 성전에 올라가니
하나는 바리새인이요 하나는 세리라
바리새인은 서서 따로 기도하여 이르되 하나님이여
나는 다른 사람들 곧 토색, 불의, 간음을 하는 자들과 같지 아니하고
이 세리와도 같지 아니함을 감사하나이다
나는 이레에 두 번씩 금식하고 또 소득의 십일조를 드리나이다 하고
세리는 멀리 서서 감히 눈을 들어 하늘을 쳐다보지도 못하고
다만 가슴을 치며 이르되 하나님이여 불쌍히 여기소서
나는 죄인이로소이다 하였느니라
내가 너희에게 이르노니 이에 저 바리새인이 아니고
이 사람이 의롭다 하심을 받고 그의 집으로 내려갔느니라
무릇 자기를 높이는 자는 낮아지고
자기를 낮추는 자는 높아지리라 하시니라"
(누가복음 18:9-14)

바리새인의 기도는 자기의 의와 자신의 능력을 드러내는 기

도였으며 세리의 기도는 자신의 무력과 무능을 선언하는 기도였습니다. 주님은 바로 세리의 기도가 진정한 기도라고, 바른 기도라고 말씀하십니다. 세리의 기도는 기도의 진정한 차원을 보여줍니다. 참 기도의 모습을 보여줍니다. 바로 자신의 무능과 무력함을 인정하는 기도입니다.

할레스비는 이렇게 말합니다.
"기도와 무력함은 떨어질 수 없다. 무력한 자가 진실하게 기도할 수 있다. 당신의 능력 없음을 고백하는 것이 최고의 기도이다. 이 기도가 소원을 재잘거리는 기도보다 더 효과적으로 하나님의 마음을 움직인다."

기도는 오직 나의 무능력을 인정하는 기도만이 존재합니다. 하나님만이 하실 수 있음을 인정하지 아니할 수 없는 기도만이 존재합니다. 기도의 깊은 세계에 들어가면 오직 나의 무능력을 인정하는 기도만이 존재한다는 것을 알 수 있습니다. 오직 성령만이 말하시고 도우시는 기도, 그것이 진정한 기도의 차원입니다.

"이와 같이 성령도 우리의 연약함을 도우시나니
우리는 마땅히 기도할 바를 알지 못하나
오직 성령이 말할 수 없는 탄식으로
우리를 위하여 친히 간구하시느니라"
(로마서 8:26)

신길교회 이신웅 목사님은 이렇게 말합니다.

"자신의 절대 무능을 깨달은 사람만이 기도한다. 그 사람이 곧 하나님의 축복을 받은 사람이며, 지혜로운 사람이다."

마가복음 10장에서 주님은 여리고 성문에서 발걸음을 멈추셨습니다. 나면서부터 소경이요, 거지였던 바디매오가 주님을 향해 부르짖었기 때문입니다.

"맹인 거지 바디매오가 길가에 앉았다가
나사렛 예수시란 말을 듣고 소리 질러 이르되
다윗의 자손 예수여 나를 불쌍히 여기소서 하거늘
많은 사람이 꾸짖어 잠잠하라 하되 그가 더욱 크게 소리 질러 이르되
다윗의 자손이여 나를 불쌍히 여기소서 하는지라
예수께서 머물러 서서 그를 부르라 하시니
그들이 그 맹인을 부르며 이르되 안심하고 일어나라
그가 너를 부르신다 하매"
(마가복음 10:46-49)

맹인 거지 바디매오는 주님을 향하여 뭐라고 소리쳤습니까?

"다윗의 자손 예수여 나를 불쌍히 여기소서 하거늘
많은 사람이 꾸짖어 잠잠하라 하되 그가 더욱 크게 소리 질러 이르되
다윗의 자손이여 나를 불쌍히 여기소서 하는지라"
(마가복음 10:47-48)

바디매오는 "다윗의 자손 예수여 나를 불쌍히 여기소서"하고 부르짖습니다.

이 기도가 주님의 마음을 강력하게 움직였습니다.

이 바디매오의 기도는 기독교 전통에서 가장 소중한 기도인 '퀴리에 엘레이손' (Kyrie eleison)입니다. 그 뜻은 "주여 나를 불쌍히 여기소서"입니다.

이 기도는 주님의 마음을 강력하게 움직이는 가장 위대한 기도입니다.

"가나안 여자 하나가 그 지경에서 나와서 소리 질러 이르되 주 다윗의 자손이여 나를 불쌍히 여기소서 내 딸이 흉악하게 귀신 들렸나이다" (막 7:22)

"소리를 높여 가로되 예수 선생님이여 우리를 긍휼히 여기소서 하거늘" (눅 17:13)

가장 강력하고 하나님의 마음을 움직이는 기도는 "하나님 저를 불쌍히 여겨주세요" 라는 기도입니다. 이러한 기도는 강력하게 하나님의 마음을 움직입니다.

위의 세리의 기도도 그렇지 않았습니까?

"세리는 멀리 서서 감히 눈을 들어 하늘을 쳐다보지도 못하고
다만 가슴을 치며 이르되 하나님이여 불쌍히 여기소서
나는 죄인이로소이다 하였느니라"
(누가복음 18:13)

저 개인적으로도 삶이 완전히 무너지고 도저히 희망이라고
는 찾아볼 수 없었던 시기가 있었습니다. 그 당시 가슴으로 울며
길을 걸어간 적이 있습니다. 그러던 중 가슴으로 하나님께 기도
한 적이 있습니다.

"하나님, 저를 불쌍히 여겨주세요 하나님, 제가 한심하시죠?
하나님, 저를 불쌍히 여겨주세요"

그때 강력한 하나님의 음성이 제 마음 속에 들려왔습니다.

"사랑하는 아들아, 내가 너보다 더 가슴이 아프고 찢어지는구나"

저는 이러한 하나님의 음성을 듣고 쏟아지는 눈물을 주체하
지 못하고 살아계신 하나님의 사랑을 경험하였습니다.

그렇습니다. 가장 강력한 기도는 바로 "하나님 저를 불쌍히

여겨주세요" 라는 기도입니다. 이러한 기도는 강력하게 하나님의 마음을 움직입니다.

가장 강력하고 하나님의 마음을 움직이는 기도는 "하나님 저를 불쌍히 여겨주세요" 라는 기도입니다.

그때 강력한 하나님의 음성이 여러분의 마음 속에 들려올 것입니다.

> "사랑하는 아들(딸)아, 내가 너보다 더 가슴이 아프고
> 찢어지는구나"

겸손과 눈물의 기도

하나님은 겸손한 자의 기도의 영을 강력히 소성케 하십니다.

> "내가 높고 거룩한 곳에 거하며 또한 통회하고 마음이 겸손한 자의
> 영을 소성케 하며 통회하는 자의 마음을 소성케 하려 하심이라"
> (이사야 57: 15)

> "여호와여 주는 겸손한 자의 소원을 들으셨으니
> 저희 마음을 예비하시며 귀를 기울여 들으시고" (시편 10:17)

별세신학, 한신교회 이중표 목사님은 눈물의 신비를 이렇

게 고백하십니다.

"나는 내 눈물 속에서 신비를 느낀다. 내가 주님을 향하여 눈물을 흘리는 순간은 주님께 사랑 받는 종으로 한없는 행복을 느낀다. 내가 내 자신을 향하여 눈물을 흘리는 순간만큼은 나의 내면에서 진실한 인간의 면모를 본다.

내가 민족을 생각하는 마음이 눈물로 쏟아지는 순간은 애국자가 된다. 내가 교인들을 보며 눈물이 쏟아지는 순간은 교인들에게 빚진 목자의 심정임을 고백한다. 내가 아내를 향하여 눈물이 쏟아지는 순간은 가정의 신비를 느낀다.

하나님께서 나에게 주신 최고의 선물은 내 가슴속에 주신 눈물이다. 내가 또 다시 받고 싶은 은혜가 있다면 주님이 울려주는 감동이요, 내가 주님께 드리고 싶은 보화가 있다면 내 마음의 눈물이다.

눈물은 진실을 담은 고백이다. 눈물은 양심의 이슬이다. 눈물은 사랑의 생물이다. 이 눈물을 고스란히 주의 병에 담아 주님께 드리고 싶어 주님 만날 그 날을 사모하며 눈물을 흘리며 오늘도 산다."

크리소스톰(John Chrysostom)은 성도에게 눈물이 얼마나 중요한가를 이렇게 설명합니다.

"죄의 불꽃이 아무리 강렬하다 해도 눈물 앞에서는 맥을 못 춘다. 왜냐하면 눈물은 허무의 용광로를 끄며 죄의 상처를 깨끗하게 하기 때문이다."

눈물의 기도는 우리의 영혼을 지켜주는 최고의 방패입니다. 눈물의 기도는 하나님께 드려지는 최고의 헌신입니다.

눈물의 기도는 견고한 마귀의 진을 쳐부수는 최상의 무기입니다. 하나님께서는 히스기야의 눈물의 기도를 외면치 못하셨습니다. 눈물은 곧 진실이기 때문입니다.

"잘 기도한 자는 잘 배운 자요 많이 기도한 자는 많이 운 자이다" (루터)

"내 교회는 내 눈에서 눈물이 흐르지 않는 동안은 결코 부흥되지 않을 것이다" (스펄젼)

"하나님의 구하시는 제사는 상한 심령이라 하나님이여 상하고 통회하는 마음을 주께서 멸시치 아니하시리이다" (시편 51:17)

도움은 오직 하나님에게서만 옵니다

"내가 산을 향하여 눈을 들리라 나의 도움이 어디서 올까
나의 도움은 천지를 지으신 여호와에게서로다"
(시편 121:1-2)

이 말씀은 매우 위대하고 중요한 영적 진리를 가지고 있습니다. 바로 도움은 하나님에게서만 온다는 것입니다.

시카고에 사는 토마스 학개라는 사람은 문제가 있는 회사들을 찾아다니면서 전문적인 충고를 통해서 회사를 살려내는 전문가였는데, 하루는 IGA(식료품 자영업자 연합회)의 회장인 딕 해리슨으로부터 도움을 요청받았습니다. 재정상의 문제로 파산에 직면하게 되어 비상 이사회를 소집하고는 전문가 토마스 학개를 부른 것입니다.

토마스 학개는 절망하고 있는 회사 중역들 앞에서 이렇게 말을 시작했습니다.

"여러분은 파산한 것이 아닙니다. 돈이 잠시 없는 것뿐입니다. 이 둘 사이에는 엄청난 차이가 있습니다. 저는 여러분과 같은 상황에 처해 있을 때마다 언제나 하나님 앞에 기도했습니다. 가끔은 머리를 숙이는 것만으로는 부족해서 실제로 무릎을 꿇고 기도해야겠다고 느낄 때가 있습니다. 지금이 그런 때라고 생각합니다. 함께 무릎 꿇고 기도하지 않으시겠습니까?"

한순간 충격으로 중역실이 조용해졌습니다. 모두 의아해하더니 다음 순간 한 사람씩 의자를 뒤로 밀어놓고는 모두들 땅바닥에 무릎을 꿇었습니다. 학개 씨도 무릎을 꿇으면서

"한 쪽 무릎만 꿇으면 하나님은 그를 반쪽 사람으로 여기시고, 양쪽을 다 꿇으면 그를 온전한 사람으로 여기십니다…… 하나님, 이들이 현재 직면한 위기 너머에 있는 비전을 보게 하옵소서. 이들이 자신들

과 자신의 책임에 대해 생각하는 것보다 주님께서 많이 신경을 쓰고 계시다는 사실을 깨닫게 도와주옵소서."

그 기도가 끝난 후, 각자 조금씩 희생을 하면서 지혜와 경험을 한데 모아 앞으로 어떻게 해야 할지를 의논하면서 노력하자, 얼마 되지 않아서 그 회사는 위기를 극복하게 되었습니다.

"… 나를 떠나서는 너희가 아무 것도 할 수 없음이라"
(요한복음 15:5)

한편의 글을 소개하고자합니다.

"하나님께서는 왜 기도에 응답하시기 전의 필수 조건으로 스스로 무기력함을 인정하게 하실까? 한 가지 분명한 이유는, 인간이 무력하다는 근본 사실 때문이다. 인간의 재능으로 우리 마음의 욕망을 채울 수 있다고 우리가 잘못 알고 있는 한, 우리는 거짓을 믿고 있는 것이다. 그리고 자기기만과 거짓을 기반으로 기도에 응답을 받는다는 것은 불가능한 일이다."

다음은 《하늘 위에 주님밖에》라는 찬양 가사입니다.

"하늘 위에 주님밖에 내가 사모할 자
이 세상에 없네
내 맘과 힘은 믿을 수 없네
오직 한 가지 그 진리를 믿네

주는 나의 힘이요 영원히 주를 의지하리"

내 맘과 힘은 믿을 수 없습니다. 우리는 내 자신의 영적 파산과 무력함을 선언하고 내가 믿을 수 있는 유일한 진리 한 가지, 주님만이 나의 힘이요 주님만이 나의 도움이시라는 영적 파산의 선언이 여러분들의 기도 속에 고백되어져야합니다.

이 영적 파산을 인정하는 기도는 바로 성령이 하시는 기도입니다.

기도하면 성령이 임합니다

기도하는 자에게는 성령이 임합니다.

평양 남문 교회에 어떤 목사가 시무하고 있었습니다. 이 목사는 많이 배우지 못했으므로 유식한 설교를 하지 못했습니다. 그런데도 이상하게 교회는 날로 부흥해 갔습니다.

그러던 어느 날, 옆 마을에 미국에서 공부하고 온 목사가 새로 부임해 왔습니다. 이 목사는 학식도 많고 설교도 잘하고 모든 면에서 뛰어났습니다. 사람들은 분명 무식한 목사보다는 유식한 목사의 교회가 더 빨리 부흥할 것이라고 생각했습니다.

그러나 이상하게도 새로 온 목사의 교회는 부흥되지 않았습니다. 훌륭한 말씀이 있었지만, 왠지 교회는 썰렁하기만 했습니다. 새로 온 목사는 도무지 영문을 알 수 없었습니다. 그래서 고민 끝에 남문 교회 목사를 찾아가 부흥의 비결을 물었습니다.

그러자 그 무식한 목사는 겸허하게 대답했습니다.

"예. 저는 유식한 설교는 못하나 오직 대부분의 시간을
강단에서나 지하실에 엎드려 기도하고 있습니다. 갈급한 마음으로
기도하다 보면, 어느새 성령의 충만함이 임하여
능력 있는 목회를 할 수 있게 됩니다."

이 말을 들은 유식한 목사는 지금껏 자기의 학식만 믿고 기도에 힘쓰지 않았던 것을 깨달았습니다. 그 후 그는 시간이 나는 대로 강단이나 지하실이나 그 어디서나 엎드려 하나님께 기도했습니다. 얼마 후 그 목사님의 교회에도 부흥이 일어나기 시작했습니다.

평양 대부흥운동, 미국 대각성운동의 기도부흥

평양 대부흥운동도 마찬가지입니다. 오직 기도로부터 시작된 것입니다. 1906년 늦여름에 시작된 기도회는 가을까지 계속 이어졌고 11월에 시작되는 연합 사경회로 연결되었습니다. 예정된 2개월 과정의 사경회가 끝났음에도 모인 사람들은 흩어지지 않고 계속 사경회를 열기로 하였습니다.

이어지는 사경회의 목적은 "성령의 임하심"이었다. 1,500 여 명이 모여 1907년 1월 6일 평양 장대현교회에서 시작된 연장 사경회의 처음 한 주일은 그저 그렇게 지나갔습니다.

기다렸던 사건은 두 번째 주간 월요일 저녁(1월 14일)에 마침내 일어났습니다. 당시 부흥회를 인도하던 장로교 리(G. Lee) 선교사의 증언입니다.[21]

"월요일 저녁, 우리는 무슨 일이 벌어질지 모르는 상태로 예배에 참석했다. 우리의 간구를 들어주시기를 하나님께 비는 마음뿐이었다. 예배당에 도착해서 우리 모두는 무언가 일어나고 있음을 느낄 수 있었다. 짧은 설교가 있었고 거기 모인 모든 사람들이 함께 참여하는 통성기도로 들어갔다. 통성기도는 이때 집회의 특징이었다.

기도가 끝나고 몇 사람이 나와 간증한 후 인도자가 찬송을 인도한 후, 집으로 돌아갈 사람은 가고 새벽까지 남아 기도하며 자기 죄를 회개할 사람은 남아 있으라고 광고하였다. 대부분이 돌아갔으나 500-600명 정도가 남았다. 우리는 그들을 ㄱ자로 꺾어진 교회 중앙으로 모았다.

그리곤 기도회를 시작하였는데 기도회는 지금까지 우리가 보지 못했던 그런 형태로 진행되었다. 기도를 마친 후 회개할 사람이 있느냐고 하자 그 순간 하나님의 성령이 모인 사람들 위에 임하였다. 한 사람씩 일어나더니 자기 죄를 자백하고는 쓰러져 울기 시작했다. 그들은 마루에 몸을 뒹굴며 주먹으로 마룻바닥을 때리면서 극심한 고통을 호소하였다. 우리 집 요리사도 자복하면서 뒹굴었다.

그는 나를 보더니 '목사님, 말씀해주세요. 내게 소망이 있습니까? 과연 제가 용서받을수 있을까요?' 하면서 내게 달려와 몸부림 치며 울기 시작했다"

"베드로가 이르되 너희가 회개하여 각각 예수 그리스도의
이름으로 세례를 받고 죄 사함을 받으라 그리하면 성령의 선물을
받으리니" (행 2:38)

그날 저녁 집회는 이튿날 아침 10시가 되서야 끝났습니다. 이것이 한국 기독교사에 획기적인 사건으로 기록되는 '평양 대부흥운동'의 시작입니다.

집회 때마다 통성기도에 이은 공개적 자복이 계속 일어났 습니다. 1월 20일 고등성경학원에 모인 여성들에게도, 그리 고 2월 10일 평양 남산현교회에서 열린 감리교 연합 사경회 에서도 역시 같은 현상이 일어났습니다. 평양에 있으면서 부 흥운동 현장을 지켜보았던 감리교의 무어(J. Z. Moore)가 제 출한 1907년 선교 보고에서 변화의 실상을 읽을 수 있습니 다.22)

"무엇보다 귀중한 것은 이번 부흥운동으로 한국인들이 다른 식 으로는 할 수 없는 그리스도인 체험을 하게 되었다는 것입니다. 십자가와 보혈, 그리고 부활에 대한 옛 복음이 이제 값없이 주시 는 은총, 충만하고 완전한 구원으로 생생하게 체험되고 있으며, 말

그대로 게으르고 무능하고, 무익했던 무리가 변하여 엄청난 능력을 지닌 복음 전도자들이 되었습니다. 그뿐 아니라 기독교야말로 한국 백성들의 영적 기갈을 해소시켜 줄 수 있음이 증명되었습니다."

미국의 대각성운동을 가져온 것도 역시 제레마이어 란피어 화란 선교사가 주도한 정오기도회라는 기도운동으로부터 시작되었습니다.

북미 전역에 영적 각성에 대한 열망이 불고 있었습니다. 예컨대 조나단 에드워즈가 <겸손한 시도>를 통해 제기한 부흥을 위한 기도에 동의한 헨리 피쉬의 <옛 경건의 회복>이나 윌리엄 아더의 <불의 혀> 같은 저술들이 출간되어 성령의 기름부으심을 사모하도록 도전을 주었습니다.

이런 가운데 일어나 세기의 사건이 이른바 '정오기도회'였습니다. 1857년 7월 영적대각성 운동의 포문을 연 사람이 바로 화란의 선교사인 제레마이어 란피어 였습니다.23)

그는 비즈니스맨들에게 적합한 낮 12시부터 한 시간을 기도 시간으로 잡고 안내장을 돌리기 시작하였습니다. 전단지 내용은 다음과 같았습니다.

"기도의 말이 내 마음에 있는 한 자주, 내가 유혹의 힘을 느끼는 한 자주, 내가 영적 침체를 내가 감지하거나 내가 세상적인 영의 공격을 느끼는 한 자주, 기도로써 하나님과의 교류를 위해 자주 기도하자"

첫 모임은 1857년 9월 23일 수요일 정오, 노스 화란 개혁교회에서 열렸습니다. 첫날 6명에서 시작해 10월 네 번째 기도회에는 100명까지 늘어났습니다. 기도회 참석자들은 주로 상인들, 기술자들, 점원들, 처음 방문자들이었습니다.

이들에게 하나님을 만날 기회를 주려는 의도에서 시간에 구애받지 않도록 기획했기 때문에 란피어는 자유롭고 자발적인 분위기를 조성했습니다.

차츰 그 열기가 더해지자 매일 기도회를 갖기로 결정하였고, 깊은 죄의식을 가진 불신자들이 합류하면서 강력한 성령의 임재가 나타나기 시작했습니다.

기도회의 결실은 놀라웠습니다. 전도 천막 집회에 4개월 동안 15만명이 참석해 1만이 회심했고, 1858년 2월 기도모임에 1주일 만에 감리교인 8천명, 3월 3주간 침례교인 1만 7천명, 5월 장로교인 5만명이 회심하여 6월까지 밝혀진 통계만 96,216명에 달했습니다.

특히 침례교의 경우 1853년~1857년간 평균 2.5%에서 무려 19%로 성장했습니다. 그밖에도 알려지지 않은 수많은 교회에서 놀라운 부흥이 일어났습니다.

종합하면 1957년 일어난 부흥의 열매는 대단했습니다.

한창때는 한 주간 동안 5만명이 주님께 돌아올 만큼, 2년 (1857년~1859년) 동안 매주 평균 1만명이 회심하는 등 당시 미국 인구 3천만명 가운데 2백만명이 회심하는 역사가 나타난 것입니다.[24]

기도회에 참석한 사람들은 교파를 넘어 성령안에서 연합하였고, 드려진 기도가 곳곳에서 구체적으로 응답되었습니다. 가장 고무적인 일은 1861년~1865년 남북전쟁의 와중에 남군 중 약 15만명이 회심했다는 통계입니다.

심지어는 개인 주택은 물론 작업장을 가리지 않고 기도회가 열리는 바람에 상점에 '기도회 뒤에 영업을 개시한다'는 알람이 나붙을 정도였습니다

이후 비슷한 기도 모임을 통한 부흥이 미국 전역을 휩쓸었습니다. 이 부흥은 유명한 인물들에 의해서가 아니라 평신도 지도자들에 의해 주도된 것이 특징이었습니다.

놀라운 것은, 한국의 평양 대부흥운동의 시발점 뿐만 아니라 미국의 대부흥운동, 대각성운동 역시 설교를 통해서가 아니라 바로 회개 기도운동을 통해 촉발된 것입니다.

"베드로가 이르되 너희가 회개하여 각각 예수 그리스도의 이름으로 세례를 받고 죄 사함을 받으라 그리하면 성령의 선물을 받으리니" (행 2:38)

기도하면 성령이 임합니다. 능력이 임합니다.

"빌기를 다하매 모인 곳이 진동하더니
무리가 다 성령이 충만하여 담대히 하나님의 말씀을 전하니라"
(사도행전 4:31)

"솔로몬이 기도를 마치매 불이 하늘에서부터 내려와서
그 번제물과 제물들을 사르고
여호와의 영광이 그 성전에 가득하니"
(역대하 7:1)

기도하면 성령이 임합니다. 기도하면 성령의 불이 임합니다. 능력이 임합니다. 왜 우리가 능력이 없습니까? 기도하지 않기 때문입니다. 다른 이유가 없습니다. 누가복음을 보십시오. 예수님께서도 세례를 받으시고 기도하실 때에 성령이 임하셨습니다.

"백성이 다 세례를 받을 새 예수도 세례를 받으시고 기도하실 때에
하늘이 열리며 성령이 비둘기 같은 형체로 그의 위에 강림하시더니 …"
(누가복음 3:21-22)

기도할 때, 강력한 성령의 바람이 붑니다

고신대 이상규 역사신학 교수님은 성령대부흥운동의 기도의 중요성을 역설하십니다.

"이 책이 읽혀지고, 기도하는 사람들이 이 강산과 대지에 영적 해갈을 가져오고, 드디어는 우리가 꿈꾸는 1907년과 같은 대 부흥을 가져오는 역사가 일어나기를 기대해 봅니다"(고신대 이상규 역사신학 교수)

"오소서 진리의 성령님 이 땅 흔들며 임하소서
거짓과 탐욕 죄악에 무너진 우리 가슴 정케 하소서
오소서 은혜의 성령님 하늘 가르고 임하소서
거룩한 불꽃 하늘로써 임하사 타오르게 하소서
주 영광 위해
부흥의 불길 타오르게 하소서
진리의 말씀 이 땅 새롭게 하소서
은혜의 강물 흐르게 하소서
성령의 바람 이 땅 가득 불어와
흰 옷 입은 주의 순결한 백성
주의 영광 위해 이제 일어나
열방을 치유하며 행진하는
영광의 그날을 주소서"
(부흥 2000, 예수전도단)

기도할 때, 강력한 성령의 바람이 불어옵니다. 성령의 능력과 권능, 성령의 어노인팅(기름부으심)과 성령의 강력한 바람은 기도자에 물붓듯, 기름붓듯 반드시 부어집니다.

여러분의 교회와 가정과 개인의 강력한 기도의 부흥이 있기를 기원합니다. 기도하는 그 곳에 반드시 강력한 성령의 바람이 태풍처럼 몰아칠 것임을 저는 확신하고 단언합니다.

"능력의 근원을 접촉하고자 주님과 교제하며 하루하루를 보내는 은밀한 삶은 세상을 움직인다. 이러한 삶의 주인공들은 쉽게 잊혀질수 있다. 이들이 죽더라도 아무도 칭송하지 않을수 있다. 세상이 별로 주목하지 않는다. 그러나 시간이 갈수록 그들의 삶이 일으키는 거대한 흐름은 드러나기 시작할 것이다" (고든)

'기도는 그리스도의 능력을 붙잡는 손입니다'

무디가 미국을 뒤 흔드는 큰 부흥의 역사를 하였습니다.

그래서 그는 잠시 교만했습니다. 자기가 무슨 능력이 있어서 하나님께 크게 쓰임을 받는다고 생각했습니다. 그런데 어느 날 갑자기 설교가 나오지 않습니다. 그 때에 기도했습니다.

하나님께서 깨달음 주십니다. "무디야 네가 잘나서 부흥의 일을 하고 있는 줄 아느냐? 네 교회의 너도 무시하고 온 교우들이 멸시하는 무식한 할머니 그 분의 기도 때문 인줄을 왜 알지 못하느냐?" 하나님께서 책망하셨습니다.

웰쉬만(Welshman)은 부흥의 비결에 대하여 질문을 받았을 때 답하기를 "비결은 없다. 그것은 다만 기도하여 받는 것뿐이다"라고 대답하였습니다.

부흥의 비결은 없습니다. 오직 기도입니다

교회사를 살펴 볼 때에 분명한 사실 한 가지는 기도의 회복이 있는 곳에 부흥이 일어났다는 것입니다. 이것은 매우 분명한 사실입니다.

"이 점은 성경과 교회사가 보여주는 중요한 가르침이기도 합니다. 사도행전의 역사는 한 기도회에서 시작되었고, 기도는 역사를 움직이는 힘이었습니다. 교회사에 나타나는 영적 지도자들에게 나타나는 가장 현저한 특징은 저들은 기도의 사람이었다는 점입니다. 기도야말로 오늘 우리의 잠든 영혼을 흔들어 깨우는 힘이자, 우리를 위해 예비하신 능력을 받는 수단이기도 합니다" (고신대 이상규 역사신학 교수)

개인의 부흥과 교회의 부흥을 원하십니까?

지금 살아 계신 하나님 앞에 무릎을 꿇으십시오. 그것이 부흥의 비결이자 원칙입니다.

"내 교회는 내 눈에서 눈물이 흐르지 않는 동안은 결코 부흥되지 않을 것이다." (스펄젼)

"부흥을 갈망하면서 동시에 (개인적인) 기도와 헌신을 무시하면 이 길이기를 하면서 다른 길로 걸어가는 것과 같다" (A.W.토저)

예수꾼 만들기의 저자 최남수 목사의 간증입니다.

"교회 개척 후 계속 철야기도를 드렸다. 성도는 없고 텅 비어 있지만 기도처 하나는 분명하게 생긴 것이다. 그래서 밤11시에 와서 새벽5시까지 강단 위에서 매일 철야기도를 드렸다. 거의 매일 새벽 2시경에 영적 체험을 많이 주셨다.

그날도 새벽 2시경 강단에 쓰러져서 있을 때였다. 마음속에 주님의 음성이 들렸다. 얘야, 내가 너를 어디까지 축복할 것 같으냐? 그 순간 나는 정신 바짝 차리고 야! 이제 나도 축복을 받나 보다 하였다.

나는 그 순간 나 자신에게 놀랐다. 나는 돈에 찌든 사람이 아니라고 생각했는데, 나도 모르게 첫마디가 1억이라고 그럴까? 라고 말하였다.

그런데 그 순간 내 속에서 또 다른 최남수가 야, 이놈아, 기회는 한번뿐이야 2억이라고 해 하는 것이었다. 그랬더니, 먼저 번 최남수가 말하기를 야, 개척교회 목사가 1억도 크지, 너무 욕심 부리면 안 돼. 그 순간 나는 감동하기 시작했다. 1억이라고 할까? 2억이라고 할까?

그때 주님께서 다시 마음속에 말씀하여 주셨다. 얘야, 1억도 아니고, 2억도 아니다. 네가 기도하는 대로 주리라

그 순간 이후에 나에게는 1억이 아니라 단돈 만원도 없었지만, 주님의 뜻대로 기도만 하였다. 그랬더니 정말 기도하는 대로 축복하여 주셨다.

<예수꾼 만들기> 교재가 한 권에 1,000원씩인데, 2년도 되지

않아 60만 부 이상이 팔렸다. 돈으로 환산하면 6억 이상이 된다. 기도대로 1억도 아니고, 2억도 아니고 6억 원이었다. 참으로 기도는 모든 부족을 채워 주는 도구이다.

교회 개척의 필수품도 기도이며 세계 선교의 필수품도 기도뿐이다."

기도자가 받는 가장 좋은 것은 바로 성령

주님은 말씀하십니다.

"너희가 악한 자라도 좋은 것으로 자식에게 줄 줄 알거든 하물며
하늘에 계신 너희 아버지께서 구하는 자에게
좋은 것으로 주시지 않겠느냐" (마태복음 7:11)

그런데 이 말씀을 누가복음에서는 이렇게 말씀하십니다.

"너희 중에 아버지 된 자로서 누가 아들이 생선을 달라 하는데
생선 대신에 뱀을 주며 알을 달라 하는데 전갈을 주겠느냐
너희가 악할지라도 좋은 것을 자식에게 줄 줄 알거든
하물며 너희 하늘 아버지께서
구하는 자에게 성령을 주시지 않겠느냐 하시니라"
(누가복음 11:11-13)

결국 같은 맥락인 두 말씀을 종합하여 결론을 내리면 우리가 하나님께 구할 때 받는 가장 좋은 것은 성령이라는 것을 알 수

있습니다. 기도하는 자가 받아야 하는 가장 좋은 것은 바로 다름 아닌 성령입니다. 우리가 기도할 때 받아야 하는 가장 본질적이며 가장 좋은 것은 바로 성령입니다. 그래서 예수님께서도 제자들에게 그 무엇보다 성령을 구하라고 하신 것입니다.

성령이야말로 이 시대의 모든 문제를 해결할 수 있는 마스터 키Master Key라는 사실을 알려주신 것입니다. 또한 간절하게 기도하는 자에게 하나님이 주실 수 있는 가장 큰 선물이 바로 성령임을 뜻하는 것이기도 합니다.

"… 성령은 모든 것 곧 하나님의 깊은 것까지도 통달하시느니라"
(고린도전서 2:10)

성령을 받아야 합니다. 성령은 가장 좋은 것이기 때문입니다. 가장 큰 선물이기 때문입니다.

다음은 《모두 다 기도하다가 성령 받았습니다》라는 글입니다.

"성령 받은 분들은 다 공통점이 있습니다. 누구를 붙잡고 물어봐도 먹고 놀다가, 여행하다가, 싸우다가, 회의하다가, 잠자다가 성령을 받았다는 말은 아직까지 들어보지 못했습니다. 모두 다 기도하다가 성령 받았습니다."

부르짖는 자에게 성령을 주시는 것입니다. 어떤 분은 눈보라 치고 북풍한설이 몰아치며 입이 얼어 오고 몸이 얼어 오는 그 속에서도 간절하게 부르짖음으로 성령을 받고, 어떤 분은 금식하고 기도하면서 성령을 받은 사람도 있습니다. 어떤 분은 밤을 새워서 기도하다가 성령을 받은 사람도 있습니다.

14세기의 위클리프John Wycliffe를 비롯해서, 후스Jan Hus, 존 칼빈, 찰스 피니Charles G. Finney, 리빙스톤David Livingstone, 무디D. L. Moody 같은 사람들입니다. 이런 분들이 다 기도하다가 성령 받고 하나님께 크게 쓰임 받았습니다. 성령 강림의 비결, 그것은 기도입니다.

하나님이 쓰시는 사람의 원칙, 기도의 사람

하나님은 기도하는 사람을 쓰십니다. 기도는 매우 특별한 것입니다. 하나님은 기도하는 사람을 쓰십니다. 하나님은 기도하는 사람을 특별히 주목하십니다.

루터는 하루에 3시간을 그것도 학문 연구하기에 가장 좋은 시간을 기도하였으며 감리교의 창시자인 웨슬리도 하루에 3시간 기도하였습니다.

여의도 순복음교회 조용기 목사님은 하루에 10시간씩 기도하였습니다. 온누리교회 하용조 목사님도 그 분의 글을 읽어보면 철야 기도를 즐겨 하였으며, 명성교회 김삼환 목사님도 다니엘과 같이 정해진 기도 시간을 꼭 지키는 분으로 유명합니다.

유명한 설교가로 알려진 소망교회 곽선희 목사님도 새벽기도를 평생 인도하신 것으로 유명합니다. 기도는 설교를 기가 막히게 풀어내는 열쇠입니다.

많은 목사님들이 대형교회 목사님들을 벤치마킹하려고 합니다. 외적인 대형교회의 모습만을 보고 연구하고 모방하려고 합니다. 그러나 그 분들 뒤에 있는 깊은 기도 생활을 보아야만 합니다.

하나님이 한 사람을 크게 쓰시는 특별한 매우 중요한 원칙이 있습니다. 바로 기도하는 사람입니다

"어떤 교회가 얼마나 유명한지 보기 원하면 주일 아침 예배에 참석해보라. 어떤 목회자가 얼마나 유명한지 보기 위하면 주일 저녁예배에 참석해보라. 하나님이 얼마나 유명한지 보기 원하면 기도 모임에 참석해보라"(Armin Gesswein)

"능력의 근원을 접촉하고자 주님과 교제하며 하루하루를 보내는 은밀한 삶은 세상을 움직인다. 이러한 삶의 주인공들은 쉽게 잊혀질수 있다. 이들이 죽더라도 아무도 칭송하지 않을수 있다. 세상이 별로 주목하지 않는다. 그러나 시간이 갈수록 그들의 삶이 일으키는 거대한 흐름은 드러나기 시작할 것이다" (고든)

미국 템플대학 창시자 러셀 코웰 박사가 2차대전 후 미국에서 백만장자로 성공한 4043명을 조사한 결과 아주 흥미로운 공통점 두 가지를 발견했습니다.

"하나는 그 많은 성공자들 가운데 고졸 이상의 학력자는 69명뿐이고 나머지는 거의 공부를 하지 못한 사람들이었다는 점이다. 사람이 성공하는데 학벌은 그리 중요하지 않다는 것이 증명된 셈입니다.

또 두번째 공통점은 그 성공자들에게는 세 가지 분명한 철학이 있었다는 것입니다.

첫째는 목적이 아주 분명했다는 것이고 둘째는 목적을 위해서 최선을 다했으며 셋째는 자신의 무능과 무식을 통감하고 하나님께 기도했다는 점입니다.

이 세 가지 공통점은 어느 시대나 불변하는 성공의 조건일 것입니다. 그런데 오늘날에는 이 철학은 간데 없고 요행과 일확천금의 꿈만 난무합니다. 그러기에 성공자는 적고 실패자만 늘어나고 있습니다." (신촌성결교회 이정익목사)

기도가 바로 경쟁력입니다. 기도가 바로 경쟁력임을 잊어서는 안됩니다. 하나님은 기도하는 사람을 특별히 주목하십니다. 하나님은 기도하는 사람을 쓰십니다. 하나님은 기도하는 사람을 VIP로 여기십니다. 기도하는 사람은 하나님에게 매우 특별한 사람입니다.

"똑같은 장소에서 똑같이 일하여도 어떤 사람은 성공하고 어떤 사람은 실패한다. 기도에 실패한 인생이기 때문이다. 기도하지 않는 사람에게 어떻게 하나님께서 역사하시며 그런 사람을 어떻게 축복을 하실수 있을까? 기도의 성공자가 인생의 성공자이다" (크리스챤과 경제생활)

"하나님은 우리의 정교한 프로그램과 탁월한 재능은 지나치실수 있지만, 기도의 사람의 겸손한 모습은 결코 지나치시기 않는다" (월슨)

"나는 성경이 기록된 이후 살던 탁월한 크리스천들의 삶에 대해 많이 읽었다. 어떤 이는 부유했고, 또 어떤 이는 가난했다. 어떤 이는 학식이 있었고, 또 어떤 이는 그렇지 않았다. 어떤 이는 예배 의식으로 기도문을 사용했고, 또 어떤 이는 사용하지 않았다. 그러나 한가지 그들 모두에겐 공통점이 있었다. 그들은 모두 기도의 사람들이었다" (J.C.라일)

교만 중에 가장 무서운 교만은 기도하지 않는 교만입니다.

영적 파산의 기도의 기도신학적 접근

성령의 사역들 중에서 하나님의 은혜의 질서 속에서 그의 위치에 대한 이해와 성삼위일체의 신비가운데로 우리를 가장 깊이 인도하는 것은 성령이 기도의 영으로서 행하시는 사역입니다. 성령의 부으심을 떠나서는 기독교인의 기도다운 기도는 있을 수 없습니다.[25] 성령이 인간생활에 개입하는 곳에는 어디에서나 우리는 기독교 기도의 기원을 볼 수 있습니다. 그 이유는 우리를 기도하게 하고 기도생활에서 우리를 가르치는 분이 성령이기 때문입니다.

모든 참된 기도는 신자의 영안에서 내주하시는 성령님으로부터 비롯됩니다. 우리 안에 거하시는 성령은 하나님의 뜻을 알고 계십니다. 그리고 성령님은 하늘에 계신 아버지의 뜻을 지상에 분명하게 표현해주는 어떤 소리를 우리 영속에 조성하십니다.[26]

우리가 살아 계신 그리스도와 하나 되게 하고 그와 활발한 교제를 하게 하는 분은 성령이십니다.

우리를 위해서 우리와 더불어 기도하시는 분은 성령이십니다(롬 8:15-16). 우리는 마땅히 기도해야 하는 법을 모르기 때문에 그가 우리에게 어떻게 기도해야 하는지를 가르쳐 주십니다(로마서 8:16). 내면으로부터 우리를 비추고 우리의 죄를 깨닫게 하고 회개하여 은혜의 보좌로 우리를 인도하는 분은 성령이십니다. 참된 기도는 성령에 의해서 생기가 불어넣어지거나 인도되지 않고는 시작되지 않습니다.

하나님의 성령만이 우리 안에서 기도하십니다.

레스초우C.H.Ratschow는
"영혼과 천사들 역시 지속적으로 기도한다. 그래서 끊임없는 기도는 성령의 힘을 보여주는 징표다."라고 합니다.

그리고 프랑스 신학자 쟈끄몽Jacquemont은 이렇게 이야기

했습니다. "기도의 우선적인 대상은 기도하는 사람이 아니라 그 사람 안에서 기도하시는 성령이시다."27)

웨슬리 듀웰Wesley L. Duewel은

"그는 성령을 보내셔서 우리 안에 거하게 하시고 충만케 하시고 그리고 기도를 통하여 우리를 능력있게-참으로 우리를 통하여 하나님 자신의 거룩한 탄식을 하시게 만드신다"고 했습니다,28)

이런 형태의 기도가 반드시 큰 소리를 내는 것이라고는 할 수 없습니다.

웨슬리 듀웰은 성령 안에서 했던 기도의 경험을 다음과 같이 적고 있습니다.

"거룩한 기도의 탄식은 우리의 입에서 나가기보다 영혼의 깊은 곳에서 더 자주 이루어진다. 그리고 그 탄식은 깊은 걱정의 한숨이나 갈망을 표현하는 것이다. 나는 큰 소리의 신음보다 성령의 조용한 탄식 소리를 더 많이 경험하였다. 하나님께서 듣고 이해하고 깊은 내적 탄식에 응답하시도록 말이 입으로 표현되거나 소리내어 탄식할 필요가 없는 것이다."29)

칼빈은 《기독교 강요Institutes of the Christian Religion》에서 다음과 같이 강력하게 제시합니다.

"성령은 올바른 기도를 도와주신다. 우리의 능력은 그러한 완전함에 이를 수는 없기 때문에, 우리는 우리를 도와 줄 구제책을 찾게 된다. … 우리의 이 약함을 다스리기 위하여 하나님께서는 우리에게 기도를 가르쳐 줄 선생으로서'영'을 보내 주셔서 무엇이 올바른 기도인지 가르쳐 주신다."

그러나 여기서 칼빈은 로마서 8장 26절의 "오직 성령이 말할 수 없는 탄식으로 우리를 위하여 친히 간구하시느니라"라는 말씀을 해석하면서, 성령의 탄식행위는 문자 그대로의 의미가 아니라, 즉 기도의 기능이 성령에게 넘겨진다는 뜻이 아니라, 성령의 기능은 우리의 마음에 회개를 일깨우고 기도응답의 확신을 일켜 줌으로써 기도를 올바르게 할 능력, 즉 기계적 기도, 습관적 기도, 생각 없는 중얼거림의 기도, 진지하지 않은 경박한 기도(불성실한 기도), 지속적이지 못한 기도, 위선적 기도 등등을 하지 않고 회개를 선행한 합법적 기도를 드릴 능력을 부여해 준다는 것입니다.[30]

아른트John Arndt는 기도가 **'참 그리스도인의 표식'**이라고 말하면서 기도가 참 그리스도인의 표식이 되는 이유를 4가지로 설명하고 있습니다.

그 중에 두 가지만 살펴보면, 먼저 그리스도인은 성령으로 기름부음을 받고 세례를 받은 사람입니다. 성령은 사람의 마음 안에서 일하시며 끊임없이 탄식하시며 사람의 영을 하나님께 향하게 하고 자신을 세상으로부터 내세웁니다. 열정적인 탄식과 기도는 하나님의 영이 인간 안에 있다는 확실한 증거입니다.

또한 성령의 직무는 선생이며 위로자이십니다. 성령이 선생과 위로자가 되시기 위해서는 말씀하셔야 합니다. 성령이 말씀하시기 위해서는 교회와 성전이 필요하며 그 안에서 말씀하십니다.

성령의 교회는 사람의 마음입니다. 그의 말은 마음의 탄식이며 이것을 성령이 일으키십니다. 성령은 감추어진 하늘의 음성을 갖고 계시며 이것을 우리 마음이 느낍니다. 왜냐하면 성령은 우리의 영에 우리가 하나님의 자녀임을 증거하시기 때문입니다.[31] 모든 참된 기도는 신자의 영안에 내주하시는 성령님으로부터 비롯됩니다. 우리 안에 거하시는 성령은 하나님의 뜻을 알고 계십니다.

마틴 루터의 기도 글을 다룬 책인 "프로테스탄트의 기도"(비아)에서 루터는 아래와 같이 말합니다

마음의 공간을 깊은 곳에 만들어가면서 거기서 울리는 소리에 조용히 귀를 기울여 보게나. 성령은 바로 거기서 말을 건네신다네. 성령을 통해 배우는 한마디 가르침이 우리가 드리는바 천번의 기도보다 낫다는걸 알면 좋겠네. 무엇보다 중요한 것은 우리의 마음이라네. 진심으로 기도할 마음

의 준비가 되었는지, 그리고 정말 기도하고픈 갈망에 사로잡혀 있는지 돌아봐야 하네

"기도하기 위해 너의 심장을 준비하라.
주님을 떠보는 사람처럼 행동하지 말라" (집회서 18:23)

기도는 나는 죽고 성령이 말하시고 탄식하시는 '나-능동적'인 기도에서 '나-수동적', 즉 '성령-주도적'인 기도만이 참된 기도입니다.

그런 의미에서 참된 기도는 수동적입니다. 그러나 엄밀히 말하면 기도자가 수동적으로 되어야한다는 의미는 아닙니다. 오히려 기도자가 능동적으로 성령을 좇을 때 '성령-주도적'인 기도가 될 수 있음을 말하는 것입니다. 즉 기도의 본질은 수동성에 있습니다.

토레이R. A. Torrey는 성령 안에서 기도했던 자신의 경험을 다음과 같이 말하고 있습니다.

"내가 알기에 가장 축복 있는 기도는 완전하게 무기력해진 상태에서 기도하고 싶지 않은 느낌으로 시작되는 기도였다. 어찌할 수 없고 마음이 식은 상태에서 자신을 하나님께 드리고 기도하는 것을 가르쳐주실 성령을 하나님께서 보내주실 것을 주의했을 때 하나님은 성령을 보내주시는 것이다. 우리가 성령으로 기도할 때 비로소 우리는 올바른 것들을 위해 올바른 방법으로 기도할 것이

다."

그러므로 토레이는 "성령께서 우리를 그리도 데리고 가실 때까지 서둘러 말해서는 안 된다."고 권면하고 있습니다.[32]

"이와 같이 성령도 우리의 연약함을 도우시나니
우리는 마땅히 기도할 바를 알지 못하나
오직 성령이 말할 수 없는 탄식으로
우리를 위하여 친히 간구하시느니라"(로마서 8:26)

예수님의 기도학교

예수님께서도 주기도문을 명령하시면서 우리에게 "오늘 일용할 양식이 주옵시고"라고 기도하라고 명령하십니다. 오늘 하루 일용할 양식이 오직 하나님에게 달려 있음을, 나의 무력함과 무능력을 선포하고 오직 하나님의 도우심과 은혜가 오늘 필요한 존재임을, 그러한 영적 파산을 선포하라고 명령하신 것입니다.

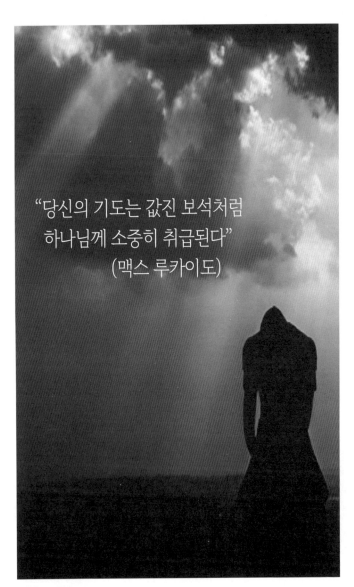

"당신의 기도는 값진 보석처럼
하나님께 소중히 취급된다"
(맥스 루카이도)

absolute prayer

5장 회복의 기도

회복의 원칙, 기도 소리

9. 11 테러로 미국의 쌍둥이 빌딩이 붕괴된 다음에 잔해 속에서 생존자를 찾는 작업을 했습니다. 우리나라에서도 삼풍백화점이 무너졌을 때 비슷한 구조 작업을 했습니다. 구조대원들이 잔해 속에서 생존자를 찾을 때 제일 먼저 소리를 찾는다고 합니다. 잔해 속에 만약에 생존자가 있다면, 그리고 그 사람에게 의식이 있다면 비록 다리가 부러졌을지라도, 몸이 상했을지라도, 뭔가 소리를 낼 것이라는 것입니다. 그래서 그 잔해 속에서 '똑 똑똑 똑똑' 뭔가 두드리는 소리가 들리면 그 잔해 속에 누군가가 살아 있다는 것입니다.

하나님이 우리를 보실 때도 마찬가지 입니다. 하나님이 우리를 보실 때 내 환경이 지금 건물이 무너져서 내가 그 잔해 사이에 깔려 있는 것처럼 보일지라도 누군가가 소리를 낼 수만 있다면, 기도하는 소리, 하나님께 부르짖는 소리가 나기만 한다면 하나님께서 거기에 귀를 기울이신다는 것입니다. 비록 무너진 건물 속에 있는 우리의 삶이라고 하더라도 하나님이 우리의 소리를 들을 수 있어야 한다는 이야기입니다.

구조대원들은 소리를 찾아서 소리가 있는 곳부터 파기 시작합니다. 하나님도 마찬가지입니다. 소리를 내는 사람, 누군가가 부르짖는 사람부터 하나님께서 관심을 기울이십니다. 그 사실을 우리가 잊어서는 안 됩니다.

마가복음 10장에서 주님은 여리고 성문에서 발걸음을 멈추셨습니다. 나면서부터 소경이요, 거지였던 바디매오가 주님을 향해 부르짖었기 때문입니다.

> "맹인 거지 바디매오가 길가에 앉았다가
> 나사렛 예수시란 말을 듣고 소리 질러 이르되
> 다윗의 자손 예수여 나를 불쌍히 여기소서 하거늘
> 많은 사람이 꾸짖어 잠잠하라 하되 그가 더욱 크게 소리 질러 이르되
> 다윗의 자손이여 나를 불쌍히 여기소서 하는지라
> 예수께서 머물러 서서 그를 부르라 하시니
> 그들이 그 맹인을 부르며 이르되 안심하고 일어나라
> 그가 너를 부르신다 하매"
> (마가복음 10:46-49)

주님을 향해 부르짖는 자를 향하여 주님은 그 얼굴을 돌리십니다. 주님을 향해 외치는 곳에 우리 주님의 발걸음이 멈춰집니다. 소리 나는 곳에 주님의 눈길이 머뭅니다.

바디매오가 주님을 향해 부르짖었을 때 주님은 바디매오를 향하여 걸음을 멈추시고 얼굴을 돌리셨습니다. 주님을 향해 바디매오가 기도하고 부르짖었을 때 주님은 바디매오를 향하여 걸음을 멈추시고 얼굴을 돌리셨습니다.

그리고 바디매오의 먼 눈이 뜨게 되어지는 은혜와 기적이 일어난 것입니다.

주님을 향해 부르짖고 기도하면 우리 주님은 기도자에게 얼굴을 돌리십니다. 바로 그때 바디매오가 같은 은혜와 기적이 일어나는 것입니다.

"여호와는 그의 얼굴을 네게 비추사 은혜 베푸시기를 원하며
여호와는 그 얼굴을 네게로 향하여 드사 평강 주시기를
원하노라 할지니라 하라" (민수기 6:25~26)

여러분의 기도에 하나님은 귀 기울여 들으십니다. 하나님에게 여러분의 기도는 너무나 귀중하고 소중한 것입니다.

창세기 32장에서 야곱은 얍복나루에서 절대절명의 위기

와 문제 앞에서 낙심치 않고 하나님을 만나 문제해결을 보려고 결단합니다. 그렇습니다 문제 해결의 열쇠는 하나님에게 있습니다.

중요한 것은 하나님과의 관계에서 나의 문제에 대한 해결과 확신을 얻으면 이미 모든 것은 해결되어진 것입니다.

야곱은 얍복에서 하나님을 만나고 그 곳 이름을 브니엘(하나님의 얼굴)이라고 하였습니다. 여러분에게 문제가 있습니까? 중요한 것은 문제가 아니라 하나님의 얼굴을 보는 것입니다.

맥스 루케이도는 자신의 저서《주와 같이 길가는 것》에서 기도는 너무나 값진 보석임을 말합니다.

"당신이 하나님께 말할 수 있는 까닭은 그 분이 들으시기 때문이다. 당신의 목소리는 천국에서 중요하다. 그 분은 당신을 아주 진지하게 대하신다. 당신이 하나님의 임재에 들어서면 수행원들은 당신의 목소리를 들으려고 고개를 돌린다. 무시당할까 두려워할 필요가 전혀 없다. 말을 더듬거나 두서가 없어도, 누구도 당신이 할 말에 마음을 주지 않아도 하나님은 마음을 주신다. 그리고 들으신다. 집중해서 들으신다. 귀 기울여 들으신다.

기도는 값진 보석처럼 하나님께 소중히 취급된다. 기도의 말은 정화되고 능력을 입어 주님께 향기로운 냄새로 올라간다. 당신의 말은 하나님의 보좌에 이르기 전에는 결코 멈추지 않는다. 당신의 기도는 하나님을 움직여 세상을 변화시킨다. 당신은 기도의 신비를 이해하지 못할지 모른다. 그래도 괜찮다. 그러나 이것만은 분명하다. 하늘의 행동은 누군가 이 땅에서 기도할 때 시작된다. 얼마나 놀라운 일인가?"

기도는 값진 보석입니다. 하나님에게 여러분의 기도는 너무나 귀중하고 소중한 것입니다. 여러분의 기도에 하나님은 귀 기울여 들으십니다. 우리의 조그맣고 작은 신음에도 하나님은 너무나 가슴 아파하시고 응답하십니다.

제가 제 아이와 함께 한 대형 할인점에 갔을 때 일입니다. 다른 아이도 마찬가지이겠지만 제 아이도 역시 장난감을 상당히 좋아하는 편입니다. 평소에도 장난감을 사기 원할 때는 심하게 저를 조르고 또 주저앉아 떼를 부립니다. 그러나 그 날은 여전히 떼를 부리는 아이에게 처음부터 분명히 오늘은 장난감은 안 된다고 선언하고 다른 것을 사기 위해 반대쪽으로 움직이고 있었습니다.

그런데 우연치 않게 그전과 달리 제 아이가 조그마한 목소리로 "저 장난감은 꼭 갖고 싶은데…" 하며 체념하듯 낙심하는 조그마한 목소리가 정말 의도하지도 않았는데 우연찮게 제 귀에 들려왔습니다. 그 작고 조그마한 목소리에 제 가슴이 너무나 아팠습니다. 그래서 지갑을 열어 아이에게 장난감을 사줄 수밖에 없었습니다.

그 때에 저는 하나님의 마음을 이해할 수 있었습니다. 여러분의 작은 신음에 하나님은 얼마나 가슴 아파하시는지 아십니까? 하나님의 형상을 닮은 여러분의 작은 신음에 하나님은 얼마나 귀를 기울이시지는 아십니까? 여러분의 작은 신음에도 하나님께서는 얼마나 강하게 역사하시는지 아십니까?

다음은 《주만 바라볼지라》라는 찬양의 가사입니다.

"하나님의 사랑을 사모하는 자 하나님의 평안을 바라보는 자
너의 모든 것 창조하신 우리 주님이 너를 얼마나 사랑하는지
하나님께 찬양과 경배하는 자 하나님의 선하심을 닮아가는 자
너의 모든 것 창조하신 우리 주님이 너를 자녀 삼으셨네
하나님 사랑의 눈으로 너를 어느 때나 바라보시고
하나님 인자한 귀로써 언제나 너에게 기울이시니
어두움에 밝은 빛을 비춰 주시고 너의 작은 신음에도 응답하시니
너는 어느 곳에 있든지 주를 향하고 주만 바라볼지라"

기도 속에서 발견되는 빛

저 개인적으로도 삶이 완전히 무너지고 도저히 희망이라고는 찾아볼 수 없었던 시기가 있었습니다. 그 당시 기도의 골방에서 울며 1시간~2시간 동안 기도한 적이 있었습니다. 그러던 간절히 기도하던 중 저는 놀라운 경험을 하게 되었습니다.

물리적인 빛이 아닌 가시적인 빛이 아닌, 영적인 빛이 은혜의

빛이 제 가슴을 환히 비추는 것을 저는 경험하였습니다.

이 빛은 바로, 하나님의 회복의 시작이었습니다.

독일의 음악가인 하이든Franz Joseph Haydn은 독실한 신앙인이었습니다. 한번은 저명한 예술인들이 모인 자리에서 '고민'과 '고통'의 문제가 화제로 올랐던 적이 있었다고 합니다. 재정적인 고통이나 좋은 작품이 나오지 않을 때의 고민을 어떻게 극복하느냐 하는 것이 화제의 쟁점이었습니다.

모두가 한마디씩 하다가 하이든의 차례가 되었습니다. 그때 하이든은 이렇게 고백하였다고 합니다.

"저는 제 집에서 저의 작은 골방을 기도실로 정했습니다. 일에 지쳐 있을 때나 고민이 시작되면 나는 그 방으로 들어갑니다. 그리고 그 방에서 나올 때는 작은 빛을 발견하고 나옵니다."

감리교의 창시자인 존 웨슬리John Wesley는 새벽 4시에 두 시간씩 기도하고 수요일과 금요일에는 규칙적으로 금식 기도를 했습니다. 그를 지켜본 사람들은 이렇게 말했습니다.

"그는 다른 모든 사람보다 기도를 중요시했습니다. 그리고 그가 모든 빛을 띤 청명한 얼굴로 기도실에서 나오는 것을 종종 보았습니다."

"어두움에 밝은 빛을 비춰 주시고 너의 작은 신음에도 응답하시니"
(주만 바라볼찌라 가사 중)

무엇보다도 "영적 파산을 인정하는 기도"에서 살펴보았듯이 여러분이 하나님께 드릴수 있는 가장 강력한 기도는 바로 "하나님 저를 불쌍히 여겨주세요" 라는 기도입니다.

이러한 기도는 강력하게 하나님의 마음을 움직입니다. 이러한 기도는 강력하게 하나님의 얼굴빛과 하나님의 얼굴과 고개를 여러분에게 돌리게 합니다.

"만약 당신이 햇살 아래서 오랜 시간을 보낸다면, 사람들은 금방 알아채고 이렇게 말할 겁니다. '해변에 다녀왔구나, 살갗을 태운거 보니 햇볕에 오래 있었나봐' 기도는 다른 말로 하나님의 아들의 사랑에 노출되는 것(son bathing)이라 할수 있습니다. 당신을 다르게 보이게 만듭니다" (브레난 매닝)

하나님은 아버지가 자녀를 눈에 넣어도 아프지 않을 정도로 사랑으로 바라보듯이 사랑의 눈으로 언제나 여러분을 바라보고 계십니다. 하나님의 얼굴은 언제나 우리를 향하고 계십니다.

"여호와는 그의 얼굴을 네게 비추사 은혜 베푸시기를 원하며
여호와는 그 얼굴을 네게로 향하여 드사 평강 주시기를 원하노라

할지니라 하라" (민수기 6:25~26)

하나님은 언제나 인자한 귀로써 여러분의 기도에 주목하여 귀를 기울이고 계심을 아십니까? 하나님은 여러분의 작은 신음에도 얼마나 강하게 역사하시는지 아십니까?

한 소년이 있었습니다. 이 소년은 가난으로 공부의 길이 막히자 14세부터 새벽기도회에 나가 종을 치며 "하나님 저를 불쌍히 여겨 주세요……"라고 호소하며 기도하였습니다.

비가 올 때는 우산이 없어서 어머니 치마를 덮고 가서 종을 치며 기도하였습니다. 이 소년이 자라서 목사가 되었는데 그가 담임하고 있는 교회는 새벽기도회에만 3천명이 출석하는 명성교회를 일군 김삼환 목사님입니다.

하나님은 가난으로 공부의 길이 막힌 시골 가난한 소년의 기도를 결코 외면치 않으셨습니다. 그 조그마한 가난한 시골 소년의 작은 신음에 응답하셨습니다.

서울대 수석졸업의 주인공인 다니엘 학습법의 김동환 전도사의 가정은 무너져 가던 가정이었습니다. 그의 집안은 우상을 섬기던 가정이었고 그의 어머니는 극심한 질병으로, 아버지는 알코올 중독으로, 세상의 기준으로 볼 때는 전혀 소망이 없는 절망 그 자체의 무너져 가던 가정이었습니다.

그러나 하나님은 이 작은 소년의 기도를 결코 외면치 않으셨습니다. 전혀 소망이라곤 찾아 볼 수 없는 이 소년의 작은 신음에 놀랍게 응답하셨습니다.

"역경 속에서 기도할 때와 같이 순경 속에서도 기도하라. 지금 하나님을 의지하라. 그러면, 하나님은 나중에 당신을 기억하실 것이다. 평소에는 나를 거들떠보지도 않는 친구가 도움을 필요로 하기 때문에 나를 찾는 경우가 있다. 그러나 이것은 거지의 편법이기는 해도 친구의 도리는 아니다." (윌리엄 거널)

"해가 떠서 비칠 때 기도하지 못한 자는 구름이 일어났을 때에도 기도할 줄 모릅니다." (비델울도)

"이른 아침에 하나님을 만나지 못한다면 하루 종일 하나님을 다시 만날 일은 거의 희박하다." (존 번연)

무너진 것을 회복시키시는 하나님

기도하면 하나님이 모든 무너진 것을 회복시키십니다. 기도하면 하나님께서 모든 무너진 것을 일으켜 세우십니다. 우리의 입술에 얼마나 놀라운 권세가 있는지 아십니까? 모든 기도는 다 위대합니다. 위대하지 않은 기도란 없습니다. "하나님은 모든 평범한 기도를 특별한 기도로 바꾸신다"는 말이 있습니다. 작은 기도란 없습니다. 하나님은 가장 보잘것없는 성도의 가장 작은 기도의 속삭임에 대하여 바다같이 넓은 은혜를 주시는 분이십니다.

그냥 하나님 앞에 여러분의 고통과 고난을 토해내십시오. 시편기자는 고상하게 기도하라고 하지 않습니다.

"백성들아 시시로 그를 의지하고 그의 앞에 마음을 토하라 하나님은 우리의 피난처 시로다" (시 62:8)

하나님 앞에 마음을 토해놓으라고 합니다

모세를 보십시오. 그는 홍해에서 많은 말을 하지 않았습니다. 다만 주님을 향해 울부짖었을 뿐이지요. 그러나 그것은 진짜 기도였습니다[33]

한나를 보십시오. 그녀는 아이를 갖지 못해 성전에 올라가 하나님 앞에 울부짖었을 뿐입니다. 그러나 그녀의 기도에 이스라엘의 역사의 변혁기에 가장 위대한 사사이며 선지자인 사무엘이 탄생하지 않았습니까?

작은 기도란 없습니다. 하나님은 모든 평범한 기도를 위대한 기도로 바꾸시는 분입니다.

A.W. 토저는 그의 책 "기도"(규장)에서 솔직한 한 기도의 능력을 강조하며 아래와 같이 말합니다.

비상한 통찰을 가진 또 다른 영적 작가는 기도할 때 완전히 무례해 보일 정도로 솔직해야 한다고 조언했다. 그는 우리가 기도를 하는데 기도하고 싶은 마음이 들지 않으면 고상한 척하지 말고 하나님께 그대로 말하라고 한다. 하나님과의 영적인 일들이 따분하게 느껴진다면 그것을 솔직하게 인정하라. 이 조언은 일부 예민한 성도들에게 충격으로 다가올 것이나, 그럼에도 불구하고 전적으로 타당한 말이다. 하나님은 정직한 영혼을 사랑하신다. 하나님은 곧 그의 무지함을 고쳐주실 수 있으나 위선에 대한 치료책은 알려진 바가 없다.

꾸밈없는 어린아이는 여전히 우리 모두를 위한 거룩한 모델이다. 우리가 모든 가식을 거부하고 사람들 앞에서뿐만 아니라 하나님 앞에서도 완전히 정직하기를 배울 때 기도는 더 능력 있고 실제적인 것이 될 것이다.

17세기 프랑스 주교, 프랑소와 페넬롱(Francois Fenelon)은 기도할 때 하나님 앞에서의 정직함에 대해 다음과 같이 몇 가지 강력한 발언을 했습니다.

당신의 마음에 있는 것을 모두 하나님께 말씀드려라. 친한 친구에게 마음속 기쁨과 아픔을 모두 털어놓듯이. 하나님께 당신의 어려움을 말씀드리면 그분이 당신을 위로해 주실 것이다. 그분께 당신의 열망들을 말씀드리면 그것을 정결케 해주실 것이다. 하나님께 당신이 싫어하는 것들을 말씀드리면 그것을 정복하도록 도와주실 것이다. 당신을 유혹하는 것들을 말씀드리면 그것들로부터 당신을 보호해 주실 것이다. 선한 일에 대한 무관심과 악을 선호하는 부패한 마음, 당신의 불안정한 상태를 다 털어놓으라. 당신의 자기애가 어떻게 다른 사람들을 부당하게 대하게 만드는지, 당신의 허영심이 어떻게 가식을 부추기는지, 당신의 교만이 어떻게 당신 자신과 다른 사람들에게 자신을 숨기는지 다 말씀드려라.

당신이 이렇게 자신의 모든 약함과 필요와 어려움들을 털어놓으면 결코 할 말이 없어지지 않을 것이다. 주제가 계속 갱신되기 때문에 결코 고갈되지 않을 것이다. 서로 비밀이 없는 사람들은 절대로 대화의 주제가 부족하지 않다. 그들은 감출 것이 없기 때문에 자신의 말을 저울질하지 않는다. 할 말을 찾지도 않는다. 그들은 마음에 가득한 것을 말한다. 고민하지 않고 그저 자신의 생각을 이야기한다. … 하나님과의 그런 친숙하고 거리낌 없는 대화에 도달한 사람들은 복이 있다.

토저는 "우리가 모든 가식을 거부하고 사람들 앞에서뿐만 아니라 하나님 앞에서도 완전히 정직하기를 배울 때 기도는 더 능력 있고 실제적인 것이 될 것이다"라고 말합니다.

기도하면 모든 무너진 것들이 회복됩니다. 기도하면 모든 무너진 것들을 하나님께서 친히 일으키십니다. 무너진 나의 가정, 무너진 나의 사업, 무너진 나 자신, 무너진 나의 국가 이 모든 것이 기도하면 회복되어집니다.

미국 LA 근교에 디즈니랜드가 있습니다. 창업자 월트 디즈니Walt Disney는 시카고 근교에 태어나 어릴 때 너무 가난하여 남의 집 머슴으로 들어갔습니다. 주인집 헛간에서 생활을 하면서 취미로 그림을 그렸습니다.

그는 결혼 후에도 만화를 그려 생계를 유지 했지만 무명의 작가였기 때문에 제대로 대우를 받을 수가 없었습니다. 결국 월 세를 내지 못하여 길거리로 쫓겨나고 맙니다. 어린 아내와 함께 공원에다 움막을 치고 그곳에서 만화를 그렸습니다. 삶이 어려 우니 일에 대한 회의도 들고 탄식도 나왔습니다. 그래서 하나님 께 기도했습니다. 하나님께 입에 풀질 좀 할 수 있게 해달라고 기도했습니다.

그런데 어느 날 공원에서 너무나 신나게 뛰어 다니는 한 마 리의 생쥐를 보았습니다. 농장 헛간에서 머슴으로 살던 때에 많 이 보았던 생쥐인데도 그 때는 그런 아이디어가 떠오르지 않았 는데 삶이 어려워 하나님께 기도했더니 생쥐를 보고는 아이디어 를 얻었습니다.

생쥐를 캐릭터로 만화를 그려야겠다고 생각을 한 것입니다. 그래서 처음에는 '모터머'라는 이름을 붙여 만화를 그리려고 했 는데 그의 어린 아내가 더 쉬운 이름으로 하자고 해서 '미키 Mickey'라고 이름을 붙였습니다. 이 생쥐가 우리에게 잘 알려진 미키 마우스입니다. 그 때가 1923년이었습니다.

미키 마우스라는 이 캐릭터 하나가 가난한 머슴 출신의 월트 디즈니를 꿈의 궁전의 황제로 만들었습니다. 그는 월트 디즈니 사라는 영화사를 만들어 《알라딘Aladdin》이라는 만화 영화로 4억 4천만 달러를 벌어 들였다고 합니다.

한마디로 "월트 디즈니사는 만화 가계가 아니라 조폐공사이다"라고 할 만큼 그는 미키 마우스 덕분에 아니 하나님이 주신 지혜 덕분에 꿈의 궁전의 주인이 된 것입니다.

디즈니는 배고프다고 기도했지만 하나님은 그를 꿈의 궁전의 주인으로 만들어 주셨습니다.

"말로 표현할수 없는 우리의 신음이 때로 하나님이 거절할수 없는 기도가 된다" (찰스 스펄젼)

"어려운 환경에서 기도하고 싶은 마음마저 없다면 우리는 짐승만도 못한 사람들이 아닐 수 없다" (칼빈)

회복의 기도의 기도신학적 접근

칼빈은 시편 65편을 주석하면서 "기도의 응답은 하나님께서 경우에 따라서만 하시는 어떤 것이 아니라 하나님의 영광의 영구적인 요소이다. 그러므로 하나님이 우리의 간구를 듣지 않으신다는 것은 곧 자신을 부인하는 것이 되고 만다"고 말합니다.

또한 칼빈은 기도의 기초이시자 중보자이신 예수 그리스도를 통한 기도이기에, 우리가 기도하는 것이 아니라 그 분이 기도하시는 것이기에 응답 없는 기도란 있을 수 없다고 말합니다.[34]

기도란 "이미 응답된 기도를 신앙고백하고 있는 것"이라는 칼 바르트Karl Barth의 기도 이해는 종교개혁자들의 기도이해를 아주 정확하고 바르게 이해한 것이라고 볼 수 있을 것입니다.

칼빈에 의하면 하나님의 자녀의 기도는 그 기도가 하늘 아버지의 약속과 그의 명령에 기초한 것이라는 그 이유 이외에도 성자 그리스도가 대속의 화목제물이 되어 기도의 근거가 되어 주시고 성령께서 또한 기도를 할 수 있도록 우리를 도와주신다는 성경의 증언이 있다는 사실 때문에, 기도는 "이미 응답된 것의 신앙고백"이라고도 볼 수 있다는 것입니다.

한 무명의 그리스도인은 이렇게 말씀합니다.

"하나님은 기도를 들으시는 하나님이십니다. 응답이 없는 기도란 있을 수 없습니다. 당신의 생각에는 응답이 없어 보인다 할지라도 하나님은 이미 그분의 뜻대로 응답하셨습니다."

그래서 저드슨도 "진심으로 기도하면 어느때 어떻게 해서든지 어떤 형태로 응답이 온다" 말한 것입니다.

이러한 기도이해는, 놀랍게도, 시편 기도시가 지니고 있는 수수께끼와 같은 문제, 즉 시편 탄원시가 언제나 절망적인 위기의 호소와 위기타개를 위한 절박한 기원에 의하여 매우 어둡게 시작하지만, 그러나 뚜렷한 근거를 제시함이 없이 어두운 탄원 분위기가 언제나 갑자기 응답확신으로 그 분위기가 급전환되는 그 이유가 무엇인가 하는 문제에 대한 한 대답을 제시해 주고 있다는 점입니다.[35] 따라서 시편은 "기도를 배우는 학교"로써 기도의 가치와 의미를 재확인시켜 주고 있습니다.[36]

기도는 불확실한 미래를 향한 부르짖음이 아니라 하나님께서 우리에게 약속하신 바의 성취를 바라는, 그리고 그의 구원섭리가 현재화하기를 바라는 우리의 신앙고백일 뿐이라고 보아야 할 것입니다.

도널드 캠벨Donald Campbell은 그래서 '기도 그 자체prayer itself'가 이미 모든 것을 받게 하는 통로라 하였고 구하는 것은 부차적인 것이라 말합니다.[37]

소기천 교수의 다음 말로 이 장을 마무리하고자 합니다.

"요즈음 살기가 어렵다고 야단이다. 하는 일마다 힘들다고 난리이다. 왜 그럴까? 그 이유는 기도하지 않기 때문이다. 기도하지 않으면, 하나님께서도 일하시지 않는다. 그런데 기도하면 하나님께서 일하시기 시작한다.

기도의 맛을 아는 사람만이 기도할 수 있다. 기도 응답은 기도를 할 때에만 가능하다. 기도하지 않는데, 어떻게 응답이 있을까?

나 스스로 기도의 능력을 확신하는 순간에 기도할 수 있다. 기도하면 희망이 있다. 절망 속에서 살아남을 수 있는 사람은 기도를 통해 위로부터 오는 힘을 공급받는 사람이다. 앞도 막히고 뒤도 막히고 옆도 막힐 때, 위로 하늘이 찬연히 열려있는 것을 알아야 한다. 기도하면 하늘의 능력을 힘입어 모든 어려움을 극복할 수 있다."

예수님의 기도학교

예수님께서 주기도문에서 "하늘에 계신 우리 아버지"라고 기도를 시작하셨다. 하나님의 이름을 부르는 곳에 반드시 하나님의 응답과 회복이 있다. 하나님의 이름을 부르는 것, 회복의 시작이자 응답의 시작이다.

"하나님의 응답은
우리의 기도보다
현명하십니다"

absolute prayer

6장 신뢰의 기도

우리의 체질을 아시는 하나님

하나님은 가장 좋은 것을 우리에게 주십니다.

> "너희가 악한 자라도 좋은 것으로 자식에게 줄 줄 알거든
> 하물며 하늘에 계신 너희 아버지께서
> 구하는 자에게 좋은 것으로 주시지 않겠느냐" (마태복음 7:11)

하나님은 구하는 자에게 가장 좋은 것을 주십니다. 이것이 기도를 푸는 가장 중요한 열쇠입니다.

흔히 기도의 응답을 세 가지로 말합니다. Yes, No, Wait입니다:

하나님께서 우리의 간구대로 응답하여 주시는 것, Yes.
하나님께서 우리의 간구대로가 아닌 전혀 다른 방법으로 응

답을 주시는 것, No.

하나님께서 우리의 간구에 응답을 오래 기다리며 인내하게 하시는 것, Wait.

이 모든 것이 가장 좋은 것을 주시려는 것임을 우리는 의심해서는 안 됩니다.

> "이는 그가 우리의 체질을 아시며 우리가 단지 먼지뿐임을
> 기억하심이로다" (시편 103:14)

우리의 체질을 아시는 하나님은 나에게 가장 좋은 것을 주신다는 이 사실을 의심해선 안됩니다. 하나님 신뢰는 기도의 근간입니다.

"기도는 호흡입니다"는 책에서 저자 밴 듀런은 어거스틴의 일화를 소개합니다.

"젊었을 때 어거스틴은 아주 고집스럽고 방탕한 삶을 살았읍니다. 그의 경건한 어머니 모니카는 아들을 위하여 쉬지 않고 기도했습니다. 그즈음 아들이 이탈리아로 간다는 말을 듣고 모니카는 그것이 아들의 파멸을 부채질 하는 것이 되지 않을까 몹시 걱정이 되었습니다. 그래서 그녀는 하나님께서 막으셔서 아들이 이탈리아로 가지 못하게 해주실 것을 위해 기도했습니다. 그녀는 온밤을 꼬박 새우며 기도했습니다. 그러나 바로 그 밤, 어거스틴은 계획대로 배를 타고 이탈리아에 도착했습니다.

어거스틴은 바로 그곳에서 암브로스를 만나게 되고 주 예수를 개인적으로 믿어 회심하게 됩니다. 어거스틴은 어머니의 기도에 관한 당시의 일을 이렇게 아주 적절하게 요약하여 표현하였습니다"

"하나님은 어머니의 기도대로 응답하시진 않았지만 어머니의 소원을 이루어주셨다" (기도는 호흡입니다, 밴 듀런)

신뢰의 기도와 감사

우리의 기도의 환경이 어떠하든 우리는 한가지만을 찬양해야 합니다. 그것은 바로 하나님의 신실하심과 하나님의 성실하심과 하나님의 선하심과 하나님의 위대하심만을 찬양해야 합니다.

우리가 처한 상황에 따라 찬양의 크기, 찬양의 무게, 찬양의 깊이가 달라져서는 안 됩니다.

여호사밧 왕이 전쟁이라는 두려운 상황에서 그것도 군대보다 앞장서서, 성가대 한 일은 하나님을 찬양한 것이었습니다. 그것도 "도와주십시오"라는 내용이 담긴 눈물 섞인 찬양이 아니라, "하나님 감사합니다"라는 내용의 힘찬 찬양이었습니다.

그들은 전쟁의 극한 상황에서 언제나 신실하시고 자비하신 하나님을 찬양하였습니다. 영광의 찬양을 하였습니다.

"여호와께 감사하세 그 자비하심이 영원하도다."

이 찬양의 가사는 시편에서 많이 찾아볼 수 있는 가사입니다. 하나님은 언제나 약속하신 말씀 그대로 성취하시는 분이시라는 것은 시편 찬양의 주요한 주제이기도 합니다. 여호사밧은 다른 내용이 아닌 하나님의 성품과 하나님의 역사의 영원성을 찬양하는 영광의 찬양만을 부르게 했습니다.

우리 이 찬양을 함께 불러 보겠습니다.

"주께 감사하세 그는 선하시며 인자하심이 영원함이로다
주께 감사하세 그는 선하시며 인자하심이 영원함이로다"

특별히 우리의 환경이 어떠하든 우리는 한가지만을 찬양해야 합니다. 이것은 우리에게 우리의 찬양의 자세에 대해 잘 말해줍니다.

그것은 바로 우리의 환경이 어떠하든 하나님의 신실하심과 하나님의 성실하심과 하나님의 위대하심만을 찬양해야 합니다. 그러할 때 찬양의 능력이 우리가운데 드러나게 된다는 사실입니다.

하나님은 우리의 체질을 아십니다. 하나님께서 우리의 체질을 아신다는 것은 기도의 응답을 주실 때에 우리 체질에 가장 유익한 최선의 것을, 최상의 것을 주신다는 것입니다.

기도응답의 지연은 축복입니다

저는 개인적으로 매우 중요한 문제로 하나님께 간절히 많은 시간동안 기도한 기도 제목이 있었습니다. 그러나 기도의 응답은 제가 기도한 대로가 아닌 정반대로 이루어졌습니다. 물론 그 때는 낙심과 실망이 되기도 하였습니다.

그러나 시간이 지나서 내 인생을 반추하여 보았을 때 하나님은 저에게 꼭 필요한 응답을 주셨던 것을 깨닫게 되었습니다. 제가 기도한대로 응답이 되었다면 오히려 나의 삶에 정말 큰 해악이 되었을 것입니다. 하나님은 진정으로 선하셨습니다.

아무리 생각해 봐도 좋으신 하나님의 신실하심에 찬양과 영광을 돌리지 않을 수 없었습니다. 하나님께서는 기도자에게 가장 좋은 것을 주십니다. 이것이 기도를 푸는 가장 중요한 열쇠입니다. 그것이 정반대의 기도응답이든 기다리게 하시는 기도응답이든 하나님께서는 기도자에게 가장 좋은 것을 주십니다.

하나님께서 여러분의 기도를 기다리게 하십니까? 최고 관리자이신 하나님은 여러분의 기도에 최선의, 최상의 응답의 시기를 아십니다. '하나님은 하나님의 시간에 오신다'는 이 명제에 우리는 동의해야 합니다. 그 분은 그 분의 시간에 오십니다. 한 치의 오차도 없이 최상의, 최선의 시기에 우리의 기도에 응답하십니다. 기도응답이 늦어져 힘들고 애가 탈지라도 하나님은 우리를 위한 최상의 시간에 오신다는 사실을 기억해야 합니다.

기도응답은 바로 우리가 그 응답을 받을만한 최상의, 최선의 시기에 옵니다. 기도응답의 지연으로 우리를 성숙케 하시고 변화케 하시고 하나님의 뜻을 분별케 하십니다. 기도응답의 지연은 오히려 우리에게 축복임을 기억해야 합니다. 기도응답의 지연은 축복입니다.

만약 여러분의 어린 자녀가 칼을 달라고 하면, 아무리 자녀를 사랑한다고 해도 칼을 줄 수는 없습니다. 분별력 없는 아이가 칼로 큰 상처를 입을 수 있기 때문입니다. 칼을 받아도 아무 위험 없이, 어려움이 없이 칼을 유익하게 사용할 수 있는 성숙한 때에 칼을 줄 수 있을 것입니다.

기도의 응답도 동일합니다. 지금 기도제목에 응답을 받으면 오히려 우리에게 해악이 될 수 있습니다. 우리 인생의 최고관리자이신 하나님은 그것을 정확히 아십니다. 기도응답의 지연은 우리가 그 응답을 받을 동안 우리를 성숙케 하시고 하나님의 뜻을 분별케 하는 귀한 축복의 시간입니다.

"종종 풍성한 기도응답은 즉각적이지 않다. 기도는 긴 여정의 항해 같다. 왜냐하면 축복이라는 엄청난 화물을 가져오고 있기 때문이다. 지연되는 기도 응답은 믿음의 연단일 뿐만 아니라 명확한 거절 아래에서도 우리가 견고한 신뢰로 하나님을 높일 기회를 준다"(스펄전)

기도응답이 늦어지는 이유를 한 분은 이렇게 설명합니다.

"그리스도인이란, 기도라고 하는 매체를 통하여, 성숙으로 나아가는 사람들입니다. 부르짖음이라는 매체를 통하여, 성화를 경험하는 사람들입니다. 하나님의 침묵과 거절이라는 매체를 통하여, 자아파쇄를 경험하는 사람들입니다. 이것이 기도응답이 늦어지는, 성서적인 진짜 이유입니다."

인생의 최고관리자이신 하나님

기도는 좋으신 하나님을 맛보는 장소입니다.

"너희는 여호와의 선하심을 맛보아 알지어다
그에게 피하는 자는 복이 있도다"
(시편 34:8)

"너희가 악한 자라도 좋은 것으로 자식에게 줄 줄 알거든
하물며 하늘에 계신 너희 아버지께서

구하는 자에게 좋은 것으로 주시지 않겠느냐"
(마태복음 7:11)

"이는 그가 우리의 체질을 아시며
우리가 단지 먼지뿐임을 기억하심이로다"
(시편 103:14)

우리는 우리 스스로 우리의 체질을 잘 아는 것 같지만 그렇지 않습니다. 우리의 앞길에 있어서 우리의 미래에 있어서 무엇이 나에게 좋을지 잘 아는 것 같지만 그러나 그렇지 않습니다. 우리는 나무만 볼 수밖에 없지만 하나님은 전체 숲을 보십니다.

오직 인생의 최고관리자supervisor이신 하나님만이 우리에게 가장 좋은 것을 주실 수 있는 분입니다. 우리의 체질을 정확히 아시는 하나님께서 비록 내가 원하는 대로가 아니더라도 나를 늘 선한 길로, 최선의 길로, 가장 좋은 길로 인도하실 것을 의심하지 말아야합니다.

유명한 하나님의 사람 존 뉴턴John Newton은 이런 질문을 했습니다.

"하나님께서 여러분에게 단 하나만 선택할 수 있는 권한을 주신다면 여러분은 이 단 하나의 기회로 무엇을 선택하시겠습니까?" 그리고는 스스로 "만약 하나님께서 나에게 단 하나의 선택의 권한을 주신다면, 하나님께서 나를 위해 그것을 선택해 주실 것을 요구할 것입니다. 왜냐하면 참으로 내가 무엇이 필요한 가를 아시는 분은 하나님이시므로 내가 나를 아는 것 이상으로 내 미래를 아시고, 내가 내 미래를 완벽하게 계획하는 것 이상으로 내 미래를 완벽하게 계획하며 섭리하시는 분은 한 분 뿐이심을 알기에, 그 단 하나의 선택을 하나님께 맡기어 하나님의 뜻이 내 생을 통하여 이루어지기를 기도하겠습니다."

기도는 우리가 원하는 것은 무엇이든 하나님께서 하시도록 만드는 방법이 아닙니다. 기도는 하나님의 능력, 지혜 그리고 은혜에 대한 우리의 신뢰를 표현하는 것입니다. 우리가 하나님께 무엇을 간구하든지, "그러나 나의 원대로 마옵시고 아버지의 원대로 하옵소서"(마태복음 26:39) 하신 겟세마네 동산에서의 예수님의 자세로 해야 할 것입니다.

하나님은 구하는 자에게 좋은 것을 주십니다. 비록 나의 기도가 정반대로 응답이 되더라도 혹시 하나님께서 기다리게 하신다 할지라도 하나님께서는 우리에게 가장 좋은 것을 주십니다. 이것을 의심해서는 안 됩니다. 하나님 신뢰는 기도의 근간입니다.

"이는 내 생각이 너희의 생각과 다르며
내 길은 너희의 길과 다름이니라 여호와의 말씀이니라
이는 하늘이 땅보다 높음 같이 내 길은 너희의 길보다 높으며
내 생각은 너희의 생각보다 높음이니라"
(이사야 55:8~9)

17세기 프랑스의 성녀 잔느 귀용은 다음과 같이 말합니다

"주께서 요구하시는 것은 당신의 '신뢰'입니다. 그가 원하는 것은 당신이 주를 향한 흔들림 없는 믿음과 신뢰로 자신을 맡기는 것입니다. 그런 신뢰의 기도는 당신을 원하는 곳으로 인도합니다"

하나님 신뢰는 기도의 근간입니다. 백 번의 간구와 호소보다 한 번의 신뢰가 더 중요한 것입니다.

기도는 우리가 원하는 것은 무엇이든 하나님께서 하시도록 만드는 방법이 아닙니다. 기도는 하나님의 능력, 지혜 그리고 은혜에 대한 우리의 신뢰를 표현하는 것입니다.

'하나님의 응답은 우리의 기도보다 현명하십니다'

아프리카의 선교사로 가 있는 리빙스턴에게 하루는 역시 아프리카에서 선교중인 그의 장모로부터 이런 편지가 날아왔습니다.

"사랑하는 나의 아들 리빙스턴, 나는 지금까지 하나님께서 그대를 꼭 평안히 보호해 주시리라는 것으로 마음을 진정해 왔네. 그러나 지금은 그런 기도가 반드시 응답되리라 기대해서는 안 된다는 것을 배웠네. 무엇을 소원하거나 간절히 기도할 경우라도 '하나님의 뜻에 맡깁니다'라고 하는 경건함을 갖지 않으면 안 된다는 것을 배웠네"

토마스 아켐피스는 "올바른 기도"에 대하서 이렇게 말하고 있습니다.

"오 주여 당신은 무엇이 최선인지 아십니다. 모든 일을 당신의 뜻대로 이루소서. 당신이 선택한 것을, 당신이 선택한 양만큼, 당신이 선택한 순간에 주옵소서.

당신이 원하는 곳에 나를 두시고 적당하다고 생각하는 대로 나를 다루소서. 나는 당신의 손 안에 있습니다. 당신의 뜻대로 인도하소서.

나는 무슨 일이든 준비된 당신의 종입니다. 나 자신이 아니라 당신만을 위해서 살기 원합니다. 이렇게 완벽하게 살 수 있기를 얼마나 바라는지요!"

"나는 기도의 능력을 믿는 것이 아닙니다. 나는 하나님의 능력과 존재하심을 믿는 것입니다. 그렇기 때문에 기도하는 것입니다"
(크레이그 세터리)

"기도는 내 필요에 의하여 하나님을 내 편으로 만드는 것이 아니라 하나님의 뜻에 나를 조종해 맞추는 일이다"(무디)

"모든 일이 너의 생각에 가장 좋은 방향으로 되기를 바라지 말고 하나님께서 기뻐하시는 대로 바라라. 그러면 혼란에서 벗어나 기도 중에 감사하게 될 것이다" (탈루스)

A.W. 토저는 그의 책 "기도"(규장)에서 조건 없이 기도할 것

을 말하며 다음과 같이 강조합니다.

노리치의 줄리안이 놀라운 신앙생활을 처음 시작했을 때, 구세주께 기도를 드린 후 이런 지혜로운 말을 덧붙였다. "또한 저는 아무 조건 없이 이것을 구합니다" 그 마지막 문장이 그녀의 마지막 기도에 능력을 부여했고, 해가 갈수록 홍수처럼 넘치는 응답을 험하게 해주었다.

성공적인 기도는 조건이 없는 기도여야 한다. 우리는 하나님이 사랑이시며, 사랑이신 하나님은 우리를 해치실 수 없고 반드시 우리에게 도움을 주신다고 믿어야 한다. 그다음에 하나님 앞에 엎드려 우리의 유익과 하나님의 영광을 위해 필요한 것을 담대히 구하며, 대가는 개의치 말아야 한다! 우리는 하나님의 무한한 인자하심을 늘 마음에 새겨야 한다. 그 누구도 자신의 삶을 하나님의 손에 맡기는 것을 두려워할 필요가 없다. 주님의 멍에는 쉽고 그분의 짐은 가볍다.

지미 카터Jimmy Carter는 말합니다.

"하나님이 기도에 응답하지 않는다고 느껴질 때조차도,
우리가 기도하는 동안 우리는 하나님의 자비, 용서, 그리고 사랑에
깊이 잠겨 있다."

십자가를 지시기 불과 몇 시간을 앞두고 예수님은 아버지 하나님께 간절하게 기도하십니다. 기도의 처음은 "내 아버지여 만일 할 만하시거든 이 잔을 내게서 지나가게 하옵소서"였습니다. 십자가에 못 박혀 죽는 것을 피할 수만 있다

면 피하게 해달라는 간절한 기도입니다.

그런데 기도의 나중이 정말 놀랍습니다. "그러나 나의 원대로 마시옵고 아버지의 원대로 하옵소서" 자기 뜻대로가 아닌 아버지의 뜻대로 해달라는 것입니다. 그것도 두 번씩이나 간절히 땀이 떨어지는 핏방울같이 될 정도로 기도하셨습니다. 그리고 아버지의 원대로 십자가를 지셨습니다.

바이런 자니스는 세계적인 피아니스트입니다. 그는 어렸을 때 교통사고를 당해 손에 심한 신경통과 신경마비증세가 있었습니다. 한때는 열 손가락 중에 왼손 중지 하나만 제대로 움직였고, 새끼손가락은 완전히 마비된 적도 있었습니다. 오른쪽 손목은 40%만 움직일수 있었습니다.

이런 고통과 싸우며 어떻게 위대한 피아니스트가 될 수 있었을까? 그는 퍼레드지(紙)와의 인터뷰에서 이렇게 말하였습니다.

"여러 의사도 수고하였고, 침도 많이 맞았습니다. 그러나 기적은 기도로 가능했다고 생각합니다. 간절히 기도할 때 하나님께서는 나에게 싸울 용기를 주셨습니다. 나에게 문제는 있습니다. 그러나 문제가 나를 정복하지 못합니다. 그것이 믿음이라고 생각합니다."

"하나님, 나에게 쓴잔이 오지 않게 해주소서"하는 기도보다 "하나님 내가 쓴잔을 마실 수 있는 능력을 주시옵소서" 하는 것. 이 것이 바로 바른 기도일 것입니다.

라인홀드 니버는 이렇게 기도합니다

"오, 하나님! 우리가 변경할 수 없는 것이라면 이를 침착히 받아들일 수 있는 우아함을, 우리가 변경할 수 있는 것이라면 이를 변경할 용기를, 우리가 이 두 가지를 구별할 수 있는 지혜를 주옵소서. 아멘!"

"안락한 삶을 위해 기도하지 말고 강한 자가 되기를 기도하라. 당신의 능력에 맞는 일들을 구하지 말고 당신의 일들에 맞는 능력을 구하라" (필립스 부룩스)

영혼의 어두운 밤

'영혼의 어두운 밤' (the dark night of the soul)을 지나는 여정이라는 글에서 정찬문 목사님은 '영혼의 어두운 밤 (the dark night of the soul)'에 대하여 아래와 같이 자세히 설명해 주십니다.

영혼의 어두운 밤은 영적 메마름과 공허와 하나님의 부재라는 부정적인 경험을 통해서 우리 안에 있는 집착과 중독이라는 우상을 제거하는 영적 회복의 과정이다. 하나님을 향한 사랑이 성장할 때 어둠 속에서 우상은 깨어져 버린다. 이러한 전환 과정 속에서 어두운 밤은 진정한 영혼의 자유를 주는 영적인 여정인 것이다. 어두운 밤을 지날지라도 하나님의 변함없는 사랑을 정화된 마음으로 깨닫는 자는 하나님을 향한 사랑의 열망으로 노래하리라[38]

주명수 목사는 그의 저서 "영혼의 어두운 밤"(CLC)에서 16세기 스페인 수도사·신학자인 십자가의 요한을 통해 보는 '영혼의 어두운 밤'에 대해 탐구합니다. '하나님 부재체험'과 비슷한 이 '영혼의 어두운 밤'은 테레사 수녀의 '신(神)의 부재' 고백으로 잘 알려져 있습니다.

<영혼의 어두운 밤>은 현대 개혁주의 교회가 '감각의 메마름'을 퇴보로 비난하고 있지만, 대다수 그리스도인들이 그 영적 여정에서 경험하는 감각적 메마름은 오히려 영적 성장의 신호로 받아들여야 한다고 말합니다. 그러면서 현대 개혁주의 교회가 '영적 단맛 중독증-하나님께서 영혼에게 단맛만을 주신다는 생각'에서 벗어나야 한다고 촉구합니다.

'감각적(sensory) 메마름'과 '정신적(spiritual) 비참함'을 분별할 수 있다면, 감각적 메마름과 정신적 비참함 속에서 영적인 어두운 밤을 걸어가는 많은 그리스도인들이 영적 성장을 기대하면서 그 밤을 '행복하게' 보낼 수 있다는 것입니다.

영혼의 감각적 국면은 오감과 육체와 감각적 욕구들을, 정신적 국면은 지성, 기억, 그리고 의지를 각각 포괄합니다. 이 두 국면은 모두 하나님을 향해야 하는데, 감각과 정신이 어두운 밤을 통과하면서 영혼은 하나님을 향하게 된다는 것이 십자가의 요한이 이야기하려는 바입니다. 하지만 그가 이원론자는 아니라고 저자는 설명합니다.

결국 하나님께서 우리 영혼을 성장시키기 위해 감각적 메마름과 정신적 비참함을 사용하시는 것이기 때문에, 이를 하나님의 은혜로 여겨야 한다는 것. 저자는 이를 바탕으로 "감각적 메마름과 정신적 비참함은 신앙생활을 잘못해 하나님으로부터 거절당한 것이 아니다"며 "이를 영적 성장을 위한 신호로 받아들여야 많은 그리스도인들이 그 짙은 어두움 속에서 한 줄기 빛을 경험할 것"이라고 강조합니다.

저자는 이제 현대를 사는 우리들에게 이를 적용시킵니다. 잘 나가던 사업이 갑자기 파산하거나 갑작스럽게 말기 암 선고를 받고, 사랑의 위기를 맞아 이혼의 아픔을 겪는 등 '어두운 밤'은 일상생활 속에 가까이 있고 일터에서 평범하게 일하는 사람들에게 일어나는 문제이기 때문입니다.

여기서 다양한 형태의 어두운 밤의 공통적 특징은 바로 '고통'입니다. 고통을 통해 영혼은 자신의 비참함을 깨닫고 동시에 하나님의 위대하심을 인식합니다. 이 때 영혼에게는 영적 성장이 일어납니다.

저자는 마지막으로 이같은 '영혼의 어두운 밤'을 하나의 '영성 전통'으로 받아들이고, 하나님께서 영적 성장을 위해 주신 축복의 기회로 삼자고 제안합니다. 이를 위해 교회는 성도들을 교회 안에만 머물게 하지 말고 삶의 현장, 현실생활 속에서 하나님을 경험하도록 훈련시키며, 균형 잡힌 영성지도자를 양성하고, 교회 공동체 외의 '조직체'에 오는 어두운 밤에 대한 깊이 있는 연구를 해야 한다고 역설하고 있습니다[39].

어찌 보면 예수님께서 십자가 상에서 이 영혼의 어두운 밤(the dark night of the soul)을 경험하셨습니다. 하나님의 아들이신 예수님께서 십자가 상에서 외치신 "엘리 엘리 라마 사박다니"(마27:46)를 해석하면 "나의 하나님, 나의 하나님, 어찌하여 나를 버리셨나이까?"입니다

철저히 예수님께서도 십자가 상에서 이 영혼의 어두운 밤(the dark night of the soul)을 경험하셨습니다

이 영혼의 어두운 밤 (the dark night of the soul)에 대하여 이동원 목사님은 아래와 같이 말씀하셨습니다

"기독교 신비학자요 영성의 큰 스승이었던 '십자가의 성 요한' 이래로 그리스도인들에게 영혼의 어두운 밤은 더 이상 낯선 표현이

아니게 되었습니다. 인생을 살다보면 우리의 인생 여정 혹은 믿음의
여정에서 이런 어두운 밤을 경험하게 됩니다.

심지어 기도의 여정에서도 이런 어두운 밤이 경험될수 있습니다.
그것은 철저하게 하나님께 버림받음을 경험하는 밤입니다.
시편기자는 이런 처절한 경험을 여러 다양한 표현으로
고백하고 있습니다.

무덤(음부)에 가까움, 무덤에 내려가는 자, 사망자중에 던지움,
살육 당한자, 무덤에 누운자, 주께서 다시는 기억치 않으심, 깊은
웅덩이에 두심, 주의 노가 나를 누르심, 나의 아는 자들이 내게서
떠나감, 파도가 나를 에워 쌈, 내 눈이 쇠함, 주께서 내 영혼을 버리심,
주께서 자기의 얼굴을 숨기심...

이런 밤을 지나는 비밀은 기도를 포기하지 않는 것입니다.
기도할 힘이 없어질 때에라도 기도를 포기해서는 안됩니다.
기도의 언어를 찾지 못하거든 두 손이라도 들고 있어야 합니다.
손을 들 힘이 없거든 엎드려라도 있어야 합니다.
그리고 내가 느끼는 절망과 참담함을 시편기자처럼 고백할
필요가 있습니다.

그러면 머잖아 새벽이 밝아 올 것입니다. 밤이 지날 것입니다.
시편기자에게 이 어둔밤을 지나게 한 것은 주의 인자하심과
성실하심이었습니다. 곧 '헤세드'의 은총이었습니다. 주 앞에 엎드리는
자마다 이 헤세드의 은총이 임할 것입니다.

그러면 우리는 무덤에서 주의 인자하심을 노래하고, 우리의
영혼이 멸망당함을 느끼는 절망의 밤 그 한복판에서 일어나 주의
성실하심을 선포할 것입니다. 그리고 우리는 새벽을 맞이합니다"

마지막으로 리차드 포스터는 이렇게 강조합니다.

"하나님께 버림받은 것처럼 생각하는 사람들에게 한 가지
권하고 싶은 것이 있다. 그것은 하나님을 믿고
기다리라는 것이다. 말없이 그리고 조용히 기다려라.
정신을 차리고 깨어 기다려라.

믿음이란 자동차에 기어를 넣는 것과 흡사하다.
믿음은 즉시 가동시킬 수 없다.
다시 말해 즉시 앞으로 나아갈 수는 없다는 것이다.

영적인 생활을 가동시킬 수 없을 때는 기어를 후진으로
하지 말고 중립으로 하라.

신뢰란 당신이 영적인 생활을 중립에 두는 방법이다.
신뢰는 곧 하나님의 인격을 믿는 것으로

'하나님이 무엇을 하고 계신지 또 어디에 계신지 알지 못하
지만 내게 유익을 주기 위해 어딘가에 계신다는 것만은 알
고 있다'라고 말하는 것이다.

이것은 바로 기다리는 방법이기도 하다. 광야가 우리에게 필요

하다면 그것이 결코 영원히 계속되지는 않으리라는 것이다.

하나님의 때가 되면 하나님의 방법으로 그 황무지가 변하여 젖과 꿀이 흐르는 땅으로 바뀔 것이다.

그러므로 우리는 영혼의 약속의 땅을 기다리면서 끌레르보의 버나드가 드렸던 기도를 되풀이할 수 있다"

'하나님, 지금 어디에 계십니까? 제가 무엇을 했기에 주께서 저를 피해 숨으시는 겁니까? 이젠 기도하기에도 지쳤습니다.

그러나 저는 계속 기도하고 구하며 기다릴 것입니다. 주님 밖에는 달리 갈 곳이 없기 때문입니다'

(기도, 리차드 포스터/두란노)

신뢰의 기도의 기도신학적 접근

오리겐Origenes은 기도의 단계를 서술합니다. 먼저는 비록 영적이지만 제한적인 것을 간구함이요(dehsij), 그 다음은 하나님과의 순수한 교제 중에서 우리 자신을 바침이요(proseuch), 마지막은 기도에서 하나님의 영광만을 드러내는 송영입니다(docologia).

이 송영의 단계에서는 하나님과의 합일이 강조됩니다.

물론 여기서도 신비주의적인 색채가 나타납니다. 그럼에도 이 구별에는 나름대로의 의미가 있습니다. 기도의 가장 최고봉으로서 송영이 언급되어 있습니다. 이것은 사심 없는 기도라 할 수 있습니다.

송영에서 기도자는 오직 하나님의 영광만을 지향합니다. 신자는 성령의 인도를 받아 높이 고양高揚되며, 이 상태에서 하나님께 기도를 올립니다. 그는 사소한 것을 간구하지 말라는 예수님의 가르침을 따라서 무가치한 축복을 구하지 않고, 크고 신적인 것을 구합니다.40)

비록 삼위일체론이 오리겐에게는 여전히 명확하게 진술되어 있지 않지만, 기도는 삼위를 향한 송영으로 시작하여 삼위를 향한 송영으로 마쳐져야 한다고 주장합니다.

만물이 성부에게서 성자를 통하여 성령 안에서 나아오듯이, 우리는 성령 안에서 성자를 통하여 성부에게로 나아갑니다. 여기에는 삼위 안에 있는 삶이 우리의 삶에서 구현되는 것입니다. 오리겐은 책을 쓰면서도 그리스도를 통하여 하나님께 기도를 드립니다. 이것은 나중에 힐라리나 어거스틴에게서도 나타납니다.41)

개혁자들은 기도에서 간구보다는 경배의 측면을 더 부각시켰습니다. 이것은 바로 삼위 하나님을 향한 찬양, 곧 송영입니다. 송영을 우리는 기도의 최고봉이라 부르려고 합니다.

칼빈 신학에 의하여 정위定位되어 있는 기도는 본질상 우리 기도자 자신의 뜻을 하나님께 열심히 관철시키는 성격의 것이 아니라, 하나님께서 우리에게 주시려고 뜻하시고 약속하신 그것이 하나님으로부터 우리에게 주어질(성취될) 수 있도록 돕는 것을 목표로 하는 것일 뿐임을 보게 됩니다. 실로 우리 기도자는 우리의 최고의 소원이 곧 하나님의 뜻 자체가 되도록 노력하지 않으면 올바른 기도를 드리지는 못하게 되는 것이라 하겠습니다.

그러므로 사도 바울은 빌립보 교회의 교인들에게 보내는 편지(빌립보서 4:6-7)에서 "감사하는 마음으로 드리는 기도"는 모든 일의 결과에 대하여 하나님께 영광을 돌리는 것이 되어 모든 우수사려憂愁思慮마저도 모두 하나님께 맡겨 드린다는 것을 의미하며 이것은 동시에 사람의 헤아림을 뛰어 넘는 하나님의 평화가 반드시 인간을 지켜 주실 것을 확신하는 기도가 된다는 것을 가르치고 있는 것입니다. 말하자면, 기도는 본질상 "모든 사건을 조정하시는 분은 하나님이시다!"는 하나님 신앙을 전제하고 있는 것이라 하겠습니다.[42]

이처럼 기도의 본질은 하나님께 대한 신뢰이자 송영입니다. 기도는 바로 가장 좋은 것을 주실 하나님에 대한 찬양이자 신뢰입니다. 기도의 깊은 차원에 들어가면 기도가 바로 하나님께 대한 찬양이요 송영이며 신뢰인 것을 알 수 있습니다.

나의 뜻, 나의 의지, 나의 욕심을 이루는 것이 아닌 오직 하나님의 뜻, 하나님의 영광만이 드러나기를 원하는 나의 기도가 거룩한 산제사로 하나님께 드려지기를 간절히 원하는 열망, 그것이 바로 기도인 것입니다.

조지 뮬러는 "무엇이든지 구하는 바를 그에게서 받나니, 이는 우리가 그의 계명을 지키고, 그 앞에서 기뻐하시는 것을 행함이라"(요한일서 3:22) 라는 말씀을 붙잡았습니다.

그에게 기도의 응답은 매우 신속하고 실제적이었습니다. 그의 삶이 말씀을 붙잡고 하나님이 기뻐하시는 삶, 즉 하나님의 영광을 위하여 사는 삶이였기 때문입니다.

하나님의 영광을 위한 결단의 기도는 기도의 응답이 매우 선명하고 신속합니다.

예수님의 기도학교

주기도문의 서두에도 이같이 사실이 분명히 나타난다 "하늘에 계신 우리 아버지여 이름이 거룩히 여김을 받으시오며 나라가 임하옵시며"

오직 하나님의 이름만이 거룩히 여김을 받기를 원하는, 하나님의 나라만이 임하기 원하는, 하나님을 위한 찬양, 영광, 송영.. 이것이 바로 기도의 본질임을 우리에게 알려주시고 있는 것입니다. 또한 나라와 권세와 영광이 아버지께 영원히 있음을 찬양하라는 것입니다.

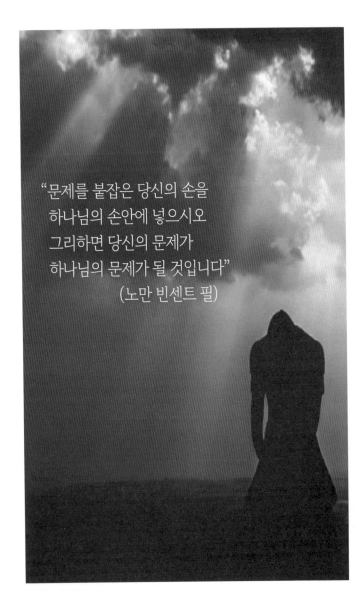

"문제를 붙잡은 당신의 손을
하나님의 손안에 넣으시오
그리하면 당신의 문제가
하나님의 문제가 될 것입니다"
(노만 빈센트 필)

absolute prayer

7장 사역의 기도

염려를 주님께 던져야 합니다

영국의 대문호 셰익스피어William Shakespeare가 "근심은 생명의 적이다"라고 역설한 것처럼 기도생활의 적은 염려입니다.

성경용어는 헬라어 구문상 직설법과 명령법으로 구분합니다. 그 중에 주님께서 염려에 관해 친히 하신 말씀과 사도 바울과 다른 사도들이 염려에 관해 언급한 부분은 대개 명령법입니다. 즉 염려를 중단하라는 것입니다. 염려를 끊고 염려를 중단하는 것이 바로 하나님의 뜻이며 하나님의 명령인 것입니다.

요한복음 14장 1절 말씀을 보면 주님은 친히 우리가 염려하지 않을 수 있음을 말씀하셨습니다.

"너희는 마음에 근심하지 말라

하나님을 믿으니 또 나를 믿으라" (요한복음 14:1)

한글 개역성경은 이 말씀의 미묘한 차이nuance가 표현되어 있지 않지만 영어성경을 보면 그 차이가 분명히 표현되어있습니다. "Do not let your hearts be troubled. Trust in God, Trust also in me"라고 되어 있습니다. 수동태로 되어있음을 알 수 있습니다. 정확한 번역은 '염려가 너희 마음에 있는 것을 허락하지 말라'는 의미입니다.

무슨 의미입니까? 바로 우리 믿음의 결단에 따라 염려가 우리 안에 발을 못 붙이도록 할 수 있음을 말합니다. 염려를 하고 하지 않고의 주체는 불가항력적인 외부 상황이 아니라 바로 내 자신의 결단입니다. 염려가 내안에 들어오고 안 들어오고 하는 문제는 바로 나의 믿음의 결단에 달려 있습니다.

그래서 종교개혁자 마틴 루터는 "새가 우리 머리 주위를 맴도는 것은 어찌 할 수 없지만 그 새가 우리 머리에 주리를 트는 것은 물리쳐야 한다"고 말했습니다. 염려가 우리 머리 주위를 맴도는 것은 어쩔 수 없습니다. 그러나 염려가 우리의 머리에 들어오는 것을 우리는 물리치고 막아내야 합니다.

사도 베드로는 베드로전서 5장 7절에서 "너희 염려를 다 주께 맡기라 이는 그가 너희를 돌보심이라"고 말씀하십니다. 여기서 '맡기라'는 단어의 의미는 '던져버린다throw'입니다. 그리고 '돌보심'이라는 단어의 의미는 '관심을 가지신다take interest' 입니다. 즉 나의 염려를 주님께 던져 버림으로 맡겨 버릴 때 주님은 나의 문제에 관심을 가지시고 돌보신다는 것입니다.

먼저 주님께 나의 염려와 문제를 철저히 의탁하고 맡기는 행위가 선행되어야 합니다. 그렇지 않고는 주님은 우리의 문제에 개입하실 수 없습니다.

우리는 염려하지 않을 특권이 있습니다. 나의 염려를 주님께 던져 버릴 때 주님은 나의 염려에 개입하시고 나의 염려를 실제적으로, 매우 구체적으로 가져가십니다.

하나님께서 우리 인간에게 진정으로 원하시는 생각을 예레미야 선지자는 분명히 밝혀주고 있습니다.

"주께서 인생으로 고생하게 하시며 근심하게 하심은
본심이 아니시로다" (예레미야애가 3:33)

인생이 근심하며 사는 것, 그것은 주님의 본심이 아닙니다.

중국 내지 선교사인 허드슨 테일러Hudson Taylor는 믿음으로 주의 사역에 헌신했던 귀한 분입니다. 그러나 일이 점점 많아지면서 협력자와 선교비가 필요했지만 그를 도와주는 사람은 아무도 없었습니다. 그의 정신적 부담은 밤잠을 설치게 했고 마침내는 신경쇠약에 걸릴 정도로 심해졌습니다.

그런데 어느날 성경 요한복음 15장을 읽어 내려가다가 5절에 "나는 포도나무요 너희는 가지니…"라는 이 말씀이 그의 가슴에 와 닿게 됩니다. 그 순간 갑자기 태양빛이 비취는 것처럼 그의 마음이 환하게 밝아지기 시작했습니다.

그는 고백했습니다.

"주님은 포도나무이시고 나는 그 가지인데 내가 걱정할 것이 무엇이란 말인가? 주님께서 수분과 양분을 공급해 주는 나무이므로 가지인 나는 그것을 받아들이기만 하면 되는데 가지인 내가 수분과 양분을 공급하려고 애쓰고 있다니 어리석었구나. 주님! 이 시간부터는 염려와 근심을 주님께 맡기겠사오니 책임져 주시옵소서."

이렇게 꿇어 엎드려 하나님 앞에서 자기의 어리석음을 시인하고 회개하며 모든 문제를 주님께 맡기자 마음에 평안이 파도처럼 밀려왔습니다. 그는 그 후부터 기도하는 것마다 응답받고 성공적인 중국 선교를 할 수 있었습니다.

살아계신 주님께 여러분의 근심을 던져 버리십시오. 여러분들에게는 그러한 특권이 있음을 기억하십시오. 염려와 근심이 나를 공격해 올 때 주님의 이름으로 염려가 떠날 것을 선포하십시오. 그리고 그 염려를 담대하게 주님께 던져 버리십시오. 그렇게 할 때 주님의 이름으로 염려가 물러가게 된다는 사실을 믿으시기 바랍니다.

근심을 주님께 던져 버리고 맡길 때, 바로 그 때부터 주께서 실제적으로 그 문제에 개입하시고, 그 문제를 해결하시고 돌보실 수 있음을 기억하십시오. 먼저 주님께 나의 염려와 문제를 철저히 의탁하고 맡기는 행위가 선행되어야 합니다.

리차드 범브란트가 쓴 <하나님의 구두는 누가 닦아주나요>라는 책에 보면 이런 대목이 나옵니다.

우리 몇 사람이 둘러 앉아서 선교 문제에 대해 심각하게 의논하고 있었습니다. 그 당시 여섯 살쯤 되었던 아멜리는 장난감을 갖고 놀고 있다가 갑자기 우리의 말을 가로막았습니다.

"할아버지, 성경 어디에 '문제'란 말이 나와요?"

"내가 알기로 성경에는 그런 단어가 없단다."

"여기 있는 사람들은 다 성경을 믿는 사람들인데, 왜 조금도 중요하지 않은 것에 대해 그렇게들 걱정하고 있어요? 그 단어는 성경에도 나오지 않는다면서요!"

나는 이 어린아이의 말을 듣고 문제에 대한 해답을 찾으려는 노력은 쓸데없는 짓이라는 사실을 깨닫게 되었습니다. 그리고 많은 고통으로 가득 찬 나의 삶을 통해 골치 아픈 일로 머리를 썩이는 것이 죄라는 것을 배웠습니다.

성경에 보면 예수님이 교회의 머리이시고, 믿는 우리는 몸이라고 되어 있습니다. 발도, 팔도 두통을 앓을 수는 없는 일입니다. 두통을 앓을 수 있는 것은 머리뿐입니다. 그러므로 두통을 앓는 신자는 우리의 머리 되시는 예수님의 자리를 빼앗으려 하는 것입니다. 그것은 마치 예수님에게 "보좌에서 내려오시오. 이제부턴 내가 머리요. 그것을 증명하려고 내가 두통을 앓고 있소." 라고 말하는 것과 같습니다. 그런데 우리가 왜 골치를 앓을 필요가 있습니까? 우리의 모든 것을 하나님의 손에 맡길 수 있는 어린아이의 믿음을 배워야 합니다."

우리가 일상생활에서 일어나는 모든 일에 대하여 얼마나 자주 하나님께 의뢰하는가 하는 문제를 기도라고 합니다. 어느 만큼까지 하나님께 맡기느냐의 싸움을 기도라고 합니다.

루터는 밤이 되면 이렇게 기도하곤 했다고 합니다. "하나님, 이게 저의 세상입니까? 아니면 당신 세상입니까?, 저의 교회입니까? 아니면 당신 교회입니까? 당신 세상이고, 당신 교회라면 제발 당신이 돌보십시오. 저는 피곤해서 자야겠습니다. 하나님, 안녕히 계십시오. 내일 아침에 다시 뵙겠습니다!" 루터와 같이 여러분의 모든 것을 하나님의 손에 맡기십시오.

"기도는 하나님과의 명확한 상호교통이다. 발생하는 모든 문제를 하나님께 의탁하는 것이다. 한번 의탁한 것이나 기도하는 것은 그 분의 뜻대로 처리되기 위해 하나님께로 옮겨진 것이다.

옮겨진 바로 그 순간부터 진실로 의탁한 성도라면 더 이상 관여하지 않는다. 진정 살아있는 믿음은 하나님의 신실하심을 의지하며 외부환경에 의해 걱정하거나 방해받지 않는다.

주님 안에 닻을 내린 믿음은 확고하여 닻에 연결된 밧줄이 출렁이는 배를 안전하게 당기듯이 보이는 것으로 하여금 영원한 것에게 자리를 양보하도록 압도한다" (이반 로버츠)

미국의 유명한 저술가인 카네기에게 한 독자가 "당신은 마음의 평화를 어떻게 찾습니까?"라고 물었습니다. 그 질문에 카네기는 이렇게 대답했습니다.

"나는 매일 기도합니다. 그리고 나의 삶을 온전히 하나님께 맡깁니다. 이로 인해 정신적 갈등이나 번민은 내게서 사라지고 평안과 능력만이 늘 나를 사로잡습니다. 우리의 기업을 하나님께 맡길 때 하나님은 책임져 주십니다."

"적은 기도가 큰 시험을 이긴다" (마틴 루터)

어서 맡기십시오

텍사스 시스코의 한 호텔 방에서 한 젊은이가 절망스러

운 신음 소리를 내뱉고 있습니다. 탁자에는 하얀 색 알약 수십 알이 널려 있습니다. 한참 몸부림을 치던 젊은이가 갑자기 무릎을 꿇었습니다.

"하나님, 제가 어릴 적에 어머니께서 '세상 사람은 모두 널 잊고, 버려도 하나님은 널 잊지 않으신다. 그 분은 너에게 참 피난처, 요새가 되신다'고 가르쳐 주셨습니다. 그동안 제가 피난처 되신 하나님을 잊고 살았습니다"

그는 마침내 눈을 떴습니다. 무엇인가 결심한 듯 두 주먹을 꽉 쥔 채 방문을 열고 나갔습니다.

"투자자 여러분, 여러분이 투자하신 그 귀한 돈을 다 날리고 부도 위기에 처하게 됐습니다. 여러분을 뵐 면목이 없어 자살하려고 수면제를 사서 호텔에 투숙했다가 어릴 적 어머니가 해주신 말씀, 하나님이 저의 피난처시라는 말씀이 생각나 밤새 회개와 헌신의 기도를 드리고 이 자리에 용기를 얻어 나타났습니다. 한 번만 용서하시고 상환을 유예해 주시면 원금과 이자 모두를 쳐서 갚겠습니다"

그 후, 투자자 가운데서도 가장 큰 피해를 본 두 투자자가 다시 사업을 시작할 수 있도록 허락해줬습니다. 그의 새로운 사업은 대성공을 거뒀습니다. 이 사람이 세계적인 호텔 '힐튼'의 창업자 콘래드 N. 힐튼Conrad N. Hilton입니다.

하나님은 우리가 다 맡길 때까지 기다리십니다. 어서 맡기십시오. 그 분은 기꺼이 우리의 짐을 져주시는 좋은 하나님이십니다. 맡기기를 미안해하는 마음은 효심이 아니라 교만임을 기억하십시오.

우리가 염려하지 말아야 할 한 가지 중요한 이유는 염려 때문에 기도하지 못한다는 사실에 있습니다. 염려가 너무 크게 보이고, 염려가 너무 중차대하게 생각되기 때문에 염려에 압도되어 염려에 짓눌려서 도저히 기도할 생각이 나지 않는다는 것입니다.

우리가 가진 문제가 얼마나 크고 심각하고 중차대한 것이냐 하는 것은 중요한 것이 아닙니다. 중요한 것은 하나님께서 바로 그 문제를 그 염려를 해결할 수 있는 분이라는 것을 빨리 깨닫는 것입니다.

마가복음 2장에서 주님께서는 중풍병자를 주님께 데리고 온 중풍병자의 네 친구의 믿음을 칭찬하십니다. 주님께 칭찬받은 중풍병자의 네 친구처럼 나의 문제와 염려를 가져올 수 있는 것이 믿음입니다, 주님은 그것을 믿음으로 보십니다. 나의 문제와 염려를 주님께 가져오는 것을 주님은 믿음으로 보십니다.

"예수께서 그들의 믿음을 보시고 …"

(마가복음 2:5)

주님 앞에 나의 문제와 염려를 가져와야 합니다. 중풍병자의 네 친구처럼 지붕을 뚫고 구멍을 내서라도 주님께 문제만 가져오면 됩니다. 가져오는 것은 힘듭니다. 그렇지만 가져오는 것이 믿음입니다. 가져오기만 하면 주님이 해결하시고 책임져 주십니다. 태산 같은 문제라도 주님께 가져오기만 하면 문제의 해결이 시작됩니다.

기도하면 하나님이 일하십니다

기도할 때만이 비로소 하나님이 일하십니다. 기도하지 않으면 그 어떤 일도 이루어지지 않습니다.

노만 빈센트 필Norman Vincent Peale 박사는 "인생은 바뀔 수 있다. 그러나 그 변화는 오직 기도를 통해서만 얻을 수 있다."고 말합니다. 기도는 운명을 결정합니다. 기도한 대로 됩니다. 기도를 안했으면 안한 대로 되고, 기도 했으면 기도한 대로 됩니다. 변화를 원하십니까? 변화는 오직 기도로만 가능함을 잊어서는 안 됩니다.

기도하지 않으면 하나님께서도 일하시지 않습니다. 기도하지 않으면 어떤 변화도 일어나지 않습니다. 그런데 기도하면 하나님께서 일하시기 시작합니다. 변화와 역사가 시작됩니다. 오직 기도가 일합니다.

기도하면 기도자의 일은 이제 자신의 일이 아니라 하나님의 일이 됩니다. 기도자의 기도는 이제 하나님께 던져집니다. 이것이 베드로전서 5장 7절의 "너희 염려를 다 주께 맡기라 이는 그가 너희를 돌보심이라"는 말씀입니다.

그래서 노만 빈센트 필은 말했습니다. "문제를 붙잡은 당신의 손을 하나님의 손안에 넣으시오. 그리하면 당신의 문제가 하나님의 문제가 될 것입니다."

기도하면 나의 염려, 문제, 기도제목이 모두 하나님의 일이 됩니다. 일은 하나님의 영역입니다. 우리는 일할 수 없을뿐더러 일할 수 있는 능력도, 자격도 전혀 없습니다. 일은 하나님의 고유하고 절대적인 영역입니다.

하나님은 우리를 일하도록 부르시지 않았습니다.

그래서 로프는 "하나님은 육체적 수고보다는 기도와 영적교제에 더 큰 가치를 둔다. 하늘나라의 신랑은 신부에게 구애하고 있는 것이지 하인을 고용하고 있는 것이 아니다."라고 말합니다.

오직 하나님이 일하고 기도가 일합니다. 그래서 예레미야는 이렇게 선언합니다.

"일을 행하는 여호와, 그것을 만들며 성취하시는 여호와,
그의 이름을 여호와라 하는 이가 이와 같이 이르시도다"
(예레미야 33:2)

일을 행하시는 분은 오직 하나님입니다. 일의 주체자이신 하나님은 기도로 움직이십니다. 이것이 바로 우리가 기도해야 할 이유입니다. 일과 기도를 예레미야는 함께 말씀합니다. 하나님은 기도로 일하시기 때문입니다.

"일을 행하는 여호와, 그것을 만들며 성취하시는 여호와,
그의 이름을 여호와라 하는 이가 이와 같이 이르시도다
너는 내게 부르짖으라 내가 네게 응답하겠고
네가 알지 못하는 크고 은밀한 일을 네게 보이리라"
(예레미야 33:2-3)

그래서 워치만 리倪柝聲는 "기도는 하나님이 운행하시는 철로다."라고 하였습니다. 기도하면 하나님이 일하십니다. 기도할 때만 하나님이 일하십니다. 오직 기도가 일합니다.

"기도는 부르심을 받은 자들의 가장 큰 사역이다. 기도는 바로 하나님과의 동역인 것이다. 기도를 통하여 하나님의 목적이 이루어지고, 사탄의 의도는 깨져 버린다. 또한 기도하는 자의 받는 은혜는 대단히 큰 것이다. 그러므로 우리는 주께서 '일어나 기도하라'(눅 22:46)고 하신 경고를 따라야 할 것이다." (웟치만 리)

"기도는 하나님의 계획을 붙잡고, 이 땅에서 그 분의 뜻을 성취하는 매개이다. 놀라운 일들이 일어날 때마다, 우리는 성령님의 기도의 통로가 되는 특권을 갖게 된다" (엘리자베스 엘리엇)

"또 여호와께서 예루살렘을 세워 세상에서 찬송을 받게 하시기까지 그로 쉬지 못하시게 하라" (이사야 62:7)

기도인생은 특급인생이며 부전승인생

기도는 하나님과의 동역입니다. 내 인생 내 뜻대로 결코 되지 않습니다. 오직 하나님의 뜻대로만 내 인생 되어집니다.

"여호와여 내가 알거니와 인생의 길이 자기에게 있지 아니하니 걸음을 지도함이 걷는 자에게 있지 아니하니이다" (렘 10:23)

내 발걸음 한걸음도 하나님의 뜻대로 되어짐을 알아야 합니다.

내 인생 내 뜻대로 되지 않지만 기도인생은 하나님의 뜻을 이루는 인생이기에 특급인생입니다. 기도인생은 특급인생입니다. 기도란 하나님의 뜻을 이루는 것이요 내 인생 내 뜻대로 되지 않지만 기도하면 내 인생에 하나님의 뜻을 오늘이 시간 이루어 가기에 기도인생은 특급인생이요. 기도인생은 하나님과 동역하는 인생입니다.

"이 세상의 운명은 우리들의 기도에 따라서 작정될 것이다."
(프랑크 라우바크)

"지상에서 하나님의 형상을 지니고 하나님의 대표인 구속받은 사람은 기도로 이 지구의 역사를 결정해야 한다." (앤드류 머레이)

우리가 일생 살면서 할수 있는 일중에 가장 크고 귀하고 위대한 일은, 기도하는 일이다. 호랑이는 죽어서 가죽을 남기지만 성도는 죽어서 기도를 남깁니다.

기도는 죽어서도 역사하고 기도의 응답은, 기도의 사람이 죽은 후에도 계속됩니다.

그래서 최효섭 목사님은 다음과 같이 고백합니다.

"썩지 않고 죽지 않는 것이 기도이다. 나의 기도는 내가 죽은 뒤에도 내 후손과 내 교회에서 살아 역사한다. 기도는 내가 뛰어넘을 수 없는 곳에 올라가게 한다. 교회의 두가지 무기가 있는데 그것은 기도와 눈물이다. 그날 기도한 사람이 하나님의 자녀로써 하루를 산다."

"어머니의 기도를 나는 기억한다. 그 기도는 항상 나를 따라 다녔다. 내 평생 동안 그 기도는 나에게 꼭 매달려 떨어지지 않았다" (아브라함 링컨)

기도의 위대한 힘을 한 번이라도 사용해 본 사람은 이 세상의 어떤 권력보다도, 이 세상의 어떤 힘 있는 사람의 조언보다도, 조용히 하나님 앞에 나가 기도하는 시간을 갖습니다. 그 조용한 시간, 그 고요한 시간에 시끄러운 세상을 이기는 힘을 공급 받을 수 있습니다. 나에게 있는 해결되지 않은 문제의 답을 받을 수 있습니다. 기도하는 시간은 나를 시험하고 있는 문제의 정답을 명확하게 들을 수 있는 시간입니다.

다음은 연세대학교 소아과 김동수 교수의 간증입니다. 다른 병원에서 고치지 못한 어린아이를 돌보게 되었습니다. 김 교수를 찾아온 아이의 아버지는 아이가 하루 두 번씩 고열로 고통을 당하고 있다고 호소하면서, 다른 병원에서 강력한 항생제를 써 보았지만 전혀 효과를 보지 못했다고 말했습니다.

그 병원에서는 정확한 원인을 알아내기 위해 개복수술을 해야 한다고 권했지만, 아버지는 차마 어린 자식의 배를 가를 수 없어 김 교수를 찾아온 것입니다.

아이를 세브란스 병원으로 옮긴 그날부터 김 교수는 기도를 시작했습니다. 아이의 어머니에게도 같이 기도하자고 부탁했습니다. 그리고 간농양이라는 검사 결과에 따라 먼저 있던 병원에서처럼 강력한 항생제 치료를 시작했습니다. 치료를 시작한 지 이틀 후부터 감쪽같이 열이 내렸습니다. 2주 후에는 거의 정상이 되었고, 한 달 후 아이는 완전히 회복되어 퇴원했습니다.

한 의사가 김 교수에게 물었습니다.
"선생님, 먼저 병원에서도 똑같은 치료를 했는데, 왜 거기서는 좋아지지 않고 여기서는 좋아졌을까요?"

김 교수는 그에게 이렇게 대답했습니다.

"여기서는 기도의 마이신을 더 썼기 때문이지. 그것도 용량의 두 배나 강하게 썼거든."

그는 이어서 말했습니다.

"우리가 다른 사람을 위해 일할 때는 우리가 일하는 것이지만, 다른 사람을 위해 기도할 때는 하나님께서 일하시는 거라네."

열왕기하 19장을 보면 앗수르 왕 산헤립이 18만 5천명의 대군을 이끌고 침략하자 유다 왕 히스기야는 사면초가의 위기에 처하게 되었습니다. 그 위기에서 그는 기도합니다.

"우리 하나님 여호와여
원하건대 이제 우리를 그의 손에서 구원하옵소서
그리하시면 천하 만국이 주 여호와가 홀로 하나님이신 줄 알리이다"
(열왕기하 19:19)

그 위기에서 그가 한 일이라곤 기도뿐이었습니다 그러나 히스기야의 이 기도로 앗수르 병사 18만 5천명이 하루아침에 송장이 되어 버립니다. 그가 한 일이라곤 기도뿐이었습니다.

"이 밤에 여호와의 사자가 나와서
앗수르 진영에서 군사 십팔만 오천 명을 친지라

아침에 일찍이 일어나 보니 다 송장이 되었더라"
(열왕기하 19:35)

기도하면 하나님이 싸우시고 하나님이 일하십니다. 기도하면 손 하나 까닥하지 않고 우리는 부전승을 올릴 수 있습니다. 오직 기도가 일합니다. 기도가 일입니다. 위기에서 기도밖에 할 게 없다고 한탄 하지 마십시오. 기도는 가장 위대하고 큰일을 할 것입니다.

김종춘 목사님은 그의 저서 "안싸우고 모든 것을 다가지는 기도부전승" 이라는 책에서 다음과 같이 역설합니다.

"전략이 따로 없다. 기도가 바로 전략이다.
기도는 우리로 하여금 안 싸우고도 이기게 해 주는 부전승이다.

기도는 개인사는 물론 세계사의 미래까지 결정하는 미래 그 자체이다. 기도는 응답 받을 때까지 계속 붓는 적금이다.

기도는 하늘의 능력을 이 땅에 끌어내리는 발전소이다.
은혜를 구하는 기도는 그물을 던지는 것과도 같다.

한 번에 한 마리씩 잡아 올리는 낚시질이 아니라 한꺼번에 전부 다 건져 올리는 그물질이다.

그렇다. 기도에 지치는 않는 비결은 하나님이 나를 향한 계획을 끊임없이 바라보고 그 후 믿음으로 인내하면서 기다리는 것이다"

마틴 루터의 기도 글을 다룬 책인 "프로테스탄트의 기도"(비아)에서 루터는 사도신경의 '전능하사 천지를 만드신 창조주 아버지를 내가 믿습니다'라는 구절을 설명하면서 아래와 같이 설명합니다.

기도합시다! 희망은 칼과 방패에 있지 않습니다. 오직 주님께 있습니다. 우리가 쿠르크인의 공격을 막아내지 못할 것이라고 모두가 비관적으로 말합니다. 우리 아버지를 향한 가난한 아이들의 기도가 우리 모두를 지켜 낼 것입니다. 나는 투르크인의 공격에 대비해 온갖 공사를 벌이고 있는 영주들에게 말합니다. 여러분. 왜 당신들은 벽을 세우는데 그토록 많은 시간을 소비합니까?

기도하는 사람을 천사가 에워싸 방벽을 세워 주지 않는다면, 여러분이 쌓은 벽은 아무 소용이 없습니다. 천사가 쌓은 훌륭한 방벽은 돌로 쌓은 것이 아닙니다.

기도합시다! 희망은 칼과 방패에 있지 않습니다. 오직 주님께 있습니다. 우리 아버지를 향한 가난한 아이들의 기도가 우리 모두를 지켜 낼 것입니다.

어떤 신령한 분이 길을 가다가 어떤 교회 앞을 지나가게 되었습니다. 그가 보니까 마귀 새끼들이 교회 지붕에 누워서 낮잠을 자고 있었습니다. 그래서 그는 이상하게 생각하고 교회 안으로 들어가 보았습니다. 그랬더니 교인들이 서로 자기가 잘났다고 다투고 있는 것이었습니다. 그러니 마귀 새끼들이 할 일이 없지 않습니까? 마치 교회 지붕을 자기들의 놀이터처럼 생각하고 편안하게 낮잠을 자고 있더라는 것입니다.

조금 더 가다가 다른 교회 앞을 지나가게 되었습니다. 마귀 새끼들이 비상이 걸렸습니다. 그래서 그가 교회 안을 들여다보았더니, 어떤 할머니 권사님이 조용히 앉아서 평안한 모습으로 기도하고 있었습니다. 이처럼 한분이 기도하는데도 마귀 새끼들은 비상이 걸리는 것입니다.

"기도가 내 삶의 중심에서 멀어진다고 하면 다 마귀로부터 온 것입니다"라고 말합니다. 기도하지 않는 곳은 마귀들의 놀이터입니다.

기도를 하면 하나님이 보이지만 기도하지 않으면 인간이 보이기 시작됩니다. 기도하지 않으면 마귀가 역사합니다. 마귀는 기도를 가장 두려워합니다.

"사탄은 삯꾼 목자의 설교를 두려워하지 않는다.
그러나 무릎으로 사는 사람은 두려워한다"
(부흥의 세대여 통곡하라, 레오나드 레이븐힐)

"내 기도가 사단의 궤계를 파하는 능력이 있음을
나는 믿는다" (루터)

"사단보다 기도의 능력에 확신을 가진 사람은 없다. 사단이
실제로 기도해서가 아니라 기도 때문에 사단이 겪는 고통 때문이다"
(마틴 루터 킹)

바쁠수록 더 기도해야합니다

미국에 백화점 왕이었던 존 와나메이커는 그가 소유한
백화점 지점만 해도 160개가 되었다고 합니다. 그런데도 존
와나메이커는 안 바쁘면 하루에 한 시간 기도하고, 바쁘면
두 시간 기도하고, 눈코뜰새 없이 바쁘면 세 시간 기도했다
고 합니다. 바쁘다는 것은 일이 많다는 것이고 일이 많다는
것은 그 만큼 하나님의 도우심의 손길이 더 필요하다는 말
이기 때문입니다. 그런데 우리는 바쁠수록 기도를 소홀히 합
니다.

중요한 사실은 바쁠수록 더 기도가 필요한 것입니다.

세계를 변화시킨 위대한 종교개혁의 마틴 루터의 큰 능
력은 기도의 골방에서 나왔습니다. 루터는 적어도 하루에 세
시간 기도하지 않는 날이 없었습니다. 그것도, 연구하기에 가
장 좋은 시간을 그렇게 하였습니다.

월로우 크릭교회 빌 하이벨스 목사님은 그의 책 '너무 바
빠서 기도합니다'에서 이런 말을 하였습니다.

우리는 보통 바쁜 생활 때문에 기도를 놓치며 삽니다. 어떤 큰 일들을 성취하려는 것 때문에 바빠서 기도를 하지 못합니다. 그러나 하나님의 엄청난 능력은 기도를 통해서 나타납니다. 그분은 기도 가운데에서 당신의 필요를 만나시고, 당신은 초대하시고, 당신의 삶을 만나십니다. 그러므로 언제든지 기도하십시오. 당신이 삶 속에서 매일 기도하는 순간 당신이 하려고 했던 것보다 더 큰 일들이 열리게 될 것입니다.

토레이(Torrey)도 일에 분주한 것 때문에 기도를 배앗기지 못하게 하라. 일이 많을수록 기도를 더 많이 하여라. 네가 기도하므로 시간이 낭비되는 것은 아니다. 기도는 우리의 시간을 가장 아껴 주는 것이다.

"바쁘다고 기도를 못하면, 기도를 안한 만큼 손해를 본다" (토레이)

"더 많이 일하기 위해서 더 많이 기도한다" (마틴 루터)

2차 대전의 영웅 맥아더 장군은 전쟁 시에도 정확히 5시에 일어나 빨간 깃발을 막사에 걸어 놓고 기도를 했다고 합니다.

그 빨간 깃발이 걸려 있으면 아무리 급한 일이 있어도 그 막사 안으로 아무도 들어오지 못했습니다.

사역의 기도의 기도신학적 접근

그리스도교 기도는 종말론적이다.

즉, 기도는 마지막 하늘나라를 위한 준비이며 우리가 청하는 모든 것은 그리스도의 재림 시기를 위한 준비이며 또한 그때에 완성될수 있는 삶의 표현이어야 한다[43]

기도 속에서 믿는 자들은 전 시간에 걸쳐서 연합된다. 과거와 현재 모두에 있어서 그리스도인들은 하나의 공동 희망을 공유한다. 기도는 시간을 초월하기 때문에 "참된 역사"는 보장되며 미래에 대한 확신은 준비된다. 기도는 우리를 깨어 있게 하며 세상에서 이루어져야만 될 것을 보도록 해준다[44]

그리스도교 기도는 이러한 종말론적인 특성 때문에 전투적이 될 수밖에 없다. 작크 엘룰에 따르면 세가지 기도 형태의 기도 전투가 있다[45]

(1) 자신에 대한 전투가 있다. 하나님께로부터 분리된 자아는 자신의 자아를 포기함으로써 아니라 그 자아를 하나님께 완전히 드림으로써 정복된다. 하나님을 기도의 중심이 되게 함으로써 자신의 자아는 정복될수 있고 온전함은 회복된다.

(2) 기도는 우리를 신실한 행위 속으로 끌어당기는 하나님의 투쟁이거나 전투이다.

(3) 기도는 희망 없음에 대항하는 전투이다. 기도는 궁극적인 희망의 행위이다. 왜냐하면 기도는 마치 하나님의 왕국이 이미 실현된 것처럼 우리로 하여금 살게 하기 때문이다. 기도는 비타협과 신실

성의 철저한 행위이다~우리는 세상 안에 있지만 세상에 속해 있지는 않다.

엘룰에 따르면46) 우리는 기도를 통하여 하나님의 역사와 미래를 창조하는 일에 기여한다.

기도는 모든 면에서 현대세계를 위협하는 죽음에 대한 승리이다. 기도는 하나의 경건의 행위가 아니라 자신을 모든 생명의 원천인 창조주께 드리는 것이다. 기도는 우리로 하여금 다시 한번 생명줄을 잡을 수 있도록 하기 위하여 죽음과 무에 대항하는 전투이다. 교회는 전투하는 교회요. 기도로 승리하는 교회이다47)

칼바르트는 기도에 대해 이렇게 설명합니다

"기도는 그리스도인들이 자신만을 위하여 비는 이기적인 기도가 되어서는 안 된다. 교회는 제사장적인 백성이기 때문에 국가와 사회의 안녕을 위하여, 인류와 만물의 고통을 대변하여 하나님에게 기도해야 한다. 그리고 기도가 그리스도인들이 늘 실천해야 할 행동이듯이, 실천인 행동도 하나님에게 드리는 기도여야 한다. 바울이 '쉬지 말고 기도하라'(살전 5:17)고 한 것도 이런 의미를 갖는다고 생각한다.

우리는 몸으로 산제사를 드리고, 생활로 기도를 드려야 한다. 이럴 때에만 우리의 기도는 공허한 주문이 되지 않고 생활의 능력이 될 것이다. 이럴 때에만 기도는 악한 이 세상으로부터 도피하는 것이 아니고, 그것에 맞선 효과적인 공격이 될 것이다"

유진 피터슨도 역시 기도를 전복의 행위로 설명합니다

기도하는 과정에서 우리는 하나님의 위대하신 주권을 인식하고, 점점 더 순종하려는 마음을 갖게 된다. 문화도, 가정도, 정부도, 직업도, 강한 자아도 조용하지만 강력하게 일하시며 창조적인 영향력을 끼치는 하나님의 주권을 저항하지 못한다. 가족과 민족이라는 자연적으로 맺어진 관계나 다른 사람이나 국가에게 의지적으로 헌신하려는 마음도 모두 결국은 하나님의 통치 아래에 있다48)

예수님의 기도학교

주기도문의 서두에도 이같이 사실이 분명히 나타난다
"우리를 시험에 빠지지 않게 하시고 다만 악에서 구하소서"

우리는 우리의 힘으로 시험과 악에 빠지지 않을수 없습니다. 기도가 가장 위대한 사역이고 기도가 바로 일이기에 기도할 때 우리는 오직 시험에 빠지지 않고 악에서 구원받을수 있음을 명심해야 합니다.

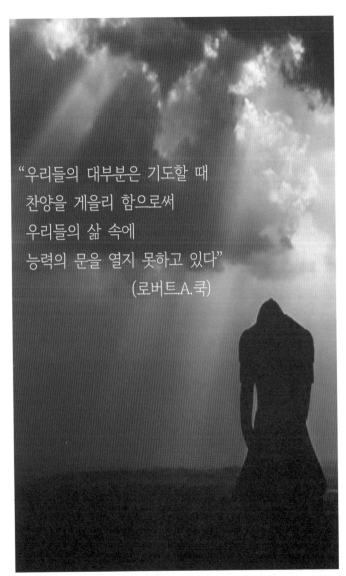

"우리들의 대부분은 기도할 때
찬양을 게을리 함으로써
우리들의 삶 속에
능력의 문을 열지 못하고 있다"
(로버트.A.쿡)

absolute prayer

8장 찬양,
곡조있는 기도

　　요한계시록 7장에 보면 우리의 예배하는 모습이 아름다운 환상으로 묘사되어 있습니다. 14만 4천명의 흰옷 입은 성도들이 서 있습니다. 그 옆으로는 헤아릴 수 없는 큰 무리들이 종려나무 가지를 들고 서 있습니다. 이 무리들이 하나님과 보좌에 계시는 어린 양을 향해 영광 돌리는 모습이 나옵니다.

"구원하심이 보좌에 앉으신 우리 하나님과 어린 양에게 있도다"
(계 7:10)

　　이와 같이 모든 성도들이 기쁨으로 예배하는 모습은 우리가 하나님 나라에서 영원히 할 일임을 가르쳐 줍니다. 또

한 성도의 가장 행복이 하나님을 경배하고 찬양하는 데 있음을 보여주는 것입니다.

천국에 가면 우리는 영원히 하나님을 찬양하게 됩니다 보좌위에 앉으신 영광의 하나님께 그 우편에 서신 어린양께 영원토록 찬양과 경배를 돌리는 것이 바로 천국입니다.

찬양은 천국에서의 영원한 직무입니다. 우리가 이 땅에서 주님을 찬양 하는 것은 천국에서 주님께 영원히 드리게 될 찬양의 "예행연습"입니다. 영원토록 찬양이 끊이지 않는 곳이 천국인 것입니다.

영지주의 이단들의 공통적인 특징이 있습니다. 그들은 찬양과 기도를 도외시 합니다.

영지주의란 영적인 지식과 깨달음이 우리에게 참된 구원을 가져다줄 수 있다는 오래된 이단의 한 분파이기에 즉 지성적 믿음 체계만을 추구하기에 감성에 호소하는 듯한 찬양과 영적인 지식과 깨달음이 아닌 의지에 호소하는 듯한 기도의 중요성을 간과하는 심각한 우를 범하고 있습니다.

이와 반대로 대표적 이단인 몰몬교의 태버나클 콰이어 같은 성가대는 클래식하고 거룩한 성가로써 전 미국인들의 심성을 매료시키고 있습니다. 이들의 노래하는 소리를 들어

보면 마치 천상의 음성을 듣는 것처럼 느껴지게 된다고 합니다. 사탄이 이제는 아주 광명의 천사들처럼 사람들을 유혹하고 있는 것입니다.

찬양 중에 거하시는 주님

노래는 영적 세계의 강력한 영의 통로입니다. 시편 22편 3절에서는 "이스라엘의 찬송 중에 거하시는 주여 주는 거룩하시나이다"라고 말씀합니다.

하나님은 찬양이라는 노래 중에 강력히 임재하시고 현존하신다는 말씀입니다. 즉 찬양은 단순히 노래가 아니라 강력한 성령 임재와 현존의 통로인 것을 잊어서는 안됩니다.

그렇기에 세상의 가요를 통해서는 사탄의 영이 강력히 역사함을 잊어서는 안됩니다.

찬양이라는 노래를 통하여 성령이 강력히 임재하시고 현존하는 반면에 가요라는 노래를 통하여 사탄 또한 강력히 역사합니다. 가요를 통하여 영적 독성이 그들에게 흘러들어가게 됨을 잊어서는 안됩니다.

유명 세상 가수들의 자살이 유독 많음이 위의 사실과 무관하지 않음을 기억해야 합니다.

저 개인적인 간증이겠지만 저는 정말 죽을 만큼의 위기를 찬양으로 극복한 적이 수없이 많습니다. 그래서 지금도 정말로 어렵고 힘들 때면 저는 찬송을 찾습니다.

왜 일까요? 다시 한번 강조하지만

"이스라엘의 찬송 중에 거하시는 주여 주는 거룩하시나이다"
(시 22:3)

찬양 가운데는 하나님의 강력한 임재가 있기 때문입니다. 찬양 중에는 하나님의 강력한 현존이 있습니다. 찬양 중에는 하나님의 강력한 영의 임재가 있기 때문입니다.

찬양은 노래가 아닙니다 하나님의 임재 그 자체입니다. 이런 사실을 인지 못한다면 그 사람은 아직 찬양을 모르는 사람입니다. 바로 찬송할 때 강력한 주의 영의 임재가 있습니다.

영적 전쟁의 승리의 비결, 찬양

이스라엘에는 성가대가 5천명이었다고 합니다. 상당히 많지요? 역대하 20장을 보면 남 유다의 여호사밧 왕 당시 모압과 암몬의 연합군이 유다를 침공하였습니다. 그들에게 닥친 현실은 너무나도 두려운 상황이었습니다. 상대방은 이 쪽과는 비교도 할 수 없는 큰 무리였습니다. 전투력에 있어서도 상대방은 연합군으로서 그 세력이 막강하였습니다.

여호사밧은 온 유다 백성에게 금식을 선포하였습니다. 절대 절명의 위기의 순간에 여호사밧은 하나님께 기도하기 시작했습니다. 그는 성소를 두고 약속하신 하나님의 약속의 말씀을 붙잡고 간절히 기도하였습니다.

그때 하나님께서는 레위 사람 '야하시엘'을 통해 이 전쟁에서 유다가 승리할 것을 말씀해 주셨습니다. 이 전쟁은 하나님께 속한 것이며(15절) "너희가 싸울 것이 없다(17절)는 하나님의 말씀에 여호사밧은 군사적인 전투 태세를 전혀 갖추지 않았습니다. 대신 참으로 희한한 결정 한 가지를 하게 됩니다.

여호사밧은 백성과 의논하여 노래하는 자들을 택하고 그들에게 거룩한 예복을 입혀서 군대 앞에 행하며 여호와를 찬송하게 했습니다.

선지자가 '이 전쟁에서 너희가 싸울 것이 없다'한 말씀을 듣고서 여호사밧은 생각했습니다. '그럼 우리가 할 수 있는 일은 무엇이란 말인가?' 그들이 할 수 있는 유일한 일은 승리를 주실 하나님을 신뢰하고 그 하나님을 찬양하는 것뿐이라고 생각했습니다.

하나님께서 싸우실 것이고, 하나님께서 승리를 주실 것임을 절대적으로 믿는다는 의미로 그는 찬양하는 자들을 택하여 그들로 하여금 하나님을 찬양하게 하였습니다.

상대 연합군의 입장에서 볼 때는 생사가 오가는 싸움터에서 전투 태세를 갖추기는커녕 찬양하는 자들을 택하여 찬양을 하게 한 것은 참으로 어리석고 미친 짓같이 보였을 것입니다. 그러나 유다 사람들은 너무나 진지하게 전쟁터에서 찬양을 부르며 그들에게 다가갔습니다.

한번 생각해 보십시오. 생사가 오고가는 피비린내 나는 전쟁터에서 이스라엘은 수천 명의 성가대가 제일 선열에서 찬양을 불렀습니다.

칼과 창으로 무장한 상대 전력 앞에 아무 무기도 없이 예복을 입고 앞에 서서 그들은 찬양만을 하였습니다.

여호사밧은 택한 성가대로 하여금 하나님의 영광만을 찬양하게 하였습니다. 그 영광의 노래와 찬송이 시작될 때 하나님은 일하시기 시작하셨습니다. 그들이 찬양을 시작하자 하나님께서 친히 싸우셔서 암몬과 모압 족속을 멸하셨습니다. (대하 20:20-23)

영적 전쟁의 승리의 비결, 그것은 찬양입니다.

사무엘상 16장을 보면 귀신 들린 사울왕 앞에서 다윗이 수금으로 찬양을 탔을 때 사울을 사로잡고 있었던 악령이 떠나갔습니다.

좌절과 절망, 두려움 가운데 우리가 찬양할 때 염려의 마귀, 절망의 마귀, 좌절의 마귀가 물러가는 역사가 있습니다.

여러분 두려우십니까? 찬송을 부르시기 바랍니다
여러분 위기입니까? 찬송을 부르시기 바랍니다
여러분 괴로우십니까? 찬송을 부르시기 바랍니다

좌절과 절망, 두려움 가운데 우리가 찬양할 때 염려의 마귀, 절망의 마귀, 좌절의 마귀가 물러가는 역사가 있습니다.

특별히 다윗은 찬양의 능력을 알고 있는 사람이었습니다

그는 늘 수금으로 찬양을 타며 하나님을 찬양하며 하나님의 임재와 현존 가운데 산 사람입니다. 심지어 다윗은 삼하 6장을 보면 바지가 엉덩이까지 내려왔음을 알면서도 기쁨으로 찬양하며 춤까지 추었습니다.

그의 시편 22편 3절의 다윗의 고백은 그의 현재 삶의 고백이었던 것입니다.

"이스라엘의 찬송 중에 거하시는 주여 주는 거룩하시나이다"
(시 22:3)

그가 지은 수많은 시편의 시들은 모두 바로 찬양이었습니다. 이래도 여러분들은 찬양의 능력을 과소평가 할 수 있을까요?

다윗의 영성은 다름 아닌 찬양의 영성이었습니다. 저는 다윗을 너무 너무 사랑합니다. 이유는 그는 찬양의 능력과 의미와 임재와 현존을 아는 유일한 하나님의 사람이기 때문입니다.

찬송 생활의 능력과 권능을 고백한, 전 세계적으로 수천만권의 책이 팔린 "찬송 생활의 권능"(멀린R. 케로더스) 이라는 책이 있습니다.

그는 이 책에서 우리가 찬송을 소홀히 함으로써 하나님의 능력이 우리의 삶에 나타나지 못하고 있음을 신랄히 지적합니다.

로버트 A. 쿡 역시 찬양에 대하여 이렇게 설명합니다.

"우리들의 대부분은 기도할 때 찬양을 게을리 함으로써, 우리들의 삶 속에 능력의 문을 열지 못하고 있다. 찬양은 믿음의 문을 연다. 찬양은 나 자신을 하나님께 내어 맡기는 것이다.

찬양은 불신의 새장에서 나의 영혼을 해방시키는 행위이다. 찬양은 미래의 승리를 확신시켜 준다."

그렇습니다. 우리가 찬양의 소홀히 하지 않을 때 하나님의 능력이 우리의 삶에 드러나고 흘러넘치게 될 것입니다.

특별히 우리의 환경이 어떠하든 우리는 한가지만을 찬양해야 합니다. 그것은 바로 하나님의 신실하심과 하나님의 성실하심과 하나님의 선하심과 하나님의 위대하심만을 찬양해야 합니다.

우리가 처한 상황에 따라 찬양의 크기, 찬양의 무게, 찬양의 깊이가 달라져서는 안 됩니다. 여호사밧 왕이 전쟁이라는 두려운 상황에서 그것도 군대보다 앞장서서, 성가대 한 일은 하나님을 찬양한 것이었습니다.

그것도 '도와주십시오'라는 내용이 담긴 눈물 섞인 찬양이 아니라, '하나님 감사합니다'라는 내용의 힘찬 찬양이었습니다. 그들은 전쟁의 극한 상황에서 언제나 신실하시고 자비하신 하나님을 찬양하였습니다. 영광의 찬양을 하였습니다.

여호와께 감사하세 그 자비하심이 영원하도다.

이 찬양의 가사는 시편에서 많이 찾아볼 수 있는 가사입니다. 하나님은 언제나 약속하신 말씀 그대로 성취하시는 분이시라는 것은 시편 찬양의 주요한 주제이기도 합니다. 여호사밧은 다른 내용이 아닌 하나님의 성품과 하나님의 역사의 영원성을 찬양하는 영광의 찬양만을 부르게 했습니다.

우리 이 찬양을 함께 불러 보겠습니다

"주께 감사하세 그는 선하시며 인자하심이 영원함이로다
주께 감사하세 그는 선하시며 인자하심이 영원함이로다"

특별히 우리의 환경이 어떠하든 우리는 한가지만을 찬양해야 합니다. 이것은 우리에게 우리의 찬양의 자세에 대해 잘 말해줍니다.

그것은 바로 우리의 환경이 어떠하든 하나님의 신실하심과 하나님의 성실하심과 하나님의 위대하심만을 찬양해야 합니다. 그러할 때 찬양의 능력이 우리 가운데 드러나게 된다는 사실입니다.

사도행전 16장을 보면 바울과 실라가 빌립보에서 복음을 전하다 감옥에 갇히게 됩니다 바울과 실라가 감옥에서 찬양할 때 어떠한 역사가 일어났습니까?

"이에 갑자기 큰 지진이 나서 옥터가 움직이고 문이 곧 다 열리며 모든 사람의 매인 것이 다 벗어진지라" (행 16:26)

바울과 실라가 감옥에서 기도하고 찬양할 때 옥문이 열려지고 바울과 실라뿐 아니라 모든 죄수들을 사로잡고 있었던 착고와 수갑이 풀려지는 역사가 있었습니다. 그렇습니다.

우리가 찬양할 때 우리의 문제의 문이 열려지고 해결되어지는 역사가 있습니다.

우리가 찬양할 때 우리를 사로잡고 있었던 모든 얽매인 세상의 문제들이 풀려지고 해결되어지는 역사가 있습니다.

또한 찬양을 하면 담대함을 주십니다. 창세기 49장을 보면 야곱이 그의 아들인 유다를 축복합니다.

"유다야 너는 네 형제의 찬송이 될지라. 네 손이 네 원수의 목을 잡을 것이요 네 아버지의 아들들이 네 앞에 절하리로다. 유다는 사자 새끼로다" (창 49:8-9)

유다라는 이름은 바로 찬양이라는 뜻입니다.

유다(찬양)는 사자 새끼로다. 우리가 찬양을 하면은 주님이 우리와 함께 하시기 때문에 두려울 것이 하나도 없습니다. 불안하고 두렵습니까? 찬양을 해보세요. 평안이 넘칠 것입니다. 또한 찬양을 하면 하나님이 높여 주십니다.

유다(찬양)에게는 홀이 있고 지팡이가 있다고 했습니다.

"규가 유다를 떠나지 아니하며 통치자의 지팡이가 그 발 사이에서 떠나지 아니하기를 실로가 오시기까지 이르리니 그에게 모든 백성이 복종하리로다" (창 49:10)

규는 임금의 지휘봉을 말하고 지팡이는 임금의 지팡이를 말합니다. 찬양하는 자는 하나님이 높여 주십니다. 찬양하는 자는 놀라운 영적 권위를 가지게 됩니다. 높아집니다. 영화롭게 되어집니다. 찬양하는 자는 날마다 승리하게 됩니다. 놀라운 승리와 영적 권위를 가지게 됩니다.

다윗의 승리의 비결, 찬양

다윗을 보십시오. 그는 사무엘상 17장에서 블레셋의 장군

골리앗과 싸움에 그는 직면합니다.

미국의 뛰어난 강해 설교자 가운데 한 사람인 찰스 스윈돌 목사는 그의 책 '다윗'에서 "구약성경에 묘사된 가장 유명한 전투는 두 군대 간의 전투가 아니라 두 사람 간의 전투였다. 그 전투가 바로 다윗과 골리앗의 결투이다." 라고 했습니다.

사무엘상 17장4-7절에서 골리앗에 대해 묘사를 하고 있습니다. 17장 4절에 보면 골리앗은 키가 여섯 규빗 한 뼘이었다고 했습니다.

이는 우리식으로 계산하면 그의 키가 3m가 되었다는 것을 말씀합니다. 그의 갑옷이 오천 세겔, 즉 80kg-90kg나 되었고, 다리에는 놋갑경을 입었다고 했습니다. 이는 정강이에 차는 흔히 말하는 각반을 말하는 것입니다. 그리고 놋으로 된 투구를 썼고, 온 몸은 쇠 비늘로 된 갑옷을 입었다고 했습니다.

어깨에는 놋으로 된 창을 들었는데 그 무게가 창날만 6백 세겔 즉, 9kg 내지는 11kg이 되었다고 했습니다. 그리고 방패 든 자가 앞에 서 있었다고 했습니다.

이러한 무시무시한 골리앗과의 싸움에서 다윗은 하나님을 찬양합니다.

"다윗이 블레셋 사람에게 이르되 너는 칼과 창과 단검으로
내게 나아오거니와 나는 만군의 여호와의 이름 곧 네가 모욕하는
이스라엘의 군대의 하나님의 이름으로 네게 나아가노라"
(삼상 17:45)

이것은 바로 하나님을 찬양한 것입니다.

다윗은 이렇게 찬양하며 골리앗 장군에게로 나아갑니다.

다윗의 물맷돌은 골리앗 장군에 이마에 박힙니다. 골리앗은 쓰러지고 다윗은 승리합니다.

찬양하는 자는 반드시 승리합니다. 찬양하는 자는 놀라운 영적 권세와 권위를 얻게 되기 때문입니다. 찬양하는 자에게는 반드시 승리가 있습니다. 다윗이 골리앗과의 싸움에서 승리할수 있었던 이유는 하나님을 찬양했기 때문입니다.

하나님은 찬송 중에 거하십니다.

"이스라엘의 찬송 중에 거하시는 주여 주는 거룩하시나이다"
(시22:3)

찬양 가운데는 하나님의 강력한 임재가 있기 때문입니다
찬양 중에는 하나님의 강력한 영의 임재가 있습니다.

고린도후서 3장 17절에서 사도바울은

"주는 영이시니 주의 영이 계신 곳에 자유함이 있느니라"

찬양으로 주의 영이 임재할때 우리는 자유하게 됩니다.
우리를 사로잡고 있는 모든 문제와 두려움과 어려움 가운데
서 우리는 자유하게 됩니다. 해방되게 되어집니다.

여러분 두려우십니까? 찬송을 부르시기 바랍니다.
여러분 위기입니까? 찬송을 부르시기 바랍니다.
여러분 괴로우십니까? 찬송을 부르시기 바랍니다.

찬송을 부를 때 주님이 여러분과 함께 하십니다.
찬송을 부를 때 마귀가 떠나갑니다.
찬송을 부를 때 우리의 문제가 해결되어집니다.
찬송을 부를 때 담대해집니다.
찬송을 부를 때 승리가 있습니다.
찬송을 부를 때 우리는 놀라운 영적 권위를 갖게 됩니다.

찬송을 부를 때, 우리는 우리를 사로잡고 있는 모든 문제와 두려움과 어려움 가운데서 우리는 자유하게 됩니다. 해방되게 되어집니다. 찬송으로 승리하는 삶을 살아가시는 성도님들 모두 되십시오.

특별히 이사야 43장 21절을 보면 다음과 같이 말씀합니다.

> "이 백성은 내가 나를 위하여 지었나니
> 나를 찬송하게 하려 함이니라" (사 43:21)

무슨 말씀입니까? 찬송은 하나님의 창조 목적이자 명령이자 하나님의 뜻이라는 것입니다.

그렇기에 하나님을 영화롭게 하고 하나님을 찬양하며 사는 사람을 하나님은 책임지시고 형통케 하시는 놀라운 역사와 은혜가 반드시 있습니다. 찬송은 하나님의 창조 목적이자 명령이자 하나님의 뜻이기 때문입니다.

찬양은 하나님의 뜻입니다.
그렇기에 찬양하는 자의 인생은 형통합니다.
찬양은 하나님의 명령이자 바로 하나님의 뜻이기 때문입니다. 여러분의 삶이 바로 찬양이 되게 하십시오. 그러한 자의 인생을 하나님이 형통케 하시고 책임지시는 놀라운 역사가 있습니다.

1870년 미국의 유명한 부흥사 무디의 전도 집회에 노래를 부르며 풍금을 사용하며 찬양을 인도하는 쌩키(Ira David Sanky)가 있었습니다. 그의 찬양이 은혜를 받는데 결정적인 역할을 하였고 교회 부흥에 크게 기여 하였습니다.

성령 충만한 교회에 가면 찬양이 살아 있습니다. 성령 충만한 성도는 슬플 때나 기쁠 때나 항상 그 입에서 찬양이 떠나지 않습니다. 가슴에서 성령의 샘물이 터져 나와 입으로 막아둘 수가 없게 되는 것입니다.

해일을 막지 못하듯 사랑의 감동의 해일을 막아둘 수가 없는 것입니다. 혼자 흥얼거리기도 하고, 함께 부르기도 합니다. 찬양이 그 사람의 가슴에 가득 차 있기 때문입니다. 마치 용암이 산을 뚫고 분출하듯이 찬양이 활화산처럼 흘러넘치는 것입니다.

성령 충만은 찬양 충만에 다름 아닙니다.

여러분! 항상 찬송의 제사를 하나님께 드리십시오.

"그러므로 우리는 예수로 말미암아 항상 찬송의 제사를 하나님께 드리자 이는 그 이름을 증언하는 입술의 열매니라" (히 13:15)

찬송은 황소를 드리는 제사보다 하나님이 기뻐받으십니다.

"내가 노래로 하나님의 이름을 찬송하며 감사함으로 하나님을
광대하시다 하리니 이것이 소 곧 뿔과 굽이 있는 황소를 드림보다
여호와를 더욱 기쁘시게 함이 될 것이라" (시 69:30~31)

여러분!! 찬양은 다름 아닌 곡조있는 기도입니다.

"기도는 하나님의 음성을
듣는 것입니다" (마더 테레사)

absolute prayer

9장 듣는 기도

기도, 예수님 사역의 중심

누가복음의 신학은 바로 기도의 신학입니다. 사도 누가는 예수님의 사역을 정확히 읽어냈습니다. 예수님의 사역은 바로 기도의 사역이었다는 것입니다. 이런 모습이 다른 복음서에는 나타나지 않습니다.

그러나 유독 누가만이 예수님의 모든 사역이 바로 기도였으며 기도는 바로 예수님 사역의 중심이고 본질임을 정확히 지적하고 있습니다.

누가복음 6장을 보면 예수님은 열두제자를 선택하시기 전에 밤이 맞도록 기도하셨습니다. 제자들을 선택하시기 전에 밤새 기도하셨다는 기록은 누가복음에만 기록되어 있습니다.

또한 예수께서 바리새인과 사두개인 수많은 대적들과 대결하시며 그들을 말씀으로 압도하실 때에도, 놀라운 이적과 기사를 행하시고 수많은 병자를 고치시며 마귀를 내어 쫓으실 때에도 예수께서는 기도하셨습니다.

이것은 무엇을 의미합니까?

바로 예수님의 모든 사역이 바로 기도가 아니었으면 불가능한 것임을 누가는 말하려고 했습니다. 누가는 예수님의 모든 사역이 바로 기도로부터 시작했으며 기도는 바로 예수님 사역의 중심이고 본질임을 정확히 지적하고 있습니다.

예수님의 사역 성공과 능력의 비결이 바로 기도에 있었음을 누가는 정확히 그리고 분명히 말하고 싶었을 것입니다. 누가복음에서 주님은 사역 중에 자주 한적한 곳으로 물러가십니다. 그리고 기도하십니다. 그곳에서 주님은 세미한 하나님의 음성을 들으셨을 것입니다.

주님의 성공적인 사역의 중심에는 바로 이 하나님의 음성을 듣는 시간이 있었던 것입니다. 주님은 복잡하고 혼란스러운 사역의 현장에 늘 머물지 않으셨습니다. 습관적으로 아니 의지적으로 주님은 홀로 한적한 곳으로 물러 가셨습니다. 이것은 바로 주님의 사역의 능력과 권능은 하나님의 음성을 고요히 듣는 기도의 자리에서 나왔다는 사실입니다.

> "너는 기도할 때에 네 골방에 들어가 문을 닫고
> 은밀한 중에 계신 네 아버지께 기도하라
> 은밀한 중에 보시는 네 아버지께서 갚으시리라"
> (마태복음 6:6)

하나님은 마태복음 6장 6절에 의하면 '은밀한 중에|in secret만' 당신의 음성을 들려주십니다. 하나님의 음성을 듣는 이 기도의 자리가 주님의 사역에는 절대적인 자리였습니다.

그래서 주님은 사역 도중에 습관적으로 아니 의지적으로 홀로 한적한 곳으로 가신 것입니다.

성공적인 인생을 사는데 있어서 주님의 음성을 듣는 것은 절대적인 것입니다. 우리는 주님의 음성을 들을 수 있다면 성공적인 인생을 살 수 있습니다. 주님은 습관적으로, 의지적으로 주님의 음성에 귀를 기울이셨습니다.

다윗의 영성, 사울의 영성

다윗의 일생을 잘 보면 다윗은 이방 나라들과 전쟁을 벌일 때마다 어김없이 했던 분명한 행동이 있습니다. 그것은 다윗이 하나님께 여쭤어 보았다는 것입니다. 말씀을 보면 이런 구절이 반복됩니다.

"다윗이 여호와께 여짜오되"

다윗은 전쟁과 전략의 전문가입니다 그러나 다윗은 전쟁 전에 어김없이 하나님께 여쭈어봅니다. 어김없이 기도로 하나님께 여쭈어보고 그는 하나님의 음성을 듣습니다.

그러나 패역한 왕인 사울은 하나님께 묻지 않습니다

"사울이 죽은 것은 여호와께 범죄하였기 때문이라. 그가 여호와의 말씀을 지키지 아니하고 또 신접한 자에게 가르치기를 청하고 여호와께 묻지 아니하였으므로 여호와께서 그를 죽이시고 그 나라를 이새의 아들 다윗에게 넘겨주셨더라" (대상 10:13~14)

여러분의 영성은 하나님께 묻고 하나님의 음성을 듣는 다윗의 영성입니까? 아니면 하나님께 묻지 않고 하나님의 음성은 무시하고 자의적으로 모든 것을 처리하는 사울의 영성입니까?

예수님의 성공적인 사역의 배후에 하나님의 음성을 듣는 기도가 있었듯이 다윗의 성공적인 인생의 배후에는 바로 하나님의 음성을 듣는 기도에 있었다는 사실입니다.

기도는 듣는 것입니다

인도에서 평생을 빈민 봉사에 헌신한 노벨 평화상 수상자 마더 테레사 수녀의 이야기입니다. 그녀가 한번은 미국을 방문해 CBS 방송의 유명한 뉴스 진행자 댄 래더의 프로그램에 출연했다고 합니다.

그 때 방송국 스튜디오를 찾은 마더 테레사에게 앵커는 이렇게 물었다고 합니다.

"당신은 하나님께 기도할 때에 무엇이라고 말합니까?"

테레사 수녀는 다소곳이 고개를 숙이고 있다가 이렇게 대답했다고 합니다.

"하나님께 기도할 때 나는 듣습니다."

예상 밖의 대답을 들은 앵커는 당황해 다시 질문을 던졌습니다.

"당신이 듣고 있을 때에 하나님은 무엇이라고 합니까?"

마더 테레사 수녀는 잠시 생각하다 다시 대답했습니다.

"그 분도 듣습니다."

기도는 듣는 것입니다.

케네디 대통령의 취임식 때 프랑스의 드골 대통령은 그의 취임을 축하하며 이와 같이 말했습니다.

"케네디 대통령, 당신은 세계에서 가장 큰 권세를 쥐고 있습니다. 당신 손에 있는 권세로 세계의 역사와 운명이 좌우됩니다. 당신은 노련한 전문가인 수많은 보좌관을 데리고 있습니다.

만일 문제가 생기면 그 많은 보좌관들은 제각기 자신의 전문적인 지식을 바탕으로 당신에게 조언을 할 것이고 이 사람, 저 사람의 말에 귀를 기울이다 보면 쉽게 결정을 내릴 수 없게 됩니다. 당신은 당신을 보좌하고 있는 사람들의 말을 모두 경청해야 합니다.

그러나 판단을 내려야 할 때는 아무도 없는 곳에서 혼자 하나님 앞에 묵상하고, 가슴 깊은 곳에서 울려나는 하나님의 음성을 들어야 합니다."

기도는 듣는 것입니다. 기도는 매우 구체적으로 하나님의 음성을 듣는 시간입니다. 여러분들은 기도하실 때 얼마나 하나님의 음성을 듣는 시간을 가지십니까? 기도는 하나님의 음성을 듣는 시간입니다.

버나드 쇼의 잔다르크를 여주인공으로 한 역사극인 "성녀 잔"이라고 하는 극 가운데서 잔은 하나님의 음성을 듣습니다. 이에 대해 프랑스의 황태자 다우핀은 부러움에 성녀 잔에게 말합니다.

"하나님의 음성! 왜 나에게는 그 분의 음성이 들려오지 않습니까? 왕은 당신이 아니라 바로 나인데."

잔은 황태자의 말을 듣고서 다음과 같이 말합니다.

"하나님의 음성은 분명히 당신에게도 들려옵니다. 하지만 당신은 그 소리를 들으려 하지 않고 있는 것입니다. 당신은 저녁에 그 소리를 듣기 위해 조용한 들판에 홀로 앉아 있는 일이 없었습니다. 안젤루스의 종이 울릴 때에도 당신은 십자가를 긋기는 했지만 단지 그것뿐이었어요.

만약 당신이 진심으로 기도를 드리고 종소리가 그친 후에도 허공에 울리는 그 여음에 귀를 기울였다면 당신은 분명히 나와 같이 그 음성을 들을 수 있었을 것입니다."

하나님의 음성을 들은 자만이 예수님과 같이, 다윗과 같이 성공적인 인생을 살 수 있습니다. 바라건대 여러분들도 하나님의 음성을 듣고, 하나님의 뜻을 분별하심으로 성공적인 인생, 승리의 인생을 살아가실 수 있기를 간절히 바랍니다.

"당신이 어둠속에 있을 때 들으십시오. 그러면 하나님께서 소중한 말씀을 주실 것입니다" (오스왈드 챔버스)

침묵 속에서 말씀하시는 하나님

저는 개인적으로 기도 시간 중 약 30분 정도는 조용히 침묵하며 하나님의 음성을 들으려고 합니다. 기도시간 중 30분 정도는 조용히 침묵 중에 하나님의 음성을 듣는 시간으로 갖습니다. 하나님의 음성을 듣기 위해서는 기도 중에 침묵해야 합니다.

마더 테레사는 《모든 것은 기도에서 시작됩니다Everything Starts from Prayer》라는 책에서 이렇게 말합니다.

"그대가 진정으로 기도하기를 열망한다면 침묵을 지키십시오"

"우리는 흥분과 소란 속에서 하나님을 만날 수 없습니다. 자연을 보십시오. 나무들, 꽃들, 풀들은 침묵 속에서 자랍니다. 별들, 달과 해는 침묵 속에서 움직입니다. 중요한 것은 기도 중에 '우리가 하나님께 무슨 말을 하는가'가 아니라 '하나님이 우리에게 무슨 말씀을 하시는가'입니다.

침묵 속에서 하나님은 우리에게 귀를 기울이십니다. 침묵 속에서 주님은 우리의 영혼에게 말씀하십니다. 침묵 속에서 우리는 또

한 주님의 음성을 듣도록 특권이 허락되었습니다."

침묵 속에서 하나님은 말씀하십니다. 그래서 예수님께서도 마태복음 6장 6절에서 하나님은 '은밀한 중에in secret만' 함께 하신다고 말씀하십니다.

"너는 기도할 때에 네 골방에 들어가 문을 닫고
은밀한 중에 계신 네 아버지께 기도하라
은밀한 중에 보시는 네 아버지께서 갚으시리라"
(마태복음 6:6)

사람들 속에서는, 혼란과 소음 속에서는 하나님의 음성을 들을 수 없습니다. 침묵 속에서 하나님은 비로소 말씀하십니다. 테레사는 말합니다.

"그대가 진정으로 기도하기를 열망한다면 침묵을 지키십시오"

성경 열왕기상 19장 본문을 보면 좌절과 절망 중에 있는 엘리야에게 하나님께서 찾아오십니다.

하나님은 산을 가르고 바위를 부수는 바람가운데 계시지 않았습니다. 바람 후에 지진이 있었으나 지진가운데도 하나님은 계시지 않으셨습니다. 또 지진 후에 불이 있었으나 하나님은 불 가운데 계시지 않았습니다.

하나님은 침묵 중에 세미한 음성으로 엘리야에게 말씀하셨습니다. 오직 하나님은 불 이후에 침묵 중에 세미한 음성으로만 말씀하셨습니다. 하나님은 결코 소음과 사람들 속에서 말씀하시지 않습니다.

이것이 바로 예수님께서 그의 사역 중에 반복적으로 의식적으로 한적한 곳으로 가신 이유입니다. 하나님께서는 조용한 침묵 중에 세미한 음성으로 말씀하시기 때문입니다.

테레사는 말합니다.

"누구든지 기도하는 방법을 모른다면 기도하기가 매우 어렵습니다. 우리 스스로 기도하기를 배워야만 합니다. 기도에 가장 중요한 것은 침묵입니다. 우리는 하나님을 발견해야 하는 데 소음과 쉼 없는 불안가운데서는 결코 그 분을 발견할 수 없습니다. 그대가 진정으로 기도하기를 열망한다면 침묵을 지키십시오."

하나님이 거하시는 자리는 침묵입니다.
하나님이 거하시는 장소는 침묵입니다.
하나님은 침묵 속에서 세미한 음성으로 당신의 음성을 들려주십니다.

그래서 테레사는 "하나님의 언어는 침묵"이라고 합니다.

하나님의 음성을 듣는 이 침묵 훈련이 중요한 이유는 무엇입니까?

테레사의 글 중에 이런 글이 있습니다. **"천지 창조 이전에도 침묵이 있었습니다"**라는 글입니다

"태초에 하나님이 천지를 창조하시니라
땅이 혼돈하고 공허하며 흑암이 깊음 위에 있고
하나님의 영은 수면 위에 운행하시니라"
(창세기 1:1-2)

천지창조 이전에 침묵이 있었습니다. 천지 창조 이전을 한번 생각해 보십시오. 천지 창조 이전을 한번 상상해 보십시오. 땅이 혼돈하고 공허하고 흑암이 깊음 위에 있었다고 하였습니다. 조용한 침묵만이 있었습니다. 조용한 침묵만이 흘렀습니다.

테레사는 이 침묵의 힘으로 세상이 창조되었다고 하는 것입니다.

천지 창조 이전에 침묵만이 흘렀습니다. 이 세상이 만들어 지기 전 고요한 침묵만이 흘렀습니다. 그 침묵 중에 하나님은 "빛이 있으라"고 비로소 말씀하셨습니다.

그래서 테레사는 말합니다.
"이 세상을 만든 힘은 침묵이다."

침묵 중에 이 세상이 만들어졌기 때문입니다.

테레사는 《천지 창조 이전에도 침묵이 있었습니다》라는 글에서 이렇게 말합니다.

"인간에겐 침묵이 필요합니다. 홀로 있든지 함께 있든지 침묵 안에서 하나님을 찾아야 합니다. 바로 그 침묵 안에서 우리는 바쁜 활동에 필요한 영적인 힘을 모읍니다. 바로 그 침묵 안에서 우리는 우리 앞에 들이닥친 크고 작은 심각한 문제들을 해결하고 대처할 힘을 얻습니다. 천지창조 이전에도 침묵이 있었습니다. 아무 말 없이 고요하게 하늘이 펼쳐졌습니다."

위대한 예술가 레오나르도 다빈치는 작품을 시작하기에 앞서 언제나 며칠 동안 묵상의 시간을 가졌습니다. 영감이, 어떤 그림이 떠오를 때까지 그 침묵과 고요는 계속되었습니다. 실상 그의 명작은 붓을 잡기 전에 이루어지고 그의 걸작 조각들은 칼을 쥐기 전에 이미 완성된 것입니다.

침묵은 그의 기도이며 그의 작품이며 그의 예술이었습니다.

"하나님은 우리가 어느 곳에서든 기도하도록 정하셨지만, 그 분의 영광이 머무는 곳은 홀로 하나님과 독대하는 고독한 곳이다. 그곳에서 우리를 바위 틈 속에 숨기시고, 마치 친구와 얘기하듯이 얼굴과 얼굴을 맞대고 우리와 예기하신다" (사무엘 채드윅)

능력과 권능의 시간, Q.T

이 세상을 창조한 능력과 힘이 침묵이었듯이 오늘날 나에게 닥쳐오는 수많은 문제와 어려움을 해결할 수 있는 새 창조의 힘도 바로 침묵훈련, Q.T(Quiet Time)에서 얻는 것입니다.

Q.T(Quiet Time)는 말 그대로 조용한(Quiet) 시간(Time)입니다. 여러분들에게 Q.T는 혹시 그저 의례적인 시간으로, 의무적인 시간으로 끝나지 않으십니까?

이 세상을 창조한 능력과 힘이 침묵이었듯이 오늘날 나에게 닥쳐오는 수많은 문제와 어려움을 해결할 수 있는 새 창조의 힘도 바로 침묵훈련, Q.T에서 얻어집니다.

이 세상이 침묵으로부터 창조되었듯이 내 인생의 어그러지고 흐트러진 문제를 바로 잡기 위해서는 Q.T 자리로 나아가야 합니다. Q.T의 자리는 단순히 의례적인 시간이 아닙니다. Q.T의 자리는 능력과 권능의 시간입니다. 세상의, 아니

나의 삶의 어그러지고 잘못되어진 것을 바로 잡고 재창조하는 능력과 권능을 얻는 시간입니다.

침묵은 하나님의 언어이고 침묵은 하나님이 거하시는 자리입니다. 침묵 훈련 안에서 Q.T안에서 우리는 나의 삶의 어그러지고 잘못되어진 것을 바로 잡고 재창조하는 능력과 권능을 얻게 됩니다.

Q.T의 자리는 침묵 훈련의 자리는 능력과 권능의 시간입니다. 그래서 예수님과 다윗은 습관적으로 반복적으로 한적한 곳으로 가서 조용한 침묵의 자리로, Q.T의 자리로 나아가 하나님과 깊은 교제를 나누었습니다.

우리도 예수님과 같이 다윗과 같이 성공적인 인생을 살수 있습니다. 바로 침묵 중에 말씀하시는 주님의 음성을 비로소 들을 수 있을 때부터 입니다.

침묵은 하나님의 언어이며 침묵은 하나님이 거하시는 자리입니다. 침묵 중에 말씀하시는 주님의 음성을 날마다 듣고 하나님의 온전하신 뜻을 분별할 때 흔들리지 않는 승리의 인생, 성공적인 인생을 살아갈 수 있습니다.

A.W. 토저는 그의 책 "기도"에서 '침묵의 힘'을 역설하며 다음과 같이 역설합니다.

"가장 고차원적인 기도는 요청하는 기도가 아니라는 사실을 절대 잊지 말아야 한다. 가장 거룩한 순간의 기도는 하나님 안으로 들어가 그분과 거룩한 연합을 이루는 것이다. 그것은 삶의 기적들이 평범해 보이고 놀라운 기도 응답들이 별로 놀랍지 않게 보일 만큼 거룩한 연합이다."

그래서 랙스데일(Ray W. Ragsdale)도 "아버지와 같이 있기를 바라는 것 이외의 것을 바라지 않는 것이 기도의 가장 기본적인 의식이다"라고 말한 것입니다.

"열심있는 그리스도인들이, 교회에서 이것저것, 이 일 저 일을 하는 사람들이 가장 보편적으로 범할 수 있는 과오는 하나님의 일이 너무 바빠 하나님과 기도를 통해서 교제하는 일을 게을리하는 것이다.

그러나 아무리 하나님의 일을 열심히 한다고 하더라도 하나님과 기도를 통해서 교제를 등한히 하는 사람은 조만간 하나님의 일에 대한 의욕조차 잃어버리고 시험에 들을 가능성이 많게 될 것이다.

만일 그가 기도를 통해서 하나님과 교제를 등한히 한다면 그 기도를 통해서 얻어지는 충만함, 그 안식, 그 평안, 그 능력, 그 하나님의 임재, 살아 계신 하나님의 손길, 그 음성을 들을 수가 없다. 그리고 결국 이런 하나님의 임재가 없이는 하나님의 일을 할 수가 없게 된다. 다만 하나님의 모양을 흉내낸 인간의 일이 될 뿐이다." (토마스)

기도의 사람, 데이비드 브레이너드는 이렇게 주님과의 친밀함을 고백하고 있다.

"내가 집에 돌아와서 금식과 기도와 묵상에 잠길 때면, 나의 영혼은 금욕과 자기부인과 겸손과 세상일로부터의 분리를 갈망한다. 나는 이 땅과는 상관도 없다. 오직 하나님을 위해 정직하게 땅에서 일할 뿐이다. 땅이 제공할수 있는 것을 위해서는 단 1분도 살고 싶지 않다"

"하나님은 부르면 언제나 들으시는 것은 사실입니다 하나님의 귀는 그의 자녀가 부르는 소리에 예민하지만 우리가 몇 마디 급한 말로 전화를 걸 듯 기도한다면 우리는 결코 주님을 알 수가 없습니다 친밀하게 되자면 더 깊이 사귀는 것이 필요합니다"(이엠바운즈)

듣는 기도의 기도신학적 접근

"하나님은 이 세상을 창조하시고, 그의 자녀들과 함께 대화하시기를 원하셨습니다. 이 세상은 하나님의 학교요, 인간들은 그의 자녀이면서도 동시에 제자로서의 맡겨진 사명을 다하도록 분부를 받았습니다. 우리가 이 세상을 살면서 살아계신 아버지 하나님을 모시고 사는 기쁨을 누리려면 함께 대화함으로(기도)가능합니다"
(총신대 한상진 교수)

하나님께서는 우리를 사랑하실 뿐 아니라 우리의 사랑을 원하시며 우리와 대화를 나누시길 원하신다. 하나님께서는 우리에게서 사랑의 고백을 듣기 원하신다. 우리의 존재 목적은 하나님께 영광을 돌리는 것이며 그 분을 기쁘시게 해드리는 것이다.

구약의 예언자들에게 있어서 기도는 이들 사역의 핵심적인 요소였습니다. 그들은 기도를 통해 하나님의 말씀을 받았습니다. 그들은 기도를 통해 살아계신 하나님의 음성을 들은 것입니다. 그들은 때때로 그 말씀을 받기 위해 많은 시간을 기다리고 기도했습니다.[49]

오 할레스비Ole Hallesby는
"많은 사람들이 한 번도 침묵을 경험하지 못했으며 심지어는 그것을 제대로 알고 있지 못하다는 사실도 모른다. 우리의 주의를 외적 사물에 기울이게 하는 것들로부터 떠나기 전에는 우리의 심령이 내적 활동에 자유로이 참여할 수 없다."고 침묵의 부재를 경고합니다.[50]

침묵에서 발견되는 우리의 실상은 실제로 완전한 침묵에 이르지 못하고 있으며, 완전한 침묵은 고사하고 아직 침묵을 제대로 이해하지 못하고 있다는 사실입니다.

"계속 우리만 말하는 것입니다 그리고 길든 짧든 혼자 말하고 난 뒤에는 '아멘'하고 자리를 뜹니다."[51]

얼마나 정확히 우리 자신을 보게 해주는 말입니까? 할레스비는 이런 사람을 자기 상태가 어떻다고 이야기만 하고

진찰실을 나가버리는 환자에 비유하고 있습니다.52)

토머스 머튼Thomas Merton은 "그 분이 나의 이름을 부르시는 순간 나의 침묵은 무한한 생명의 침묵이 된다"고 하였으며 침묵이야말로 자신에게 있어 참된 구원이라 했습니다.

"내가 침묵에 의해 해방될 때 더 이상 삶을 요리조리 재지 않고 실제로 나아갈 때 나는 실제로 산만해지지 않는 기도형태를 발견할 수 있다."

이제 기도란 더 이상 하나님에 대한 호소가 아니라 하나님께서 우리에게 들려주시는 말씀을 듣는 것이 됩니다.

"예수님의 삶은 순종하는 삶이었다. 그 분은 항상 아버지께 귀를 기울였고 항상 아버지의 음성을 민감하게 감지했으며 항상 아버지의 지시를 예의주시하였다. 예수는 '온통 귀로 된'분이셨다. 하나님을 향해 온통 귀가 된다는 것, 그것이 바로 참된 기도이다. 기도의 핵심은 실로 하나님의 현존現存 안에서 순종하며 대기한 채 귀를 기울이는 것이다."53)

요컨대 기도를 위한 준비로써 기도의 언어는 침묵입니다. 기도를 위한 준비로써 침묵은 하나님께 나아가는 인간의 최고의 노력입니다.

조던 오먼Jordan Aumann같은 경우 아빌라의 성 테레사가 분류한 기도의 9단계를 상세하게 제시합니다. 여기서 기도의 9단계 중 말을 사용하는 단계는 1단계 구송기도Vocal Prayer뿐임을 주목합시다.

실제로 중보기도나 통성기도, 회개기도 등 우리에게 많이 익숙한 기도들은 모두 언어를 사용하는 이 단계에 속하는 셈입니다.

그러나 개혁교회의 전통에는 실상 '말이 없는 기도'란 부재한 것 같습니다. 실제로 말을 입 밖으로 꺼내놓지 않을 수는 있지만 마음속으로 언어를 계속 사용하고 있다면 엄밀히 말해서 그것은 말이 없는 기도가 아니기 때문입니다.

물론 이 지적은 소리 내어 기도하는 기도의 단계를 수준 낮은, 하찮은 단계로 취급하려는 것이 아닙니다. 주장의 요지는 우리가 기도의 풍요로움을 외면하고 한 가지 방식에만 고착되는 것에 대한 경계일 뿐입니다.

"하나님께서 우리에게 말씀하실 것은
우리가 하나님께 말씀드려야 할 것보다
더욱 중요한 것이다"
(마클라 쉴란, Lewis Maclachlan)

"처음에 기도는 말하는 것이라 생각했다.
그러나 마음이 점점 고요해지자
결국 기도는 듣는 것이라는 사실을 깨달았다"
(키에르케고르, S. Kierkegaard)

예수님의 기도학교

주기도문에서 예수님은 주기도문을 시작하시면서 "하늘에 계신 우리 아버지"라고 부르라고 명령하신다. 이것은 기도는 본질적으로 하나님을 부르고 그 분의 음성을 듣는 친밀한 교제임을 말해주고 있다. 인자하신 아버지의, 친밀하신 하나님의 이름을 부르며 그분의 음성을 듣는 기도로, 하나님과의 영적인 교제 안에 들어가는 것이 기도의 시작이자 출발점을 분명히 말씀해주시고 있다.

"기도의 능력은 일면은 해독제요
일면은 방독제이다" (이엠바운즈)

absolute prayer

10장 저주의 사슬을 끊는 기도

"내 더러운 피가 깨끗해질수 있습니까?"

시카고에서 세계종교지도자 회의가 있었을 때 갑자기 한 여인이 "내 더러운 피가 깨끗해질 수 있습니까?"라고 울부짖으며 회의장을 시끄럽게 했습니다. 이 여인은 자신의 갓난아기를 버려 얼어 죽게 한 비정한 어머니였습니다. 그런데 이 여인의 아버지도 살인죄로 감옥에 있었습니다.

죄악은 반복됩니다. 내가 회개하지 않은 죄악은 나의 자녀, 나의 자손에게 대물림되며 그 죄악의 저주가 반복됩니다.

"… 나를 미워하는 자의 죄를 갚되 아비로부터 아들에게로 삼사 대까지 이르게 하거니와 나를 사랑하고 내 계명을 지키는 자에게는 천 대까지 은혜를 베푸느니라" (출애굽기 20:5-6)

《가계에 흐르는 저주를 끊어야 산다Break the Generation Curse》의 저자 메릴린 히키Marilyn Hickey는 그의 책에서 말합니다.

"알코올중독, 강간, 폭행, 자살, 질병 등의 수많은 저주와 죄악은 이다음 세대에서 계속되어지고 반복되어진다"

나의 부모님의 대에서 회개되지 않은 부모의 죄악, 그리고 나의 대에서 회개되지 않은 나의 죄악은 나의 자녀, 나의 자자손손에게까지 끊임없이 반복되고 계속됩니다.

회의장의 여인은 자신을 사로잡고 있는, 계속해서 자신의 인생에서 반복되어지는 이 죄악의 사슬을 이 저주의 사슬을 이제는 끊어버리기를 울부짖으며 갈망했던 것입니다.

회의장에 있던 사람들은 이 여자의 침입을 귀찮은 소동과 방해꾼 정도로 생각했습니다. 그 때 한 신사가 일어나서 그 여자에게 말했습니다.

"여보시오, 들으시오. 하나님의 아들 예수 그리스도의 피가 당신을 당신의 모든 죄에서 깨끗이 씻어 주실 것입니다."

사실 이 말은 요한일서 1장 7절 말씀을 외운 것이었습니다.

> "… 그 아들 예수의 피가 우리를 모든 죄에서
> 깨끗하게 하실 것이요" (요한일서 1:7)

이 신사는 보스턴에서 온 조셉 쿡Joseph Cook 목사였습니다. 회의장은 숙연해졌습니다. 어떤 피가 죄를 씻는 다는 말은 세계 어느 종교에도 없기 때문입니다.

저는 얼마 전 노회에 가서 성찬식에 참여하게 되었습니다. 그러나 그날의 성찬식은 예전과 다른 의미로 저에게 다가왔습니다. 전병을 나누고 잔을 나누는데 갑자기 저의 맘속에 큰 성령의 감동이 밀려왔습니다.

찰스 웨슬리Charles Wesley는 이런 감동을 고백합니다
'이 보혈이 얼마나 축복된 보혈인가? 이 보혈에 관계하는 것이 얼마나 놀라운 축복인가? 이 보혈에 관계하는 자는 누구든지 새로운 피조물이 되며 이 보혈에 관계하는 자는 누구든지 형통의 사람, 축복의 사람이 되는 이 보혈이 얼마나 위대한 사실인가?'

찰스 웨슬리Charles Wesley는 권능의 보혈, 축복의 보혈, 형통의 보혈에 관계된 그 감격과 감동을 "내가 주님의 보혈에

관계한 것이 진정 사실인가?"라고 고백하였습니다. 주님의 능력과 축복과 형통의 보혈이 여러분들의 모든 죄와 저주를 깨끗하게 씻어줍니다.

죄를 자백해야합니다

그러나 더욱 중요한 것은 우리의 모든 죄악과 죄의 저주를 끊기 위해서는 주의 보혈의 능력을 믿고 나의 죄를 주님 앞에 자백해야합니다. 주님 앞에 고백하고 자백confess한 죄만이 용서를 받고 죄 사함의 은총을 얻을 수 있습니다. 주님 앞에 고백하고 자백한 자만이 이제 죄악의 저주의 사슬을 끊을 수 있는 은총을 얻을 수 있습니다

사도 요한은 말합니다.

"만일 우리가 죄가 없다고 말하면 스스로 속이고
또 진리가 우리 속에 있지 아니할 것이요
만일 우리가 우리 죄를 자백하면
저는 미쁘시고 의로우사 우리 죄를 사하시며
우리를 모든 불의에서 우리를 깨끗하게 하실 것이요"
(요한일서 1:8-9)

제가 얼마 전 기도하는 중에 주님께서 문득 주님께 자백하지 않은 죄들을 기억케 하셨습니다. 주님께 고백하지 않고 자백하지 않은 죄악들이 제 삶에 너무 많았습니다. 주의 말

씀이 나를 강하게 사로잡았습니다. 주님께서는 제가 저의 죄를 고백키를 원하셨습니다.

> "만일 우리가 우리 죄를 자백하면
> 저는 미쁘시고 의로우사 우리 죄를 사하시며
> 우리를 모든 불의에서 우리를 깨끗하게 하실 것이요"
> (요한일서 1:9)

내가 지었던 죄들을 주님께 자백하였습니다. 주께 고백하고 자백한 나의 죄악들을 주님이 용서하고 계심의 은총을 체험할 수 있었습니다.

자신의 죄악을 자백하고 고백하는 자만이 죄 사함의 은총을 얻을 수 있습니다. 자신의 죄악을 자백하고 고백하는 자만이 죄악의 저주의 사슬을 끊을 수 있는 은총을 얻을 수 있습니다.

"만일 우리가 죄 없다 하면 스스로 속이고 또 진리가 우리 속에 있지 아니할 것이요 만일 우리가 우리 죄를 자백하면(confess) 저는 미쁘시고 의로우사 우리 죄를 사하시며 모든 불의에서 우리를 깨끗케 하실 것이요" (요일 1:10)

이 자백의 중요성을 야고보는 야고보서 5장 16절에서"이러므로 너희 죄를 서로 고하며 병 낫기를 위하여 서로 기도하라 의인의 간구는 역사하는 힘이 많으니라"라고 말씀합니다.

우리 소그룹 내에서도 우리가 서로 우리 죄를 고백하면 그 죄악이 우리 공동체 안에서 소그룹 내에서 치유되며 용서함을 얻을 수 있다는 놀라운 사실입니다.

한 분은 이렇게 설명합니다.

"소그룹이 성공적일 때는 이 셀 모임을 통해 상한 마음이 치유되고, 치료할 수 있는 기능을 해야 한다. 서로의 마음을 고백할 때, 죄까지 고백할 수 있다면, 공동체 안에서 용서와 죄 사함의 영적 은혜를 맛보게 될 것이다."

독일의 대표적인 신학자이자 목회자인 본회퍼 목사님은 '성도의 공동생활'이라는 책에서 서로 서로 자신의 죄를 주 안의 다른 형제자매에게 고백할 것을 말합니다.

그렇습니다. 서로의 마음을 고백할 때, 죄까지 고백할 수 있다면, 우리는 공동체 안에서 용서와 죄 사함의 영적 은혜를 맛보게 될 것입니다.

《주와 같이 길 가는 것 Let the Journey Begin》의 저자 맥스 루케이도 Max Lacado는 그 책에서 자백의 중요성과 위대함을 이렇게 설명합니다.

옛날에 사이가 좋지 않는 두 농부가 있었다. 두 농장 사이에는 본래부터 골짜기가 있었다. 그런데도 두 농부는 서로 상대가 싫다는 표시로 골짜기의 자기편 쪽에 통나무로 담장을 쌓아 상대가 접근하지 못하게 했다. 세월이 흘러 이쪽 농부의 딸이 저쪽 농부의 아들을 만났다. 둘은 사랑에 빠졌다. 아버지들의 어리석음 때문에 사이가 멀어져서는 안 되겠다고 결심한 그들은 담장을 헐어 그 나무로 골짜기 위에 다리를 놓았다.

자백이 그런 것입니다. 자백한 죄는 다리가 되고, 우리는 그 다리를 건너 하나님의 임재로 다시 들어갈 수 있습니다.

땅을 갈면 밭이 비옥해지듯 자백은 영혼의 토양을 비옥하게 합니다. 파종하기 전 농부는 땅을 손봅니다. 자갈을 골라내고 잡초를 뽑아냅니다. 그는 준비된 땅에서 씨앗이 더 잘 자란다는 것을 압니다.

자백이란 하나님이 오셔서 걸으시도록 그 분을 우리 마음 밭에 모시는 행위입니다. "아버지, 여기 탐심의 바위가 있습니다. 제 힘으로 꿈쩍도 안합니다. 저 담 옆의 죄책감의 나무는 뿌리가 길고 깊습니다. 씨를 뿌리기에는 너무 푸석푸석한 마른 땅도 있습니다."

마음의 토양이 가지런히 골라진 곳에서 하나님의 씨는 더 잘 자랍니다. 그래서 아버지는 아들 예수님과 함께 우리 마음 밭을 걸으십니다. 땅을 파고 잡초를 뽑아서 열매 맺을 마음으로 준비시키십니다.

자백은 영혼의 밭갈이에 아버지를 모시는 일입니다. 사면은 잘못을 부인하며 무죄를 주장하지만, 자백은 잘못을 인정하고 용서를 구합니다. 자백을 통해 우리가 구하는 것은 사면이 아니라 하나님의 용서입니다.

주님 옆의 십자가에서 구원받은 강도를 기억하십니까?

너는 기억하고 있나 구원받은 강도를
그가 회개하였을 때 낙원 허락받았다

찬송가 461장 **'십자가를 질 수 있나'**의 위 가사와 같이 강도는 십자가 위에서 회개하고 자백하였을 때 낙원을 허락받았습니다.

주님은 말씀하십니다.

"만일 우리가 우리 죄를 자백하면
저는 미쁘시고 의로우사 우리 죄를 사하시며
우리를 모든 불의에서 우리를 깨끗하게 하실 것이요"

10장 저주의 사슬을 끊는 기도 241

우리는 주님 앞에 겸손하게 우리의 죄를 고백함으로 우리들의 삶에 값없이 은혜로 주시는 죄 사함과 모든 불의와 저주에서 건지시는 주님의 능력의 손길을 날마다 체험할 수 있습니다.

기도는 죄악의 사슬을 끊습니다

또 한 가지 말씀은 우리를 둘러싸고 있는 이 죄악의 사슬을 끊을 수 있는 정말 중요한 방법에 관한 것입니다. 그것은 바로 기도입니다. 기도하면 죄악의 사슬이 끊어집니다. 기도하면 나를 둘러싸고 있던 모든 저주의 사슬이 끊어집니다.

> "이에 그들이 그 환난 중에 여호와께 부르짖으매
> 그들의 고통에서 구원하시되
> 흑암과 사망의 그늘에서 인도하여 내시고
> 그들의 얽어 맨 줄을 끊으셨도다"
> (시편 107:13~14)

시편 107편 10~11절에서 우리를 얽어매고 있는 수많은 흑암의 저주의 줄이 있음을 말씀합니다.

> "사람이 흑암과 사망의 그늘에 앉으며 곤고와 쇠사슬에 매임은
> 하나님의 말씀을 거역하며 지존자의 뜻을 멸시함이라"

(시편 107:10-11)

우리를 둘러싸고 얽어매고 있는 이 흑암과 저주의 줄과 쇠사슬은 하나님의 말씀을 거역하며 지존하신 하나님의 뜻을 멸시했기 때문에 생긴 것들입니다. 그러나 우리를 둘러싸고 있는 이 저주의 줄들은 기도하면 끊어집니다. 그래서 기도는 너무나 소중하고 귀중한 것입니다.

이사야 58장 6절에서도

"내가 기뻐하는 금식은 흉악의 결박을 풀어주며 멍에의 줄을 끌러 주며 압제 당하는 자를 자유하게 하며 모든 멍에를 꺾는 것이 아니겠느냐"고 하였습니다.

"금식하며 기도하는 사람은 자신이 진실로 진지하며 하나님께서 축복하지 않으면 그만두지도 않을 것이며 '아니다'란 대답을 원치 않는다는 사실을 하늘에 알리고 있는 것입니다" (알더 웰리스)

"당신은 금식하며 기도하는 날들을 가져보신 적이 있으십니까? 은혜의 보좌를 침노하여 인내하는 가운데 그 자리를 놓지 마십시오. 그러면 하나님의 긍휼이 당신의 위에 내려 덮을 것입니다"
(요한 웨슬레)

사도행전 16장을 보면 바울과 실라가 옥에 갇혔습니다.

발은 착고에 채워졌습니다. 그러나 감사 찬송하고 기도하는 바울과 실라의 입은 아무도 막을 수 없었습니다. 바울과 실라는 그 아픔과 고통 속에서도 실망하지 않았습니다. 원망하거나 포기하거나 체념하지도 않았습니다.

오히려 하나님께 기도하며 찬미하였더니 하나님께서 친히 강림하셔서 감옥 문을 여시고 바울과 실라의 매인 것까지 벗겨주셨습니다. 상상할 수 없는 큰 기적이 일어났습니다.

기도는 하늘과 땅의 모든 문을 여는 열쇠입니다. 혹시 여러분 앞에 여러분의 힘으로 해결할 수 없는 문제가 있지는 않습니까? 기도하는 여러분의 문제가 해결되어지고 매인 것은 풀려지는 역사가 나타나기를 바랍니다.

기도하면 끊어집니다.
기도하면 결박이 풀어집니다.
기도하면 멍에의 줄이 끌러집니다.
기도하면 모든 압제로부터 자유하게 되며 모든 멍에가 꺾입니다. 바울과 실라가 감옥에서 기도했을 때 옥문이 열리고 차꼬가 풀려진 일을 기억하십시오.

예수께서 벙어리 귀신들린 아이의 귀신을 쫓아내심으로 아이를 고치시고 제자들과 함께 집에 계실 때에 제자들이 예수께 묻습니다.

"… 우리는 어찌하여 능히 그 귀신을 쫓아내지 못하였나이까"
(마가복음 9:28)

그 때 예수께서 말씀하십니다.
"… 기도 외에 다른 것으로는 이런 종류가 나갈 수 없느니라"
(마가복음 9:29)

기도가 얼마나 위대한 것인지 주님은 말씀하시고 가르치십니다. 다른 것으로는 되지 않습니다. 그러나 기도하면 해결되고 기도하면 가능합니다. 기도하면 승리하고 기도하면 해결됩니다. 이것이 주님의 위대한 가르침입니다.

기도 외에는 방법이 없습니다. 기도하면 승리할 수 있습니다. 기도는 최후의 마지막 보루입니다. 다른 것으로는 다 안 되었지만 기도로는 가능합니다. 이것이 기도가 위대한 이유입니다. 다른 것으로는 안 됩니다. 하지만 기도하면 됩니다.

"이르시되 기도 외에 다른 것으로는 이런 유가 나갈 수 없느니라"
(막 9:29)

한 분은 이렇게 고백합니다.

"그리스도인들이 자기의 고난을 이겨내지 못하는 이유 가운데 하나는 그들이 영적 능력의 위대한 원천 가운데 하나, 즉 기도가 부족하기 때문입니다."

"하나님, 하나님은 지금 어디에 계십니까? 제가 무엇을 했기에 주께서 피해 숨으시는 겁니까? 기도하기에도 지쳤습니다. 그러나 저는 계속 기도하고 구하며 계속 기다릴 것입니다. 주님밖에는 달리 갈 곳이 없기 때문입니다." (끌레르보의 버나드)

생사를 거는 야곱의 기도

얍복 강가에서 야곱이 기도했을 때 그는 육의 사람 야곱에서 영의 사람 이스라엘이 되었습니다.

야곱이 얼마나 간절히 기도하였는지 성경은 '날이 새도록 씨름하다가'라고 야곱의 기도를 기술할 만큼 생사를 걸고 기도한 것입니다. 여기 이 성경대목이 씨름하였다기 보다 야곱이 '날이 새도록 씨름하다가'라고 보여질 정도로 정말 생사를 걸고 기도하였기에 성경기자가 그렇게 기록한 것이 아닌가 하는 의미론적 해석을 해봅니다.

"야곱은 홀로 남았더니 어떤 사람이 날이 새도록 야곱과 씨름하다가" (창 32:24)

기도는 경험이 아닙니다. 기도는 삶입니다. 기도는 게임이 아닙니다. 기도는 영적 전쟁입니다. 기도하면 이기고 안하면 집니다. 기도는 구경거리가 아닙니다. 생사와 성패를 건 전투입니다.

그래서 윌리엄 부스는 기도의 자세에 대하여 이렇게 역설합니다.

"그대여 기도할 때, 거기에 생사가 달린 것처럼 기도하십시오."

"나는 종종 기도 중에 너무 간절하여 거의 실망할 정도에 이른다. 그러나 필경 나는 승리와 사죄에 대한 확신을 얻는다" (버나드)

생사를 걸고 기도해야 합니다. 기도에 승리해야 합니다. 기도에 성공해야 합니다. 기도 중에 승리의 확신을 얻어야 합니다. 기도에 승리해야 모든 것에 성공합니다. 기도가 회복되어야 모든 것이 회복됩니다.

하나님 앞에서 늘 진실과 전심으로 사시고 진실과 전심으로 기도하십시오. 하나님을 늘 경외하며 하나님 앞에서 늘 진실과 전심으로 산 히스기야의 기도에 하나님은 귀를 기울이셨습니다.

"히스기야가 낯을 벽으로 향하고 여호와께 기도하여 가로되
여호와여 구하오니 내가 진실과 전심으로 주 앞에 행하며 주의
보시기에 선하게 행한 것을 기억하옵소서 하고 심히 통곡하더라"
(왕하 20:1-2)

"기도하기 전에 반드시 기도가 절실한 것인가 자신에게 물어

봐라. 그렇지 않으면 기도하지 말라 습관적인 기도는 참되지 못하기 때문이다." (탈무드)

"부담을 가지고 기도하는 것은 아마도 기도에서 가장 간과 되어온 영역임에 틀림없다. 우리는 너무나 부담이 없는 기도를 한다. 그래서 갈급한 심령 없이 오래된 기도 제목만을 그대로 반복하는 기도를 드리고 있다." (찰스 스탠리)

"마음 없이 기도문을 외우는 것보다 말없이 마음으로 기도하는 편이 유익하다." (존 번연)

기도에 필요한 것은 능변이 아니라 진지함입니다.

축복과 형통의 그리스도인

그리스도인이라고 다 같은 그리스도인이 아닙니다. 아직까지도 육에 속한 그리스도인이 있는가 하면, 축복의 사람인 영에 속한 그리스도인이 있습니다. 그러나 우리는 누구나 다 영에 속한 축복과 형통의 그리스도인이 될 수 있습니다. 기도로 가능합니다.

육에 속한 육체에 속한, 육체의 저주에 속한 야곱이 얍복 강가에서 기도했을 때 그는 육체의 모든 죄악과 저주를 끊고 축복과 형통의 사람, 영의 사람인 이스라엘이 되었습니다.

"자기가 야곱을 이기지 못함을 보고 그가 야곱의 허벅지 관절을 치매 야곱의 허벅지 관절이 그 사람과 씨름할 때에 어긋났더라" (창 32:25)

허벅지 관절(환도뼈)가 어긋났다는 것은 야곱이 가지고 있던 육체성, 육체의 저주성이 기도가운데 끊어지고 해결되었다는 것입니다. 이제 야곱은 육체의 사람, 야곱이 아닌 영의 사람, 기도의 사람, 이스라엘로 새롭게 거듭난 것입니다.

"그가 이르되 네 이름을 다시는 야곱이라 부를 것이 아니요 이스라엘이라 부를 것이니 이는 네가 하나님과 및 사람들과 겨루어 이겼음이니라" (창 32:28)

기도하면 육체의 죄와 저주가 끊어지고 녹아내립니다. 기도는 우리를 축복과 형통의 사람인 영의 사람, 이스라엘로 바꾸어 줍니다.

나의 삶이 아직 주안에서 형통치 못하다고 생각하는 여러분들이 계십니까? 기도를 통하여 나를 둘러싸고 있는 온갖 육체의 죄악과 저주의 사슬을 끊어야 합니다.

전도서 7장 14절 말씀에 "형통한 날에는 기뻐하고 곤고한 날에는 되돌아 보아라"고 하였습니다. 곤고한 날에 내 삶이 형통치 못하다고 생각될 때는 주님 앞에 회개하고 기도해야 합니다.

기도하면 형통케 됩니다. 기도하면 끊어집니다. 야곱과 같이 기도하면 육체의 죄와 저주에서 벗어나 축복과 형통의 사람인 영의 사람 이스라엘로 변합니다.

축복과 형통을 원한다면 우리는 더욱 주님 앞에 무릎 꿇어야 합니다. 나를 둘러싸고 있는 죄악의 사슬, 저주의 사슬, 교만의 사슬, 음란의 사슬, 가난의 사슬들은 기도하면 모든 사슬들이 끊어집니다.

"여호와께 부르짖으매 … 그 얽어 맨 줄을 끊으셨도다"라고 하셨습니다. 기도하면 끊어집니다.

기도는 우리 인생의 모든 영적 독소를 해독하는 해독제입니다. 기도는 우리를 둘러싸고 있는 모든 저주의 사슬을 끊으며 모든 무너진 것을 회복시키는 회복의 능력이 있습니다. 그래서 이엠 바운즈는 "기도의 능력은 일면은 해독제요 일면은 방독제이다"라고 했으며 루터는 "기도는 우리 영혼의 독소를 빨아내는 거머리와 같다"고 하였습니다.

개인의 부흥과 교회의 부흥을 위해서 우리는 기도해야

합니다. 기도하면 나의 부흥과 교회의 부흥을 가로막고 있는 모든 얽어진 줄들이 끊어질 것입니다.

"저는 기도방에서 나올 때는
작은 빛을 발견하고 나옵니다"
(하이든)

absolute prayer

11장 무릎비전,
계시로서의 기도

염려와 근심에는 오직 기도밖에 없습니다. 기도 외에는
방법이 없습니다.

> "아무 것도 염려하지 말고 다만 모든 일에 기도와 간구로,
> 너희 구할 것을 감사함으로 하나님께 아뢰라"
> (빌립보서 4:6)

사도 바울은 기도와 간구를 구분해서 말합니다. 먼저 앞
선 것이 기도입니다.

기도란 먼저 주님을 향하는 것입니다. 빌립보서 4장 6절
의 '기도'는 헬라어로 '프로슈케' 입니다. 프로라는 접두사는

'~을 향하여' 라는 의미입니다. 기도를 의미하는 '프로슈케' 라는 용어는 먼저 우리가 염려와 근심의 환경을 넘어서 하나님만을 향하여야 함을 보여줍니다. 먼저 주님께 마음이 향해야 합니다. 살아계신 능력의 하나님을 향하여 나의 눈을 들어야 합니다.

시편기자는 이렇게 고백합니다.

"내가 산을 향하여 눈을 들리라 나의 도움이 어디서 올까
나의 도움이 천지를 지으신 여호와에게서로다"
(시편 121:1-2)

여러분의 도움이 어디서 옵니까? 바로 천지를 지으신 능력의 하나님께로부터 옵니다. 우리는 때로는 사람을 의지하려 하고 때로는 권력을 의지하려 합니다. 예레미야 선지자는 예레미야 17장에서 사람을 믿으며 혈육으로 권력을 삼고 마음이 여호와에게서 떠난 그 사람은 저주를 받을 것이라 경고합니다.

분명히 기억할 것은 도움은 하나님께로 부터만 온다는 사실입니다. 이 근본적인 사실로부터 우리의 기도를 일으켜 세워야 합니다. 무엇보다 그 하나님만을 신뢰하고 그 분께로만 향해야 합니다. 그 분은 우리의 영원한 반석이십니다.

"너희는 여호와를 영원히 신뢰하라
주 여호와는 영원한 반석이심이로다"
(이사야 26:4)

간구는 말 그대로 하나님께 필요한 것을 아뢰는 것을 말합니다. 빌립보서 4장 6절이 말하는 기도는 '하나님을 의뢰하는 것, 하나님을 향하는 것'이라는 의미이고, 간구는 '나의 필요한 것을 구체적으로 하나님께 아뢰는 것'을 말합니다.

감사함

바울은 계속하여 "너희 구할 것을 감사함으로 하나님께 아뢰라"(빌립보서 4:6) 말합니다. 기도하는 자가 누리는 귀한 특권 가운데 하나는 감사함입니다.

이 감사함에 대하여 메이어Meyer라는 신약학자는 이렇게 설명합니다.

"그리스도인의 모든 기도에 수반되어야 할 요소로서 기도하는 자가 하나님께서 모든 것을 선하게 이루어주실 것을 확신하며 하나님의 뜻에 전적으로 순종하는 것을 나타내는 것이다."

기도하게 되면 이 감사함이 넘침을 우리는 실제적으로 체험합니다. 내가 가진 문제가 어떤 것이 될지라도 하나님께서 이 문제를 선하게 해결하여 주실 것이라는 확신과 감사함이 넘치는 것을 우리는 기도하며 또는 기도 후에 실제적으로 체험합니다.

감사함은 기도의 놀라운 위력입니다. 기도하는 자만이 이 감사함의 풍성함과 축복을 누릴 수 있습니다. 바울은 "그리하면 모든 지각에 뛰어난 하나님의 평강이 그리스도 예수 안에서 너희 마음과 생각을 지키시리라"(빌립보서 4:7)고 말씀합니다.

먼저 모든 인간의 지각을 뛰어 넘는 하나님의 방법과 길이 있습니다. 그래서 바울은 7절에서 "그리하면 모든 지각에 뛰어난 하나님"이라고 고백하였습니다.

나는 사면초가四面楚歌입니다. 중과부적衆寡不敵입니다. 백척간두百尺竿頭입니다. 도무지 사방이 막혀 길이 없을 것 같습니다. 도무지 사방이 막혀 방법이 없을 것 같습니다. 그러나 하나님은 인간의 지각을 뛰어넘는 방법을 가지고 계십니다.

응답받은 기도의 3가지 표적

오직 믿음으로 구하여 이미 주께 응답받은 기도는 3가지의 응답받은 증거와 표적이 있습니다.

믿음으로 구하여 응답받은 기도의 첫번째 특징은 '평강'입니다. 빌립보서 4장 7절에서 사도 바울은 "모든 지각에 뛰어난 하나님의 평강이 그리스도 예수 안에서 너희 마음과 생각을 지키시리라"고 하였습니다. 믿음의 기도로 응답받은 자는 그의 마음에 평안과 평강이 넘칩니다.

믿음으로 구하여 응답받은 기도의 두번째 특징은 '감사함'입니다. 빌립보서 4장 6절에서 사도 바울은 "아무 것도 염려하지 말고 오직 모든 일에 기도와 간구로 너희 구할 것을 감사함으로 하나님께 아뢰라"고 하였습니다.

내가 가진 문제가 얼마나 중차대하고 심각하든지 그 문제를 주님께 아뢰면 주님이 우리로 하여금 감사함을 누리게 하십니다. 주님이 내가 가져온 이 문제를 분명히 선하게 해결하여 주실 것이라는 확신과 감사함이 넘칩니다.

믿음으로 구하여 응답받은 기도의 세번째 특징을 요한일서 3장 21절에서 사도 요한은 이렇게 말합니다.

"사랑하는 자들아 만일 우리 마음이 우리를 책망할 것이 없으면
하나님 앞에서 담대함을 얻고
무엇이든지 구하는 바를 그에게서 받나니
이는 우리가 그의 계명을 지키고
그 앞에서 기뻐하시는 것을 행함이라"
(요한일서 3:21-22)

믿음으로 구하여 응답받은 기도의 세번째 특징은 바로 '담대함'입니다

모든 지각에 뛰어나신 하나님

링컨Abraham Lincoln 대통령은 평소에 자주 이런 말을 했다고 합니다.

"나는 어려울 때마다 무릎을 꿇고 기도를 합니다. 나는 특별한 지혜가 없지만 기도를 하고나면 특별한 지혜가 종종 머리에 떠오르곤 했습니다."

"깊도다 하나님의 지혜와 지식의 풍성함이여,
그의 판단은 헤아리지 못할 것이며
그의 길은 찾지 못할 것이로다"
(로마서 11:33)

홍해를 가르신 하나님의 역사를 기대하십시오. 반석에서 샘물 나게 하신 하나님의 역사를 소망하십시오. 하나님은 인간의 지각을 뛰어넘는 방법과 길을 가지고 계십니다. 그 하나님께 지혜를 구해야 합니다.

"너희 중에 누구든지 지혜가 부족하거든
모든 사람에게 후히 주시고 꾸짖지 아니하시는 하나님께 구하라
그리하면 주시리라" (야고보서 1:5)

도무지 해결될 수 없을 것 같은 어려움과 환난과 위기 속에서 하나님께 기도하는 자는 감사함을 누립니다. 그리고 인간의 이해를 뛰어넘는, 모든 지각에 뛰어난 하나님의 평강을 누립니다. 그래서 바울은 "그리하면 모든 지각에 뛰어난 하나님의 평강이 …"라고 고백합니다.

이사야 선지자는 이 평강의 복을 이렇게 고백합니다.
"주께서 심지가 견고한 자를 평강하고 평강하도록 지키시리니
이는 그가 주를 신뢰함이니라"
(이사야 26:3)

견고히 주를 의뢰하는 자, 주님께 기도하는 자는 날마다 모든 지각 위에 뛰어난 이 하나님의 평강을 풍성히 누리게 됩니다.

"너희 마음과 생각을 지키시리라"라는 말씀에서 '지키시리라'는 말은 헬라어로 '프루레세이'로 군대용어입니다. 다시 말하면 군사용어입니다.

완전무장한 강력한 로마 군대의 수비대가 큰 성곽과 요새를 물샐틈없이 철두철미하게 호위하고 지키는 모습을 상상해보십시오. 로마군대의 수비대가 큰 성곽을 물샐틈없이 철두철미하게 지키듯이 모든 지각 위에 뛰어난 하나님의 평강

이 여러분의 마음과 생각을 물샐틈없이 완전하게 지키시겠다는 약속의 말씀입니다.

기도하면 비전과 지혜를 얻습니다

독일의 음악가인 하이든Franz Joseph Haydn은 독실한 신앙인이었습니다. 한번은 저명한 예술인들이 모인 자리에서 '고민'과 '고통'의 문제가 화제로 올랐던 적이 있었다고 합니다. 재정적인 고통이나 좋은 작품이 나오지 않을 때의 고민을 어떻게 극복하느냐 하는 것이 화제의 쟁점이었습니다.

모두가 한마디씩 하다가 하이든의 차례가 되었습니다. 그때 하이든은 이렇게 고백하였다고 합니다.

"저는 제 집에서 저의 작은 골방을 기도실로 정했습니다. 일에 지쳐 있을 때나 고민이 시작되면 나는 그 방으로 들어갑니다. 그리고 그 방에서 나올 때는 작은 빛을 발견하고 나옵니다."

감리교의 창시자인 존 웨슬리John Wesley는 새벽 4시에 두 시간씩 기도하고 수요일과 금요일에는 규칙적으로 금식 기도를 했습니다. 그를 지켜본 사람들은 이렇게 말했습니다.

"그는 다른 모든 사람보다 기도를 중요시했습니다. 그리고 그가 모든 빛을 띤 청명한 얼굴로 기도실에서 나오는 것을 종종 보았습니다."

하나님은 기도자의 마음을 빛으로, 평강으로 지키십니다. 하나님은 기도하는 당신의 자녀들에게 특별한 지혜를 주십니다.

> "너희 중에 누구든지 지혜가 부족하거든
> 모든 사람에게 후히 주시고 꾸짖지 아니하시는 하나님께 구하라
> 그리하면 주시리라" (야고보서 1:5)

열왕기상 18장에서 엘리야는 3년 6개월이나 지속됐던 가뭄이 그치고 비가 올 것을 예언하며 아합 왕에게 이제 근심하지 말고 올라가 마실 것을 자신만만하게 선언합니다.

그리고서는 갈멜산에 올라가 땅에 꿇어 엎드려 그 얼굴을 무릎 사이에 넣고 간절히 하나님께 기도합니다. 비가 오기를 간절히 기도하던 엘리야에게 바다에서 큰 비의 전조인 '사람의 손만한 작은 구름'이 일어납니다.

> "일곱 번째 이르러서는 그가 말하되
> 바다에서 사람의 손 만한 구름이 일어나나이다 …
> 조금 후에 구름과 바람이 일어나서 하늘이 캄캄해지며
> 큰 비가 내리는지라"
> (열왕기상 18:44-45)

그렇습니다. 기도하면 비전을 봅니다. 기도하면 문제 해결의 지혜를 얻습니다.

"언제까지 기도해야 하는가. 얼마만큼 기도를 올려야 하는가. 죽을 만큼 고통과 절망의 환경 가운데 있을지라도 내 마음에 진정으로 주님의 기쁨과 평강이 올 때까지, 그리고 밤낮 주님 때문에 행복하고 평강이 넘칠 때까지 주님께 기도를 올려야 한다.

이렇게 하고 나면 그 나머지는 그냥 공짜로 주님께서 더하여 주신다. 그리고 문제가 풀리기 시작하며, 사업이 번성하기 시작하며, 인간관계가 풀리기 시작한다." (크리스천과 경제생활)

다니엘은 그의 친구들이 자신과 그들을 위하여 기도하던 한밤중에 은밀한 비전을 봅니다.

"이에 이 은밀한 것이 밤에 환상으로 다니엘에게 나타나 보이매 …"
(다니엘 2:19)

다니엘은 기도하는 한밤중에 이처럼 응답을 받았습니다. 혹시 여러분 가운데 간절한 기도제목이 있습니까? 낙심하거나 한숨 쉬기보다 한밤중이라도 일어나 기도하시기 바랍니다.

힘들고 지쳐 도저히 사방에 가로 막혀있는 것 같을 때, 무릎을 꿇으면 하나님은 분명한 비전을 보여주십니다. 도무지 갈 길이 없어 보이는 상황에서도 무릎을 꿇으면 하나님께서는 길을 열어주십니다.

기도하는 인생은 비전 인생입니다. 오늘날도 동일하게 하나님께서는 하나님을 향하여 뜻을 정한 모든 당신의 자녀들에게 다니엘과 같이 승리할 수 있는 분명한 비전을 허락하실 것입니다. 바로 무릎 꿇는 기도자에게 말입니다.

무릎 꿇는 자에게 하나님은 분명한 비전과 지혜를 허락하십니다. 비전과 지혜는 무릎 꿇음으로부터 나옵니다.

이런 말이 있습니다.

"지식을 얻으려면 학교로 가라 지혜를 얻으려면 하나님 앞에 무릎을 꿇어라 지식이 지혜는 아니다. 지혜는 무릎을 꿇는 자에게만 주시는 하나님의 은총이다."

그렇습니다. 지혜는 무릎 꿇는 자에게 아낌없이 주시는 하나님의 선물입니다.

링컨 대통령은 평소에 자주 이런 말을 했다고 합니다.

"아무데도 갈 데가 없이 막연할 때 나는 여러 번 무릎을 꿇게 됩니다. 나의 지혜와 주위의 모든 것이 감당하기에 너무 벅찰 때 나는 기도에 의지합니다."

또 데이비드 닉슨David Nixon은 이런 말을 하였습니다.

"어려움으로부터 구원받기 위해 여러 가지 방법을 강구하는 것은 잘못된 신앙이다. 참된 신앙은 오직 한 가지 방법, 곧 필요할 때마다 하나님 앞에 나아가 지혜를 달라고 기도하는 방법만을 따른다."

주님은 우리에게 오늘도 말씀하십니다.

"너희 중에 누구든지 지혜가 부족하거든
모든 사람에게 후히 주시고 꾸짖지 아니하시는 하나님께 구하라
그리하면 주시리라"
(야고보서 1:5)

미국의 유명한 치즈 제조업자였던 크래프트James L. Kraft라는 사람은 처음에 치즈를 마차에 싣고 다니면서 팔았습니다. 그는 매일 아침 치즈를 팔러 나가기 전에 먼저 하나님께 기도를 드린 후 떠났습니다.

그 때마다 그에게 지혜가 생겨서 사업이 점점 번창하게 되었고, 나중에는 수많은 트럭으로 치즈를 보급하는 '치즈 왕'이 되었습니다. 그에게 당신이 성공한 비결이 무엇이냐고 물었을 때, 그는 이렇게 대답했습니다.

"하나님께 지혜를 구하는 기도를 하고 모든 일을 처리하자 하나님께서 이처럼 축복을 해주셨습니다."

기도가 길을 엽니다. 기도는 하나님의 역사를 가져오는 철로입니다. 아무리 막히고 답답해도 기도하면 길이 보입니다. 아무리 어렵다 해도 기도하면 됩니다.

누가복음 3장을 보면 예수께서 세례받으실 때에 비전이 열려짐을 보여줍니다.

"백성이 다 세례를 받을쌔 예수도 세례를 받으시고 기도하실 때에
하늘이 열리며 성령이 형체로 비둘기 같이 그의 위에
강림하시더니 하늘로서 소리가 나기를 너는 내 사랑하는 아들이라
내가 너를 기뻐하노라 하시니라" (눅 3:21-22)

세례란 자아의 죽음을 의미합니다. 세례받기 위해 물속에 들어갈 때에 그의 옛자아는 죽습니다. 자아가 죽을 때 비전이 열립니다. 이것은 놀라운 신비입니다. 자아가 죽을 때 비전이 드러납니다.

기도란 나의 육을 죽이는 것입니다. 나의 자아를 죽이는 것입니다

우리의 육체는 기도하기를 싫어합니다. 우리의 자아는 기도하기를 싫어합니다. 그래서 갈라디아서 5장 17절은 "육체

의 소욕은 성령을 거스리고 성령의 소욕은 육체를 거스리나니 이 둘이 서로 대적함으로 너희의 원하는 것을 하지 못하게 하려 함이니라"고 말한 것입니다.

우리의 육체는 기도하기를 싫어합니다. 우리의 자아는 기도하기를 싫어합니다. 기도로 우리의 자아와 육을 죽일 때 영이 열립니다. 그래서 비전이 열리는 것입니다. 이것은 놀라운 신비입니다.

마태복음에서는 똑같은 예수님의 세례의 대한 본문을 다루지만 사도누가는 예수께서 세례받으시고 기도하실때에 하늘이 열렸음을 지적합니다. 즉 "기도하실때"를 추가합니다.

"예수께서 세례를 받으시고 곧 물에서 올라 오실쌔 하늘이 열리고 하나님의 성령이 비둘기 같이 내려 자기 위에 임하심을 보시더니 하늘로서 소리가 있어 말씀하시되 이는 내 사랑하는 아들이요 내 기뻐하는 자라 하시니라" (마 3:16-17)

"백성이 다 세례를 받을쌔 예수도 세례를 받으시고 기도하실 때에 하늘이 열리며" (눅 3:21)

세례와 기도는 우리의 자아와 육을 죽이는 것입니다 우리의 자아와 육을 죽이면 영이 열립니다. 비전이 열립니다

기도가 길을 엽니다.

한분은 이렇게 고백합니다.

"기도하면 길이 보입니다. 기도하면 사명이 보입니다.

기도하면 천국이 보입니다. 기도하면 상급이 보입니다.

기도하면 사랑이 보입니다. 기도하면 믿음이 보입니다.

기도하면 교만이 보입니다. 기도하면 분별이 보입니다.

기도하면 주님이 보입니다. 기도하면 말씀이 보입니다.

기도하면 응답이 보입니다. 기도하면 민족이 보입니다.

기도하면 세계가 보입니다. 기도하면 귀신이 보입니다.

기도하면 충성이 보입니다. 기도하면 건강이 보입니다.

기도하면 행복이 보입니다. 기도하면 축복이 보입니다.

기도하면 모두 보입니다. 기도가 주는 유익은 무한합니다.

하나님의 능력은 무제한입니다."

기도는 곧 비전입니다.

프랑스의 지하철 입구에서 바이올린을 켜며 구걸을 해서 살아가던 한 소년이 있었습니다. 그는 초등학교도 제대로 다니지 못했고, 열네 살 때까지 신발 한 켤레도 변변히 신어본 일이 없을 만큼 가난했지만, 예수님에 대한 사랑과 믿음은 그 어느 누구보다도 풍성했습니다.

그는 학교 공부는 못했지만 하나님의 말씀을 열심히 배웠고, 그것을 통하여 성령의 인도를 받는 방법을 알게 되었습니다. 그는 하나님을 의뢰하는 가운데 성령의 인도를 받아 사업에 큰 성공을 이루게 되었고, 위대한 실업가로 인정받게 되었습니다. 그는 새로운 사업에 투자하여 한 번도 실패한 적이 없었고, 새로 계획한 일이 이루어지지 않은 적이 없었습니다. 어떤 사람이 그에게 사업이 날로 번창하는 비결을 묻자, 그는 이렇게 대답했습니다.

"우리 집에는 기도실이 따로 마련되어 있는데 나는 중대한 투자를 할 때마다 기도실에 들어가 금식 기도를 하고 말씀을 보며 하나님께서 들려주시는 음성에 귀를 기울였습니다. 그리고 하나님의 성령께서 내 마음에 경험이나 이성을 초월한 어떤 확신이나 불길 같은 소원을 통해 말씀해 주시면 그 말씀대로 행했습니다. 이렇게 언제나 성령의 인도하심을 받았기 때문에 성공할 수 있었던 것입니다."

"저희가 그 근심 중에서 여호와께 부르짖으매 그 고통에서 인도하여 내시고 광풍을 평정히 하사 물결로 잔잔케 하시는도다 저희가 평온함을 인하여 기뻐하는 중에 여호와께서 저희를 소원의 항구로 인도하시는도다" (시 107:28-30)

기도의 골방

기도는 온갖 하늘의 완전한 지혜와 각양 좋은 보물을 얻는 보물창고입니다.

온갖 좋은 은사와 온전한 선물이 다 위로부터
빛들의 아버지께로부터 내려오나니
그는 변함도 없으시고 회전하는 그림자도 없으시니라
(야고보서 1:17)

"너는 기도할 때에 네 골방에 들어가 문을 닫고
은밀한 중에 계신 네 아버지께 기도하라
은밀한 중에 보시는 네 아버지께서 갚으시리라"
(마태복음 6:6)

주님께서 골방에서 기도하라고 하셨을 때 그 골방은 헬라어로 '타메온'입니다. '타메온'은 온갖 보화와 보물이 있는 보물창고를 의미합니다.

"기도는 하나님의 무한한 은혜와 능력의 창고를 여는 유일한 열쇠이다." (토레이)

"기도는 하늘 보고를 여는 열쇠이다." (김학중 목사)

E. M. 바운즈Edward McKendree Bounds는 역설합니다

"성도들의 기도는 세상에서 일하는 하나님의 보급창고이다. 하나님의 은혜와 축복은 인간이 드리는 기도에 의해 클 수도 작을 수도 있

다.”

칼빈도 이렇게 말합니다.

“하나님의 이름을 불러서 그리스도 안에 있는 보물을 받게 된다. 신앙이 복음에서 나오듯이, 우리의 마음도 복음의 훈련을 받아서 하나님의 이름을 부르게 된다. 기도를 통하여 우리는 천국의 보물을 발굴한다.”

기도하는 골방이 얼마나 위대한 보물창고인가를 상징적으로 보여주는 대목입니다. 기도 속에서 수많은 기도의 보화와 보물을 퍼 가시기를 소망합니다.

여러분의 골방은 어디입니까? 특별히 주님께서는 골방에 들어가 '문을 닫을 것'을 말씀하십니다. 여기서 문을 닫는다는 의미는 세상의 소음과 분주함으로부터 벗어나 하나님께 집중할 수 있는 그런 환경을 의미합니다.

그런 의미에서 골방은 공간적 의미라기보다는 하나님께 온전히 집중할 수 있는 환경을 의미합니다. 여러분의 골방은 어디입니까?

“주님은 은밀히 기도하는 사람에게 자신을 나타내시지만, 영혼의 지성소가 없는 사람에겐 나타낼수 없다” (사무엘 채드윅)

찰스 조지 고든Charles George Gordon은 1833년에 출생한 영국이 자랑하는 장군입니다. 그는 1860년 애로호 사건 때 공을 세웠고, 중국의 태평천국의 난을 진압했습니다. 그는 수단의 총독을 지냈고, 이집트 총독을 지냈습니다.

그가 수단의 총독으로 임명받아 반란군들을 토벌하고 있을 때입니다. 그의 막사 밖에는 매일 1시간씩 손수건이 걸려 있는 것을 볼 수 있었습니다. 군인들은 그 손수건이 무엇을 의미하는지를 다 알았습니다.

그 손수건은 "지금 기도 중"이란 표시였습니다. 그의 막사는 기도의 골방이 되었습니다. 그 기도의 골방은 고든 장군을 승리자로 만들었습니다.

E. M. 바운즈는 《기도의 능력Power Through Prayer》이라는 책에서 기도의 골방이 얼마나 중요한가를 다음과 같이 역설합니다.

"우리가 옹색하게 사는 것은 기도 생활에 인색하기 때문이다. 골방에서 잔치하는 데 많은 시간을 들일수록 우리의 삶이 기름지고 알차게 될 것이다. 우리가 골방에서 하나님과 함께 머무를 수 있는 능력은 골방 밖에서 하나님과 같이할 수 있는 능력을 결정한다"

기도의 골방은 무제한의 천국 보화를 보물 창고에서 무제한으로 공급받는 자리입니다.

존 뉴턴은 "아주 큰 소원을 가지고 당신은 한 왕께 나아갑니다. 그 왕의 은혜와 능력은 무한하시므로 아무리 구해도 너무 많이 구한다고 할 수 없습니다"라고 말합니다.

그러므로 기도의 시간과 장소를 소홀히 여기고 간과하는 것은 세상에 있어 가장 중요한 시간과 기회를 놓쳐버리게 되는 것입니다. 바쁘다고 기도를 소홀히 하면 기도를 안한 만큼 손해를 봅니다.

앤드류 머레이Andrew Murray는 "일정한 기도의 시간이 없는 사람은 기도하지 않는 사람이다"라고 말합니다. 일정시간 골방의 기도가 없는 사람은 기도하지 않는 사람입니다.

세계적인 강철 왕 카네기Andrew Carnegie에게 기자들이 성공비결을 물었습니다. 그는 세 가지로 대답했는데, 첫째, 그가 가난했기 때문이며, 둘째, 배우지 못했기 때문이며, 마지막은 그렇기 때문에 하나님 앞에서 목숨 걸고 기도하며 지혜를 얻었기 때문이라고 했습니다.

누구도 빼앗지 못하는 기도가 있었기에 그는 세계적인 강철 왕이 될 수 있었습니다. 여러분에게도 그 누구도 빼앗아 갈수 없는 기도의 기름지고 풍성한 골방이 있습니까? 자본은 오직 기도입니다. 기도의 자본이 얼마나 큰 자본인지 우리는 잘 모릅니다.

토마스 벅스톤Thomas Fowell Buxton은 간절히 이렇게 역설합니다. "당신의 기도의 가치를 알고 있지 않은가? 기도는 그 무엇보다 귀중하다 결코, 결코 기도를 소홀히 하지 마라"

기도는 보물창고입니다. 종교개혁자 마틴 루터Martin Luther는 "더 많이 일하기 위해서 더 많이 기도한다"고 했습니다.

그와 함께 종교개혁에 참여했던 필립 멜랑히톤은 어느 날 한 통의 편지를 받았습니다.

"나는 그 놀라운 신앙의 사람에 대하여 말하고 싶습니다. 이 어려운 때에 그의 신앙과 절도 있는 생활과 가슴 속에 가득한 소망은 저를 감동시켰습니다. 그는 성경을 근면하게 연구함으로써 축복된 영혼의 모습을 언제나 유지하였습니다.

그는 하루에 적어도 세 시간 이상 기도함으로써 저를 놀라게 했습니다. 어느 날 저는 그의 기도를 들었습니다. 오, 그것은 무엇이라고 말하면 좋겠습니까? 그의 기도 속에는 충만함이 있었습니다. 믿음의 충만함이, 그 기도하는 자신의 기쁨의 충만함이 있었습니다. 그리고 부친이나 친구와 말할 때처럼 차분하고 부드러우면서도 확고하였고 간절하였습니다. 저는 그렇게 아름다운 기도를 들어본 일이 없습니다. 그 순간 저는 그의 위대한 사역이 바로 그 기도의 골방에서 나온다는 것을 알게 되었습니다. 당신은 그런 분과 함께 일하고 있으니 행복한 분입니다."

이 편지 속에 등장하는 그 아름다운 기도의 사람은 마틴 루터였습니다. 그가 불가능을 뚫고 종교 개혁의 기치旗幟를 높이 들 수 있었던 것은 기도골방의 힘이었습니다.

> "주님과 함께 하는 이 고요한 시간 주님의 보좌 앞에 내 마음을 쏟네
> 모든 것 아시는 주님께 감출 것 없네 나 염려하잖아도 내 쓸 것 아시니
> 나 오직 주의 얼굴 구하게 하소서 다 이해 할 수 없을 때도 감사하며
> 날마다 순종하며 주 따르오리다" (온 맘 다해 찬양)

구하는 자에게 모든 것을 주시는 하나님

기도의 가장 중요한 첫 번째 원칙은 '구하라'는 것입니다. 그래서 주님의 사도 야고보는 야고보서 4장 2절에서 먼저 "너희가 얻지 못함은 구하지 아니하기 때문이요"라고 말씀하신 것입니다.

5만 번 기도 응답을 받은 기도의 사람 조지 뮬러도 그가 처음 예수 그리스도를 영접하고 기도할 때마다 의지하고 의뢰한 말씀은 시편 81편 10절의 "네 입을 크게 열라 내가 채우리라"는 말씀이었습니다.

우리는 기도의 시간을 늘려야합니다. 주님께서는 우리가 주님께 구한 내용과 주님께 간구한 기도제목만큼 응답하십니

다. 그래서 우리가 더욱 기도의 시간을 늘려야합니다.

주님은 말씀하십니다.
"지금까지는 너희가 내 이름으로 아무 것도 구하지 아니하였으나
구하라 그러면 받으리니 너희 기쁨이 충만하리라"
(요한복음 16:24)

주님은 구하는 자에게 구하는 모든 것을 주십니다. 구하는 자에게 모든 것을 주시는 좋으신 하나님의 근거가 되는 말씀이 있습니다. 바로 로마서 8장 32절 말씀입니다. 이 말씀은 기도의 매우 중요한 영적 원리를 알려줍니다.

"자기 아들을 아끼지 아니하시고
우리 모든 사람을 위하여 내주신 이가
어찌 그 아들과 함께 모든 것을 우리에게 주지 아니하겠느냐"
(로마서 8:32)

하나님은 자신의 아들을 아끼지 않으시고 우리에게 내어주셨습니다. 하나님께서 우리에게 아들조차도 아끼지 않으셨는데 하나님께서 자신의 아들을 주셨는데 하나님께서 우리에게 못주실 것이 무엇이 있겠습니까? 하나님은 모든 것을 주십니다.

일본의 대표적인 신학자요 목회자인 우찌무라 간조內村鑑

는 이렇게 고백합니다.

> "그리스도는 전부를 주셨다.
> 그리스도는 내게 자기를 주셨다.
> 그에게 있는 생명을 주셨고,
> 성령을 주셨고,
> 하나님과 사람을 사랑하는 마음을 주셨다.
> 그리고 인내와 희망과 환희를 주셨다.
> 그렇다 그는 내게 하나님을 주셨다.
> 그리고 하나님과 함께 우주 만물을 주셨다.
> 그는 나의 죽은 영혼을 살리시어
> 나로 하여금 부하게 하시고
> 지혜로운 자가 되게 하셨다.
> 그러므로 그리스도는 나의 전부이다.
> 그는 나의 식물이요,
> 의복이며 가옥이다.
> 그는 또 내가 하나님 앞에 설 때의 자랑이다.
> 그는 또 나의 지식이며
> 나의 '새벽 별'이며
> 나의 노래의 제목이며
> 미술의 이상이다.
> 그는 또 나의 자각의 근저이므로
> 나의 철학과 윤리의 기초이다"

이것은 매우 중요한 기도의 영적 원리입니다. 기도의 놀라운 비전입니다. 하나님은 자신의 아들을 주셨습니다. 그 분이 못 주실 것은 그 어떤 것도 없습니다. 아들을 주신 분이 무엇을 우리에게 못주시겠습니까? 줄 수 없는 것을 우리에게 주신 분이 무엇을 우리에게 못주시겠습니까? 우리가 받을 수 있는 온갖 좋은 은사와 선물은 다 하나님께로부터 옵니다.

온갖 좋은 은사와 온전한 선물이 다 위로부터
빛들의 아버지께로부터 내려오나니
그는 변함도 없으시고 회전하는 그림자도 없으시니라
(야고보서 1:17)

야고보서 1장 17절의 회전하는 그림자도 없으시다는 말씀은 지구과학 용어입니다. 지구가 자전과 공전을 하면 태양빛을 받는 곳은 낮이 되고 태양빛을 받지 못하는 곳은 밤이 됩니다.

하나님께서 회전하는 그림자가 없으시다는 말씀은 하나님께서는 변함없이, 늘, 언제든지, 어느 곳에서든지, 누구에게나, 어떤 것이든지 간구하는 모든 자에게 온갖 은혜와 선물과 구하는 모든 것을 변함없이 충만하게 채우신다는 말씀입니다.

변함이 없으시고 회전하는 그림자도 없으신 그 동일하시

고 충만하신 하나님께서 온갖 좋은 은사와 온전한 선물을
여러분의 삶에 풍성하고 충만하게 채워주실 것입니다. 그래
서 성경은 우리에게 무엇이든지 구하라고 말씀하십니다.

"… 무엇이든지 원하는 대로 구하라 그리하면 이루리라"
(요한복음 15:7)

"무엇이든지 구하는 바를 그에게서 받나니 …"
(요한일서 3:22)

"… 모든 것을 우리에게 주시지 아니하시겠느냐"
(로마서 8:32)

무엇이든 하나님께 구하시기 바랍니다. 아들까지도 아끼
지 않으신 하나님께서 분명히 여러분이 간구하시는 것을 주
실 것입니다.

오직 믿음으로 구하라

"오직 믿음으로 구하고 조금도 의심하지 말라
의심하는 자는 마치 바람에
밀려 요동하는 바다 물결같으니
이런 사람은 무엇이든지 주께 얻기를 생각하지 말라"
(약 1:6-7)

"너희가 기도할 때에
무엇이든지 믿고 구하는 것은 다 받으리라 하시니라"
(마 21:22)

주님께서는 수많은 병자들을 치유하시며 그들에게 많은 질문을 하셨습니다.

요한복음 5장에서 주님은 베데스다 우물가에 38년 된 병자에게 네가 낫고자 하느냐? 하고 질문하십니다. 38년을 병마로 고생한 병자에게 자신의 질병이 나음을 얻고자 함은 얼마나 그 자신에게 간절하다 못해 강렬한 것이겠습니까?

그런데 주님은 그에게 질문하십니다.
"네가 낫고자 하느냐?"

마태복음 9장에서 두 소경이"다윗의 자손이여 우리를 불쌍히 여기소서"하며 간절히 주님께 소리 지릅니다. 주님은 그 상황에서 그들에게 질문을 던지십니다. "내가 능히 이 일을 할 수 있다고 믿느냐?"

두 소경이 대답합니다. "주여 그러하오이다."

그때 주님께서 저희 눈을 만지시며 말씀하시기를 선언하

십니다

"너희 믿음대로 되라"

왜 주님께서 병자들을 치료하실 때 그들에게 질문하셨습니까? **"예수께서 주신 물음들"(기독지혜사)**이라는 책을 보면 예수께서 병자들을 치유하시며 그들에게 많은 질문을 하신 이유를 다음과 같이 설명합니다.

바로 그것은 그들의 믿음의 고백을 듣기 원하셨기 때문입니다. 그리고 중요한 사실 한 가지는 주님의 치유의 능력과 역사는 그들의 고백만큼 일어났다는 것입니다.

12년 동안 혈루증을 앓던 여인은 그 마음에 주님의 옷자락만 만져도 내가 낫는다는 믿음이 있었습니다. 그 믿음으로 주님의 옷자락을 붙잡은 이 여인에게 주님은 선언하셨습니다.

"가라 네 믿음이 너를 구원하였다"

마찬가지로 기도의 응답에도 내가 주님을 믿는 만큼 기도는 응답받습니다. 병자들이 주님의 치유의 역사를 믿은 만큼, 믿은 만큼만 그들이 치유 받았던 것처럼 기도도 역시 주님을 내가 주님을 믿는 만큼, 믿는 만큼만 응답받는 것입니다.

그래서 야고보는 야고보서 1장 6절에서 강하게 역설합니다.

　　"오직 믿음으로 구하고 조금도 의심하지 말라"

　오직 믿음으로만 구해야 합니다.
왜입니까? 주님은 내가 믿은 것만큼, 그만큼만 나의 기도에 응답하시기 때문입니다. 의심하는 자에게 야고보는 경고합니다.

"오직 믿음으로 구하고 조금도 의심하지 말라 의심하는 자는 마치 바람에 밀려 요동하는 바다 물결같으니 이런 사람은 무엇이든지 주께 얻기를 생각하지 말라" (약 1:6-7)

　7절의 헬라어 성경의 정확한 실제적인 의미는 "의심하는 자가 무슨 염치로 주께 얻으려고 하느냐"라는 뜻입니다. 의심하는 자에게 주님은 아무것도 주실 수 없습니다. 주고 싶어도 의심하기에 줄 수 없는 것입니다.

　6절의 의심을 헬라어 사전을 통해 보면 나누다 "to divide"입니다. 마음이 갈라지는 것입니다. 마음이 나눠지는 것입니다. 무엇으로 마음이 갈라지고 나눠집니까? 바로 믿음과 의심으로 마음이 나눠지고 갈라지는 것, to divide를 말합니다.

사실 저도 기도할 때 그런 생각이 듭니다.

스케일이 크고 어려운 문제를 기도제목으로 염치없이 주님 앞에 내놓습니다. 너무 스케일이 크고 정말 어려운 기도제목이기에 열심히 주님께 기도합니다.

정말 믿음으로 기도합니다. 그리고 기도가 마친 후에는 저의 마음에도 그런 생각이 들 때가 있습니다. "될까? 가능할까?"라는 마음이 생깁니다. 그 기도는 응답받지 못했습니다.

오직 믿음으로 구한 기도만이 응답받습니다.

내가 주님께 믿음으로 구한만큼, 믿음으로 구한만큼만 주님께 응답받습니다. 의심은 기도응답의 방해요소이며 적이기에 의심하지 말아야 합니다. 의심의 불화살이 나를 공격해올 때 에베소서 6장의 믿음의 방패로 그 의심의 불화살들을 걷어내고 물리쳐야만 합니다.

제가 제 아이와 함께 강변 북로를 갈 때였습니다. 차가 많이 막혔습니다. 차가 많이 막히니까 제 아이가 대뜸 저에게 이런 말을 합니다.

"아빠! 아빠 차는 못 날아가?" 순간 당황하였습니다.

그냥 아이의 상상력을 고취(?)하기 위하여 이렇게 대답하였습니다.

"날아갈 순 있는데 오늘은 참자!!??"

제 차가 날아갈 수 있다고 제 아이는 믿습니다.

제 차가 날아갈 수 있다는 것에 대하여 조금의 의심도 없습니다. 차가 하늘을 날 수도 있고 아빠는 못하는 것이 없는 슈퍼맨이 됩니다. 조금의 추호의 의심도 없습니다. 아이들의 머릿속에서는 그들이 상상하는 대로 다 되어집니다. 의심이란 존재할 수 없습니다.

그래서인지 주님은 마가복음 10장 14절에서 이렇게 말씀하십니다.

"어린아이들이 내게 오는 것을 용납하고 금하지 말라
하나님의 나라가 이런 자의 것이니라"

천국의 삶은 이미 시작됐습니다. 그것을 누리는 자는 어린아이와 같이 의심하지 않고 오직 믿음으로 사는 자만이 천국을 누릴 수 있습니다.

주님은 말씀하십니다.

"너희가 기도할 때에 무엇이든지 믿고 구하는 것은
다 받으리라 하시니라" (마 21:22)

믿고 구한 것은 이미 받았다는 것입니다.
믿음으로 구한 사람은 이미 받았습니다. 그러나 의심하는
사람은 받지 못합니다.

'무릎 꿇어 기도했거든 휘파람을 불면서 일어나라'는 말
이 있습니다다. 구한 것은 받은 줄로 알기 때문입니다.

우리가 기도하다가 응답이 없으면 기도하는 것이 힘들고
고독하고 답답하여 낙심이 될 때가 많습니다. 그리고 종종
이런 의문이 들기도 합니다. 정말 응답하시는 하나님이 계시
는가? 하나님은 나 같은 사람에게도 관심이 있으실까? 기도
해도 응답이 없는 것을 보면 혹시 하나님께서 나를 버리신
것은 아닐까? 더 기도해 봤자 무슨 소용이 있을까?

다니엘서 10장 12절에서 14절을 보면 이렇게 말씀합니다

"그가 내게 이르되 다니엘아 두려워하지 말라 네가 깨달으려 하여
네 하나님 앞에 스스로 겸비하게 하기로 결심하던 첫날부터 네
말이 응답 받았으므로 내가 네 말로 말미암아 왔느니라 그런데
바사 왕국의 군주가 이십일 일 동안 나를 막았으므로 내가 거기
바사 왕국의 왕들과 함께 머물러 있더니 가장 높은 군주 중

하나인 미가엘이 와서 나를 도와주므로 이제 내가 마지막 날에 네 백성이 당할 일을 네게 깨닫게 하러 왔노라 이는 이 환상이 오랜 후의 일임이라 하더라" (단 10:12-14)

다니엘이 기도한 그 첫날에 이미 응답되었으나, 공중에 권세 잡은 마귀가 그 응답이 내려오지 못하도록 중간에서 막아 21일 동안 지체되었습니다.

"또 사람의 모양 같은 것 하나가
나를 만지며 나로 강건케 하여
가로되 은총을 크게 받은 사람이여
두려워하지 말라 평안하라 강건하라 강건하라
그가 이같이 내게 말하매 내가 곧 힘이 나서
가로되 내 주께서 나로 힘이 나게 하셨사오니 말씀하옵소서"
(단 10:18-19)

우리가 꼭 알아야 할 점은 기도란 영적인 전투이며, 사단은 우리의 기도가 응답되어지는 것을 방해하려고 힘쓴다는 사실입니다. 그러므로 하나님으로부터 응답을 받을 때까지 끈기있게 믿음을 가지고 기도하는 것, 중단하지 않고 계속해서 기도하는 것이 대단히 중요합니다. 종종 그리스인들이 기도에 성공하지 못하고, 응답 받지 못하는 중요한 이유들 중의 하나가 바로 끈기의 부족인 것입니다.

하나님을 바라보라

"내가 산을 향하여 눈을 들리라 나의 도움이 어디서 올꼬
나의 도움이 천지를 지으신 여호와에게서로다"
(시 121:1-2)

"그에게 피하는 자는 복이 있도다"
(시 34:8)

시편 121편에서 시편기자는 정말 중요하고 위대한 고백을
합니다. 먼저 "내가 산을 향하여 눈을 들리라"는 것입니다.
좌절과 절망의 문제 속에서 여러분들은 혹시 무엇을 보십니
까? 나를 둘러싼 암울한 현실만 보고 있지는 않으십니까?

시편기자는 우리에게 분명히 일러줍니다. 바로 눈을 들어
하나님을 보라는 것입니다. 우리가 가진 문제가 얼마나 크고
심각하고 중차대한 것이냐 하는 것은 중요한 것이 아닙니다.
중요한 것은 하나님께서 바로 내가 가진 그 문제를, 내가 가
진 그 염려를 해결할 수 있는 분이라는 것을 깨닫고 하나님
을 바라보는 것입니다.

하나님께선 내가 가진 문제의 마스터키를 가지고 계십니
다. 만능키를 가지고 계십니다. 태산 같은 문제라 할지라도

주님께 가져오기만 하면 해결됩니다. 단지 우리가 할 일은 눈을 들어 하나님을 바라보는 것입니다. 거기에 기도응답과 문제 해결의 중요한 열쇠가 있습니다.

마가복음 2장을 보면 주님께서는 중풍병자를 주님께 데리고 온 중풍병자의 네 친구의 믿음을 칭찬하십니다.

주님께서 가버나움의 한집에 계실 때 많은 사람이 주님께 몰려들었기에 중풍병자의 네 친구는 중풍병자를 주님께 데려갈 수가 없었습니다. 그렇지만 그들은 한 가지 방법을 생각해 냈습니다.

그것은 주님이 계신 집의 지붕을 뜯어 구멍을 내어 자신의 친구인 중풍병자의 병상을 주님 앞에 내려놓는 것이었습니다. 주님은 그들의 믿음을 칭찬하셨습니다.

"그들의 믿음을 보셨다"

중풍병자의 병은 주님 앞에 그 질병을 가져 왔을 때 깨끗이 치료함을 받았습니다. 많은 사람들이 주님께 몰려들었습니다. 중풍병자의 네 친구는 주님을 둘러싼 암울한 현실에 좌절하지 않았습니다. 그들은 그들의 눈을 들었습니다. 그리고 주님이 계신 집의 지붕을 바라보았습니다.

지붕은 열려 있었습니다. 그렇습니다. 하늘은 열려있습니다. 그들이 눈을 들어 주님이 계신 집의 지붕을 바라보지 않고 많은 사람들이 주님을 둘러싼 암울한 현실만 바라보았다면 그들은 여전히 실패자로 남았을 것입니다. 그러나 그들의 위대함은 바로 눈을 들어 주님이 계신 집의 지붕을 보았다는 것입니다.

아무리 내 현실이 절망적이어도 하늘은 열려 있습니다. 어떠한 절망적인 환경일지라도 하늘을 볼 수 있는 눈만 있다면 우리는 승리합니다. 이것이 믿음입니다.

절망과 좌절의 폐허 속에서도 하늘을 바라볼 수 있는 믿음, 그것이 살아있는 믿음입니다. 하늘에 길이 있습니다. 하늘에 방법이 있습니다.

주님께 온 중풍병자의 네 친구처럼 눈을 들어 하늘을 보고 지붕을 뜯어 나의 문제와 염려를 가져올 수 있는 것이 믿음입니다, 주님은 그것을 믿음으로 보십니다. 나의 문제와 염려를 주님께 가져오는 것을 주님은 믿음으로 보십니다.

주님 앞에 나의 문제와 염려를 가져와야 합니다. 중풍병자의 네 친구처럼 눈을 들어 하늘을 보아 지붕을 뚫고 구멍을 내서라도 주님께 문제만 가져오면 됩니다.

열왕기하 6장 15-17절을 보면 수많은 말과 병거와 군사들이 엘리사가 있는 도단성을 에워싸고 둘러쌓습니다. 이에 사환이 두려움에 떨면서 엘리사에게 말합니다.

"아아 내 주여, 우리가 어찌 하리이까"

그러자 엘리사는 사환에게 말합니다.

"두려워하지 말라
우리와 함께 한자가 저와 함께 한 자보다 많으니라"

그리고 엘리사는 하나님께 "여호와여 원컨대 저의 눈을 열어 보게 하옵소서"라고 기도합니다.

그러자 여호와께서 그 사환의 눈을 열어주셔서 그는 불말과 불 병거가 산에 가득하게 엘리사를 둘러싸고 있는 것을 보았습니다.

우리는 우리의 눈을 들어 우리를 둘러싸고 있는 하나님의 권능과 능력과 하나님의 도움을 볼 수 있어야 합니다.

상황에 좌절하거나 환경에 절망해서는 안 됩니다. 엘리사와 같이 믿음의 눈을 열어야 합니다. 중풍병자의 네 친구와 같이 믿음의 눈을 들어야 합니다. 아무리 내 현실이 절망적이어도 하늘은 열려 있습니다. 어떠한 절망적인 환경일지라도 하늘을 볼 수 있는 눈만 있다면 우리는 승리합니다. 이것이 믿음입니다.

절망과 좌절의 폐허 속에서도 하늘을 바라볼 수 있는 믿음, 그것이 살아있는 믿음입니다. 하늘에 길이 있습니다. 하늘에 방법이 있습니다.

중풍병자의 네 친구처럼 눈을 들어 하늘을 보아 지붕을 뜯어 나의 문제와 염려를 주님께 가져올 수 있어야 합니다, 엘리사와 같이 우리의 눈을 들어 우리를 둘러싸고 있는 하나님의 권능과 능력과 하나님의 도움을 볼 수 있어야 합니다.

눈을 들 수 있다고 하는 것은 축복입니다. 눈을 들 수 있다는 것은 믿음입니다. 영안입니다. 눈을 들 수 있다는 것은 바로 그 자리에서부터 주님의 도움과 문제의 해결이 시작되는 것을 의미합니다.

사랑하는 여러분! 눈을 들 수 있는 것이 바로 믿음이요 축복입니다. 도저히 일어설 수 없는 좌절과 절망 속에서도 엘리사의 사환과 같은 믿음의 눈이, 영안이 이 책을 읽는 여러분들에게 활짝 열려지기를 간절히 기원합니다.

어느 날 루터가 강아지에게 고기를 줄 때였습니다.

강아지는 입을 크게 벌리고 주인이 주려는 고깃덩어리를 올려다보며 두 눈을 반짝이고 있었습니다.

이것을 본 루터는 큰 깨달음을 얻었습니다.

"이 강아지가 고기를 보는 것처럼 나도 그렇게 하나님께 기도할 수 있었으면 좋겠다. 이 강아지의 생각은 오직 한 조각의 고기만을 향하고 있으며 다른 잡념이나 희망에 대해서는 전혀 생각하지 않기 때문이다."

"강력한 힘을 가진 기도에는 방향성이 요구된다. 고도로 현대화된 세상에서는 일반적으로 폐기된 것인데 기도할 때 자세를 바꾸어야 한다. 부모들은 아이들에게 바르게 가르치려고 한다.

말하기 전에 몸으로 기도하라. 아이가 입을 열기 전에 손을 사용하여 의사를 표현하는 법을 배우는 것처럼, 믿음의 자녀들은 기도하기 전에 자세를 바꾸는 법을 배워야 한다.

서는 것이든, 앉는 것이든, 무릎을 꿇는 것이든, 구부리는 것이든, 엎드린 자세이든 간에 자세를 바꾸는 것은, 하나님과의 관계에 대한 태도가 달라졌음을, 우주에서 가장 강력한 힘과 만날 준비가 되었음을 의미한다." <세상을 호흡하며 춤추는 영성, 레너드 스윗>

"우리가 기도할 때 중요한 것은 몸의 자세가 아니라 마음의 태도이다" (빌리 그래함)

그렇다면 근본적으로 시편기자는 왜 우리에게 눈을 들라고 했는지 생각해 볼까요? 그것은 도움은 하나님에게서만 오기 때문입니다.

하나님께로만 도움이 옵니다. 하나님만이 나의 도움이 되십니다. 인간이 나의 인생에 가장 큰 도움이요 위로일 것 같지만 결코 그렇지 않습니다. 도울 힘이 없는 인간은 의지할 필요도 가치도 없습니다.

시편 146편에서 시편 기자는 고백합니다.

> "방백(princes)들을 의지하지 말며 도울 힘이 없는
> 인생(mortals)도 의지하지 말지니 그 호흡이 끊어지면 흙으로
> 돌아가서 당일에 그 도모가 소멸하리로다"
> (시 146:3-4)

의지해서는 안된다는 얘기가 아닙니다. 당위론적인 얘기가 아닙니다. 의지할 필요가 없습니다. 인생은 도울 힘이 전혀 없기 때문입니다.

> "나 여호와가 이같이 말하노라 무릇 사람을 믿으며 혈육으로 그의
> 권력을 삼고 마음이 여호와에게서 떠난
> 그 사람은 저주를 받을 것이라" (렘 17:5)

"그러나 무릇 여호와를 의지하며
여호와를 의뢰하는 그 사람은 복을 받을 것이라" (렘 17:7)

도움은 하나님에게서만 옵니다.

"내가 산을 향하여 눈을 들리라 나의 도움이 어디서 올꼬
나의 도움이 천지를 지으신 여호와에게서로다" (시 121:1-2)

너무나 잘 아는 말씀입니다. 너무나 잘 알고 익숙한 말씀
이기에 그냥 습관적으로 넘어가 버릴지도 모릅니다. 그러나
이 말씀은 매우 위대하고 중요한 영적 진리를 가지고 있습
니다.

바로 도움은 하나님에게서만 온다는 것입니다.

미국의 백화점 왕으로 알려진 제이 씨 페니(James Cash
Penney)라는 사람이 있습니다.(경영전문지인 월간 CEO에 따
르면 신 386 기업가 21명을 대상으로 설문조사한 결과 국내
외를 통틀어 지금까지 자신이 모델로 삼아왔던 기업가로는
삼성 창업자인 故 이병철 회장(6명 추천)을 가장 많이 꼽았
다. 신용호 교보생명 창업자, 일본의 마쓰시타 고노스케, 미
국의 백화점 왕인 제이 씨 페니 등도 들었다.)

백화점 연쇄점으로 대부호가 되고 여러 교회를 위하여도

물질적으로 크게 공헌한 제이 씨 페니는 젊어서 사업에 실패하고 많은 빚을 지게 되었습니다. 다시 일어설 수 없을 정도까지 그의 영혼은 황폐해졌습니다.

빚쟁이들에게 시달리고 심한 재정난을 겪으면서 그의 걱정과 근심은 이만 저만이 아니었습니다. 건강이 최고로 악화되면서 페니는 미시간주 배틀크릭에 있는 격리병원에 수용되었습니다.

어느 날 아침 지치고 낙심한 그에게 바람을 타고 한 찬송소리가 들려왔습니다. 그가 무거운 몸을 이끌고 소리 나는 곳을 간신히 찾아갔더니 어떤 작은 건물에서 기도회가 열리고 있었습니다.

그는 뒷자리에 가서 앉았는데 매우 친숙한 찬송 '너 근심 걱정 말아라'가 연주되고 있었습니다. 그 찬송은 그의 마음속에 가득 찬 염려를 몰아내었고 그에게 큰 확신을 주었습니다.

그는 외치기 시작했습니다.

"하나님! 저는 아무것도 할 수 없습니다. 저는 이제 지쳤습니다. 저를 도와주십시오."

그 후에 그는 고백하기를 "나는 무한히 어두운 공간에서 찬란한 태양 빛으로 옮겨지는 느낌이었고 마음속의 무거운 짐이 옮겨져서 그 방을 나올 때는 새로운 사람이 되었다"고 술회하였습니다.

그 후에 그는 자심감과 건강을 회복하고 다시 용기를 내어 사업을 시작한 결과 성공하였으며 미국의 대 백화점 왕이 될 수 있었습니다.

제이 씨 페니에게 영적 회복을 가져다 준 찬송가 432장인 '너 근심 걱정 말아라 주 너를 지키리'라는 찬송의 원문은 '지키리'가 아니라 '하나님이 너를 돌보아 주시리'(God will take care of you)입니다.

찬송의 원문을 직역하면 다음과 같습니다.

"어떤 파도가 덮쳐도 낙심 말아라. 하나님이 돌보아 주신다.
고생스런 날에도 실패한 날에도 하나님이 너를 돌보아 주신다.
네게 필요한 것 다 준비해 주시고
네가 구하는 것 거절치 않으신다.
피곤한 자여, 어떤 시험을 당해도 주님 품에 기대라
날마다 그리고 끝까지 하나님이 너를 돌보아 주신다"

하나님은 우리의 매우 실제적이고 살아있는 진정한 도움

이 되십니다. 여기 말씀의 위대한 고백들을 들어보십시오.

"그에게 피하는 자는 복이 있도다" (시 34:8)

"주께서 심지가 견고한 자를 평강에서 평강으로 지키시리니 이는
그가 주를 의뢰함이니라 너희는 주 여호와를 영원히 의뢰하라
주 여호와는 영원한 반석이심이로다" (사 26:3-4)

"여호와 외에 누가 하나님이며 우리 하나님 외에 누가 반석이뇨"
(시 18:31)

주님만이 우리의 살아있는 도움이 되십니다. 주님만이 우
리의 살아있는 유일한 진정한 도움이 되십니다.

기독교 방송에 맹인 윤인수 목사의 간증 드라마가 방송
된 적이 있습니다. 중병으로 앓아누워 있는 어머니를 간병하
기 위해 어린 소년 윤인수가 길거리에 나가 신문을 팔고 구
두닦이를 시작했습니다. 친구의 도움을 받긴 했지만 앞을 보
지 못하는 윤인수로서는 여간 힘든 일이 아니었습니다.

어느 날 윤인수는 열심히 일을 해서 번 돈을 가지고
기쁜 마음으로 집으로 돌아와 어머니에게 돈을 내놓았습니
다.

돈을 받아 든 어머니는 아들 윤인수의 등을 두들겨 주며 "십일조를 먼저 하나님께 떼자"고 말했습니다.

이에 윤인수는 버럭 화를 내며 이렇게 말했다고 합니다.

"어머니, 십일조는 무슨 놈의 십일조입니까, 하나님이 우리한테 해준 게 뭐가 있단 말입니까, 나의 눈은 멀게 됐고 어머니는 중풍으로 병들게 했고, 우리는 공산당에게 쫓겨 피난민 신세가 되게 했고, 재산도 다 빼앗기게 한 그런 하나님께 무슨 놈의 십일조를 내라는 것입니까?"

그러나 그의 병든 어머니는 어린 아들의 손을 꼭 쥐고 이렇게 권면하였다고 합니다.

"인수야 고향 잃어버린 것도 한스럽고, 집 잃어버린 것도 원통하고, 건강 잃어버린 것도 서러운데, 하나님까지 잃어버리고 믿음까지 잃어버리면 우리에게 뭐가 남겠니?"

이 책을 읽는 분들의 삶이 인생의 유일한 참 도움이시며 영원한 반석이신 하나님을 날마다 의뢰하는 축복된 삶이되기를 바랍니다.

구하는 것 이상을 주시는 하나님

하나님께서는 우리가 구하는 것 이상을 주십니다. 에베소서 3장 20절 말씀에서 사도 바울은 구하는 것 이상을 넘치도록 부어주시는 풍성하신 하나님을 찬양합니다.

> "우리 가운데서 역사하시는 능력대로 우리가 구하거나 생각하는 모든 것에 더 넘치도록 능히 하실 이에게"
> (에베소서 3:20)

하나님은 우리가 구하는 것이나 생각하는 것 이상으로 넘치도록 부어 주시는 풍성하신 분이십니다.

한나를 보십시오. 그는 아이를 낳지 못해 브닌나의 조롱과 비난을 받고 자신의 고통과 괴로움을 하나님께 아뢰었습니다. 그저 자신의 고통을 주님 앞에 토해놓고 아뢰었을 뿐입니다. 그러나 그녀의 그 기도는 이스라엘의 역사적 변혁기에 위대한 선지자인 사무엘이라는 인물로 응답받았습니다.

한나의 기도가 대단한 기도였습니까? 그렇지 않습니다. 그저 그의 대적 브닌나의 조롱과 비난을 받고 주님 앞에 자신의 고통과 괴로움을 토해 내었을 뿐입니다. 단순히 자신의 괴로움을 주님께 아뢰었을 뿐입니다.

비록 하찮은 기도 작은 기도인 것 같았지만 하나님의 응답하심의 역사를 보십시오. 주님 앞에서 작은 기도, 하찮은 기도란 없습니다. 작은 기도라도, 작은 고민이라도 주님 앞에 토해 내십시오. 주님은 그 기도에 크게 역사하십니다.

"백성들아 시시로 저를 의지하고 그의 앞에 마음을 토하라
하나님은 우리의 피난처시로다" (시편 62:8)

"기도는 은밀한 중에 아주 구체적으로 하라..죄에 대해서든, 필요와 자비를 구하든 당신의 모든 필요한 것을 구하는 것을 부끄럽게 여기지 말라. 우리가 기도할 때, 그렇게 큰 유익을 얻지 못하는 가장 큰 까닭은 지나치게 추상적으로 기도하기 때문이다"
(사무엘 리)

하나님은 여러분들이 구하는 것이나 생각하는 것 이상으로 넘치도록 부어 주시는 분이심을 확신해야 합니다. 아들을 아끼지 않으시고 우리를 위하여 내어 주신 하나님께서 우리에게 못주실 것은 전혀 없습니다. 모든 것을 주십니다. 그래서 우리는 구해야 합니다.

시편 2편 8절도 "내게 구하라 내가 이방 나라를 네 유업으로 주리니 네 소유가 땅 끝까지 이르리로다"라고 말씀합니다.

찾아야 합니다. 문을 두드려야 합니다. 우리가 하나님께 간구하고 하나님께 구한 종류대로 하나님께서는 우리가 하나님께 구한 내용과 하나님께 간구한 기도제목 모두 응답하십니다. 하나님께서는 우리의 구하는 것이나 생각하는 것 이상

으로 넘치도록 부어 주시는 풍성하신 하나님이십니다.

얻지 못함은 구하지 않기 때문입니다.

계시로서의 기도의 기도신학적 접근

칼빈은, 인간은 본질상 하나님께 기도하지 않고는 살 수 있는 길을 찾을 수 없는 "유전적 부패성(불결성)"54)을 가진 존재, 즉 근본적으로 "결핍된 존재"라고 보고 있습니다.

그런 의미에서 볼 때 우리의 삶이 이와 같이 기도할 수밖에 없도록 방향 지어져 있다는 것을 바르게 이해해야 합니다. 하늘 아버지의 풍요로운 은혜에 이르지 않고는 살 수 없는 존재가 인간이라는 것입니다.

길Sam D. Gill이 적절히 지적한 바와 같이,

"기도는, 대부분의 종교적 관점이 그렇게 보고 있듯이, 인간 상황의 필연이며, 그리고 이 인간의 물질세계가 신의 세계로부터 떨어져 나와 만들어진 것이라고 볼 때, 기도는, 비록 임시적이라 할지라도 이러한 피조물의 결함 gap을 매우는 하나의 수단이다"55)라고 할 수 있을 것입니다. 즉 기도는 우리 그리스도인에게 있어서는 율법과 복음에 따라 순종하며 살아갈 때 우리에게 필요한 것을 주시라는 청원이라고 할 수 있습니다. 따라서 하늘 아버지의 풍요로 이르는 길이 결핍된 피조물인 인간에게도 기도를 통하여서는 열려있는 셈입니다. 그러므로 인간에게 있어서 기도가 얼마나 필요하냐 하는 것은 반박의 여지가 없는 것이라 하겠습니다.

"하나님께서 우리에게 축복하실 준비가 되어 있어도 우리가 기도하지 않기 때문에 그 축복을 받지 못한다."56)

우리 하나님은 실로 부요하시며 자비로우시며 베풀기를 좋아하시기에, 우리 믿는 자들이 억압당하고 못살고 병들어 신음하는 것을 방관하지 않으십니다.

요한 아른트John Arndt에게 있어서 기도는 하나님에 관한 살아있는 지식, 십자가에 달리신 그리스도에 관한 살아있는 지식에 도달하는 것입니다. 이것이 바로 기도의 능력과 필요성입니다. 신자가 끊임없이 그리스도에 생애에 관한 책을 읽는다고 해서 이 지식에 도달하는 것이 아닙니다. 기도를 통하여 신자는 하나님을 찾고 발견하게 됩니다(마태복음 7:7-8).57) 기도하지 않으면 하나님이 주려고 이미 준비한 자연적이고 초자연적인 선물을 받거나 누리지 못합니다.58)

아른트는, 하나님은 우리가 기도와 소망을 통해 얻는 것보다 100배나 더 주시기를 원하신다고 말합니다. 우리가 기도하는 것, 찾는 것, 문을 두드리는 것을 무시하고 이러한 신실하심을 존중하지 않음으로 어두워지고 믿지 않고 게으르

고 말할 수 없는 태만에 빠지게 됩니다.59)

하나님은 자신의 모든 일에 의로우시기 때문에(시편 145:17) 우리의 결핍, 눈 멈, 그리고 무지의 원인은 하나님이 명령하신 대로 기도하고, 찾고 그리고 문을 두드리지 않은 우리 자신에게 있습니다.60)

예수 그리스도께서는 밤낮으로 자주 기도하셨고(누가복음 6:17), 모든 힘을 다해 기도했고 기도 가운데 영안에서 즐거워하셨습니다(누가복음 10:21). 이것으로 그리스도는 우리들에게 말과 행동으로 그의 기도하는 본을 가르쳐 주셨으며(마태복음 6:9) 제자들에게 시험에 들지 않게 깨어 기도하라(마태복음 26:41)고 하셨습니다.

그리스도께서 우리에게 기도를 권면하신 것은 우리가 기도를 통하여 영혼의 가장 고상하고 가장 귀한 선에 도달하게 되기 때문입니다.61)

아른트는 요한복음 16정 24절을 근거로 들어 그리스도가 우리에게 기도라고 하신 것은 우리가 기도함으로 받는 열매로 인한 기쁨을 받기위한 것이라고 합니다. 그리스도는 한편으로 우리에게 기도하라고 하지 않으시고 고난 가운데서도 우리를 위해 기도하심으로 스스로 본을 보이셨습니다.

"예수께서 힘쓰고 애써 더욱 간절히 기도하시니
땀이 땅에 떨어지는 핏방울 같이 되더라"
(누가복음 22:44)

이러한 모범을 보이신 것은 우리로 하여금 기도하게 하시기 위한 그리스도의 의지가 나타난 것입니다.[62]

그리스도는 우리의 구원자로써 참 하나님이시며 모든 것을 하실 수 있지만, 한 인간으로서 모든 것을 기도로 하나님 아버지께 요청하셨으며 우리를 위해 기도하셨습니다. 그러므로 그의 모든 생애는 하나님의 뜻을 행하기 위한 지속적인 기도와 탄식이었습니다. 결국 그리스도의 생의 마지막은 십자가에서 기도로 마감되었습니다(누가복음 23:46).[63]

아른트는 우리의 주님이시자 구세주이신 그리스도께서 기도를 통하여 우리에게 선한 것을 주는 것을 이루셨기에 우리가 기도 없이 어떤 것을 이룰 수 있겠는가 질문합니다.

우리는 하나님의 은혜, 빛, 지식, 그리고 믿음 없이 아무도 구원을 받지 못한다는 것을 압니다. 우리가 하나님의 은혜, 빛, 지식, 그리고 믿음을 갖기를 원한다면 기도해야만 합니다. 왜냐하면 기도 없이 우리는 이런 것들을 얻을 수 없기 때문입니다.[64]

아른트는 하나님의 형상으로 창조된 인간은 완전한 지혜, 의, 거룩성 그리고 구원을 지니고 있었다고 말합니다. 그러나 인간의 타락으로 하나님의 형상은 전적으로 부패되고 이 구원도 잃어버렸습니다.

아른트는 지혜서 7장 28절을 근거로 하여 구원이 있는 곳에 하나님의 지혜가 있다고 말합니다. 인간이 처음 가지고 있던 이 지혜를 소유할 수 있는 방법은 기도와 찾는 것과 꾸준히 두드리는 것입니다. 그리스도를 통하여 이미 모든 선한 것들을 받았다 하더라도 아무도 믿음 없이는 그리스도에 참여할 수 없습니다. 그러므로 믿음은 기도하게 하며 찾고 문을 두드리게 하는 동인動因이 됩니다.

아른트는 모든 것이 기도를 통하여 이루어진다고 믿습니다

(야고보서1:7).65)

"일정한 기도시간이 없는 사람은
기도하지 않는 사람이다"
(앤드류 머레이)

12장 기도의
시간과 장소

매일의 기도

기도의 스승들이 일관되게 가르치는 핵심은 기도의 간결함이나 길이보다는 기도를 올리는 '일정함'에 있었습니다.66)

마가릿 하몬 브로Margueritte Harmon Bro는
"매일의 기도로 아마도 6개월 후 쯤에는 전혀 다른 종류의 사람이 되어 있을 것이다"라고 확신했습니다.67)

캠벨은 예수께서 날마다 일용할 양식을 구하라고 가르친 것은 '매일의 기도습관'을 요구하신 것이라 해석합니다. 그리고 이렇게 훈련된 기도의 습관이 중요한 진정한 이유는 "매일 기도하는 습관이 되지 않은 사람은 그가 꼭 필요로 할 때 기도의 영감을 다 잃어버리게 되고 그것이 더 나쁜 것"이라는 데 있습니다.

기도하기 위한 시간을 따로 내어야 한다는 것 역시 중요

합니다. 조지 뮐러는 아침에 주님과 교제를 잘하기 위한 방편을 몇 가지 보여주었는데, 첫째는 주님을 의지하고 일찍 잠자리에 드는 습관을 가지는 것, 둘째는 이른 아침에 일단 잠이 깨면 즉시 일어나는 것, 셋째는 특별한 질병이나 극한 연약 외에는 기도를 지키도록 힘쓰는 것이라고 했습니다.

시간을 사용하는데 여러 가지 방법이 있지만 뮐러는 무엇보다 첫 시간과 마지막 시간을 하나님을 위해 특별히 교제하는 시간으로 떼어 놓았다고 말하고 있습니다.[68]

하루 세 번의 기도가 우리의 생활에 적합하게 여겨집니다. 아침의 기도는 '받배'를 바치는 것입니다. 동시에 깨어나기 위해 힘듦과 싸우는 인내의 수련입니다.

새벽에 하나님이 도우십니다(시46:5). 홍해는 새벽에 갈라졌습니다(출14:21-27). 만나는 새벽에 내렸습니다(출10:21). 여리고 성은 새벽에 무너졌습니다(수6:15). 풍랑은 새벽에 잔잔해졌습니다(마14:24-33). 무엇보다 주님은 새벽에 죽음을 권세를 이기셨습니다(요20:1-18)

새벽에 주님은 죽음을 극복하셨습니다. 여러분이 가진 문제가 무엇입니까? 주님은 새벽에 죽음을 극복하셨습니다.

새벽기도로 새벽에 죽음을 이기신 그 주님의 권능과 능력을 덧입으십시오. 주님은 새벽에 죽음을 이기셨습니다.

여러분이 새벽기도로 이기지 못할 문제는 하나도 없습니다. 왜냐면 주님은 새벽에 죽음을 이기셨기 때문입니다.

"새벽에 하나님이 도우시리로다" (시 46:5)

낮의 기도는 바쁜 중에 바치는 것으로서 항상 하나님께 삶의 근거를 두고 있음의 확인이다. 낮 기도에서 이웃과 세상을 위한 중보의 기도를 바친다면 삶의 한복판에서 삶을 기도하는 것이 될 것입니다.

그리고 저녁의 기도는 아퀴나스Thomas Aquinas가 말한 것처럼 "마음이 가장 민활하고 정신 수습이 잘될 때"[69]의 기도로서, 가장 소중한 시간을 바친다는데 의미가 있습니다. 시간 역시 정하는 것이 좋은데 각자의 처지와 생활리듬에 따라 정하는 것이 좋겠습니다.

정원목사님의 "기도는 심판입니다" 라는 글을 소개합니다.

"일을 마치고 드리는 밤의 기도는 피곤한 하루의 여정을 주님의 손에 의하여 위로 받는 측면이 있겠으나, 또한 심판의 의미도 있는 것입니다. 주님을 위하여 주님과 함께 주님을 의식하며 주님의 힘으로 살았던 그 밤의 기도는 가볍고 아름답고 따사롭습니다. 거기에 주님의 칭찬과 격려가 따릅니다.

그러나 하루 종일 주님을 떠나서 함부로 내뱉은 말들, 함부로 허비했던 시간들, 사람들의 마음에 상처를 주었던 일들을 주님께서 떠올리게 해 주실 때 우리는 너무 부끄럽고 괴로워 반성하고 회개하며 한숨을 토하고 주님께서 용서해 주실 때까지, 다시 그분의 포근한 품에 안아 주실 때까지 고개를 들지 못하고 엎드려 있어야 하는 것입니다.

기도는 날마다의 심판입니다. 그것은 언젠가 받게 될 주님 앞에서의 심판을 미리 연습하는 것입니다. 주님께 심판을 받을수록 우리의 영혼은 정화되고 아름다워집니다. 그리고 내일은 더 좋은 평가를 받을 수 있도록 준비하게 되는 것입니다. 기도는 심판입니다"

양적으로 기도시간을 늘여야 합니다

미국 헨리포드 보건시스템의 과학자들이 조사한 바에 따르면 교육기간이 길어질 수록 뇌의 크기가 커진다는 것입니다. 4년간 교육을 받은 사람에 비해 16년간 교육을 받은 사람의 경우 뇌척수 체액이 10프로가 더 많다고 합니다. 그것은 뇌는 쓸 수록 발달하고 그 기능과 크기가 커진다는 얘기가 되는 것입니다.

기도 역시 많이 하면 할수록 그 능력과 결과가 커집니다. 기도에는 왕도가 없습니다. 기도의 시간을 늘여야 합니다. 많이 해야 합니다. 억지로라도 애써서 해야 합니다.

"영적으로 깊은 기도를 위해서는 양적으로 기도시간을 늘여야 한다" 이것은 깊은 기도를 위한 매우 중요한 기도의 원리입니다

기도의 시간을 늘여야 합니다. 많이 해야 합니다. 억지로라도 애써서 해야 합니다. 그래야 깊은 기도에 들어갈 수 있습니다

"내 구주 예수님을 만난 놀라움 그 다음은, 내가 얼마나 적게 기도의 능력을 사용했는지에 대한 놀라움일거라 생각한다" (D.L. Moody 무디)

"많은 기도가 있는 곳에 충만한 성령이 있고, 충만한 성령이 있는 곳에 계속 늘어가는 기도가 있다" (앤드류 머레이)

5만번 기도의 응답을 받은 죠지 뮬러는 기도에 있어서 인내의 중요성을 다음과 같이 역설합니다

"응답될 때까지 결코 포기하지 않는 것이 중요한 요점이다. 나는 젊은 시절에 한 친구의 아들 두 사람을 위해서 52년 동안 매일을 기도해 왔다. 그들은 아직도 믿지 않고 있다. 그러나 그들도 언젠가 구원받을 것이다.

계속해서 꾸준히 기도하지 않는 것이 하나님의 자녀들의 큰 결점이다. 만일 그들이 하나님의 영광을 위해서 어떤 것을 간구 한다면 그것을 받을 때까지 기도해야 한다"

"우리의 기도는 지칠 줄 모르는 힘과 거부될 수 없는 인내와 꺾여지지 않는 용기로 강하게 구해야 한다" (이 엠 바운즈)

미국 인디언 선교의 아버지, 기도의 사람, 데이비드 브레이너드도 다음과 같이 인내의 기도의 놀라운 영적 유익에 대하여 다음과 같이 고백합니다

"꾸준히 애쓰는 기도를 드리는 것이 좋은 줄 나는 알았습니다. 만일 내가 그 거룩한 분에게 인내로써 또한 계속적으로 큰소리로 기도할 수 없었더라면, 나는 더욱 더 큰 기쁨과 더욱 더 충만한 기도의 영을 느낄 수 없었을 것입니다. 그리고 종종 내가 그 밖의 일을 할 때, 나는 휴식을 잃은 것과 같은 느낌을 갖게 되곤 합니다"

"구하라. 만약 우리가 구하는 대로 받지 못한다면, 찾으라. 만약 찾는데도 받지 못한다면, 그때는 두드려라" (토마스 맨톤)

한분의 귀한 신앙고백이 깊은 영적 깨달음을 줍니다

"오랜 기도와 쉬지 않는 기도만이, 하나님의 기름 부으심을 지속적으로 머무르게 할수 있다. 일회적인 기도로도 기름부으심을 체험할수는 있다.

그러나, 지속적으로 머물게 하기 위하여는, 오랜 기도뿐이다.

이제 우리가 관심을 가져야할 것은, 기도의 응답이 아니라 오랫동안 기도의 자리에 앉아있는 훈련이다. 우리는 오랜 세월동안 기도없이 문제를 해결하는데 익숙하여져 있고, 학습되어 왔다.

이제 인본주의 늪에서 영성의 바다로, 율법의 수렁에서 복음의 강으로 싸이클을 바꾸어야 한다. 영성의 싸이클 전환, 그것을 가능하게 하는 것이 우선 기도의 자리에 오래 머무는 것이다.

하나님을 신뢰하지 못하고, 기도의 응답을 기대하지 못하면 오래 앉아 있는 것이 불가능하다. 우리의 싸이클을 낙망과 적정의 싸이클에서 기도의 싸이클로 바꿀 때 하나님도 우리를 향해 응답의 주파수를 준비하실 것이다 "

밀른(Richard Monckton Milnes)은 "자기 영혼을 기도 속에 함빡 적신 사람들은 모든 고민을 다 해결하고, 또 참고 견딜 수 있다"고 역설합니다.

버나드(Bernard)는 "나는 종종 기도 중에 너무 간절하여 거의 실망할 정도에 이른다. 그러나 필경 나는 승리와 사죄에 대한 확신을 얻는다"고 고백합니다.

"우리 다같이 우리의 고운 옷을 벗어 간구의 방석에 깔고 그것이 천국의 이슬로 흠뻑 젖을 때까지 기도하자" (스펄젼)

기도하고 싶지 않을 때에도 기도해야 합니다

기도가 잘 되지 않는다 해도 기도하며 그 시간을 보내는 것이 기도하지 않고 그 시간을 보내는 것보다 영적으로 훨씬 유익하다는 기도명제가 있습니다.

그래서 기도하고 싶지 않을 때에도 기도해야만 합니다.

"기도하고 싶을 때에는 기도를 해야 합니다. 왜냐하면 아주 좋은 기회를 소홀히 여기는 것은 죄이기 때문입니다.

기도하고 싶지 않을 때에도 기도해야 합니다. 왜냐하면 침체 상태에서 그대로 머물러 있는 것은 위험하기 때문입니다" (스펄전)

한 분은 이렇게 고백합니다.

"당신이 가장 기도할 마음이 없다고 느낄때 거기에 빠지지 않도록 해야 하고, 심지어 당신이 도저히 기도할 수 없다고 생각될 때 기도하기를 더욱 애쓰려고 노력하지 않으면 안 된다"

기도의 막힘와 안됨은 기도로만 뚫을 수 있습니다.

"기도하고 싶지 아니할 때 기도함은 위선이 아니라 최선입니다. 주님도 기도로 공생애를 출발하셨고 기도로 공생애를 보내셨으며 기도로 십자가에서 생을 마치셨습니다" (분당만나교회 김우영목사)

안산 새능력교회의 김동성 목사님은 이렇게 역설합니다.

"기도를 모르는 크리스천은 없다. 기독교인이라면 기도가 중요하다는 것을 잘 알고 있다. 그러나 정작 기도하기로 마음먹었음에도 어떻게 기도해야 하는지 모르는 사람들이 너무나도 많다. 말문이 막혀 기도가 안될 만큼 캄캄한 때도 있다. 그런 때는 우선 기도의 문이 열리게 해달고 기도해야 한다. 기도생활은 안하다가 기도하려고 하면 몇마디 하고는 할 말이 없어지게 마련이다. 그래서 어떤 사람은 주기도문을 몇 백번 암송하기도 한다. 일단 기도의 문이 열리면 마치 누에에서 명주실이 술술 나오듯이 마음의 평화가 오고 힘이 솟아난다. 그러므로 무엇보다도 기도의 문이 활짝 열려야 한다"

기도의 장소

기도의 장소로서 가장 대표적인 기도의 장소는 성전, 즉 교회입니다. 이스라엘 공동체가 광야를 유리할 때 회막에서 하나님을 만났던 사실, 평생을 두고 그리스도를 기다렸던 안나와 시므온이 성전에서 아기 예수를 만났던 사실(누가복음 2장), 불쌍히 여겨달라는 세리의 기도소리가 들려왔던 곳이 성전이었다는 사실을 기억하십시오. "내 집은 기도하는 집"(이사야 56:7, 마태복음 21:13)임을 재천명再闡明하셨던 예수의 말씀도 기억해야 하겠습니다.

이렇듯 기도를 위한 준비로서 장소에 대한 논의는 분명 구체적인 공간을 뜻합니다. 그러나 이 공간의 신학적 의미는 바로 '하나님의 현존現存의 장소'라는데 있습니다.

이 점을 깊이 인식하면서 사실상 모든 장소가 "네가 선 곳은 거룩한 땅이니 네 발에서 신을 벗으라"(출애굽기 3:5)는 명령의 장소임을 깨달아야 합니다. (※이 장에서는 '모든 곳'과 '정해진 곳'이 역설적으로 일치하는 장소를 '기도의 장소'로 명명하며 그 장소를 찾는 일 역시 기도의 일부로 간주하고자 합니다.)

기도의 장소에 대하여 언급하는 대부분의 학자들은 '침묵이 마련된 곳'을 최적의 조건으로 제시합니다. 예수님의 가르침도 동일합니다.

> "너는 기도할 때에 네 골방에 들어가 문을 닫고
> 은밀한 중에 계신 네 아버지께 기도하라
> 은밀한 중에 보시는 네 아버지께서 갚으시리라"
> (마태복음 6:6)

'골방에 들어가 문을 닫으라'는 의미는 방해받지 않고 세상의 소음으로부터 차단되어 주님께 집중하고 주님을 만날 수 있는 골방이 있어야 한다는 것입니다.

하나님이 '은밀한 중에in secret' 계신다는 말씀은 하나님을 만나기 위해서는 은밀한 곳으로 들어가야 한다는 것입니다. 주님과 만날 수 있고 주님께 집중할 수 있는 곳에 들어가야만 바로 그곳에서 은밀한 주님과 교제할 수 있다는 말입니다.

또 '정해진 장소'의 중요성을 제시하기도 하는데 매일 같은 장소는 삶에 있어서 매우 중대한 사건이 일어나는 곳으로서 마가릿 하면 브로는 이 장소를 "사건의 영이 다시금 불러 일으켜지는 곳"이라고 말했습니다. 기도를 위한 특별한 장소는 영에게도 옛 기억이 쉽게 되살아나는 곳이 좋다는 것입니다. 그는 바쁠수록 기도할 장소를 찾으라고 외치고 있습니다70). 리차드 포스터Richard J. Foster도 집중의 은사를 받을 수 있는 장소의 약속을 중요하게 여겼습니다.71)

캠밸 모건George Campbell Morgan 역시 "기도하는데 필요한 장소를 마련하는 것만큼 중요한 일은 없다. 우리가 정해 놓는 시간마다 갈수 있고 또 누가 들어와서 방해하는 일이 전혀 없을 것을 아는 곳이 되어야 한다."72)라고 말합니다. '일정한 장소에서 일정한 시간에 기도하는 법을 배우기 전에는 결코 언제 어디서나 기도하는 법을 배울 수 없다'는 가르침에 주목해야 하겠습니다.

<사귐의 기도>라는 책에서 김영봉 목사님은 달팽이기도실이라는 비유를 하십니다.

달팽이 기도실을 마련하라, 달팽이는 등에 집을 지고 다니므로, 언제 어디서나 귀가하고 싶으면 그 집으로 들어가면 된다.

기도실에 관한 한, 우리는 달팽이처럼 될 필요가 있다. 보이지 않는 기도실을 지고 다니라는 말이다. 어떤 상황에서든 기도하고 싶으면 그 방으로 들어갈 수 있게 말이다.

데이빗 윈터David Winter의 다음 말은 그 중요성을 다시 한 번 각인시켜줍니다.

"나는 기도를 하기 위한 공간이 필요하다고 여러 차례 말씀드 렸습니다. 물론 우리는 어디서건, 상황이 어떻건 위급할 때 기도할 수 있습니다. 사실 세상 어느 곳에도 하늘에 계신 아버지께 여러 분의 걱정과 필요를 말씀드릴 '거룩한' 곳이나 완벽하게 고요한 곳 은 없습니다. 그러나 규칙적으로 기도하기 위해서는 시간과 공간 이 필요하므로 먼저 그것을 마련하는 것부터 시작해야 합니다."[73]

이슬람교도들은 하루에 다섯번씩 반드시 알라신에게 기 도를 한다고 합니다. 게다가 첫번째 기도는 반드시 새벽동이 트기 전에 해야만 하며 반드시 목욕을 해야만 한다고 합니 다. 그들은 아무리 바빠도, 어떠한 긴급한 사정이 있더라도 철저히 지키고 있다고 합니다. 다니엘도 목숨을 걸고 정해진 시간에 하나님께 기도를 드렸습니다.

앤드류 머레이는 "일정한 기도시간이 없는 사람은 기도하지 않는 사람이다."라고 단정하기도 합니다.

일정한 시간에 일정한 장소에서

빌 하이벨스는 "우리는 우리의 기도 생활이 지속적이기를 원한다. 우리가 지속적으로 기도하고 싶다면, 중요한 것은, 주님과의 만남을 위한 특별한 장소와 특별한 시간을 정하는 것이다."라고 말했으며 마크 워터Mark Water는 "일정한 시간에 일정한 장소에서 기도하는 것을 배우기 전까지는 어디에서든 언제든지, 항상 기도하는 것은 불가능하다."고 말했습니다.

엔드류 머레이는 "일정한 기도시간이 없는 사람은 기도하지 않는 사람이다"라고 단정했습니다.

또한 워치만 니는 "기도할 시간을 확보해야 한다. 시간이 날 때까지 기다린다면 결코 기도할 기회를 얻지 못할 것이다. 중보하거나 기도 생활에 진보가 있기를 원하는 사람마다 일정한 기도 시간을 정해야 한다. 이 시간을 방어하고 굳게 지켜 나가자. 기도할 시간을 달라고 주님께 기도하자. 우리는 기도 시간을 보호해 달라고 반드시 기도해야 한다. 기도 시간을 놓치지 않도록 기도하라. 그렇지 않다면 계속해서 기도할 수 없게 된다"고 말했습니다.

날마다 기도의 시간을 지키는 것이 어려울 수 있습니다. 그러나 마음을 항상 새롭게 하고, 시행착오 속에서 새로운 계획을 세우고 실천하면 언젠가는 훈련과 의무와 염원의 그 장소가 그리움과 사랑과 하루의 목적인 시간과 장소로 바뀌어 있을 것입니다.74)

"저녁 9시에 바치는 예배(기도)를 위해 하루를 기다리며 오직 그 시간을 위해 존재하고 있다"고 하신 어떤 목사님의 말씀은 저로 하여금 '하루의 중심'을 다시 생각하게 한 계기가 되었습니다. 그 모습은 의무나 규율이 아니라 사랑과 그리움으로 변하여 버린 '사귐의 시간으로서 기도생활'을 누리는 모습이었습니다.

기도는 이론이 아니라 실행입니다.

연세중앙교회 윤석전 목사님도 이렇게 지적합니다.

"기도는 그리스도인들이 평생 안고 살아야 할 삶의 근원이다. 기도 없이 그리스도인은 살 수 없다. 그러나 사실 우리의 현실은 기도 장님들만 우글거릴 뿐이다. 기도하는 사람들의 기도 체험, 기도하는 사람들의 기도 간증, 기도하는 사람들의 기도 무릎, 기도하는 사람들의 기도 목회, 기도하는 사람들의 기도 삶을 보고 싶다. 그래서 기도의 삶에 대한 설교를 내어놓는다.

기도를 말해서 무엇하겠는가? 우리는 단지 기도를 드려야 할뿐이다. 기도에 대한 어떤 훌륭한 말과 강의가 기도 한마디보다 못하다. 우리는 단지 기도를 드릴뿐이다. 기도하지 않는 그리스도인이라는 말은 그 자체가 모순이다. 그런데도 우리는 이런 모순을 눈 깜박하지 않고서 저지른다. 기도 없는 세상이 안타까울 뿐이다"

리차드 포스터도 말합니다.

"나에게 기도가 무엇인지 가르쳐 준 사람은 많았습니다. 그러나 나에게 기도를 하도록 가르친 사람은 없었습니다"

바로 지금 시간을 내어서 기도해야 합니다. 기도는 이론이 아니라 실행이기 때문입니다

> "기도는 실증을 필요로 하지 않습니다.
> 기도는 오직 실행을 필요로 합니다"

어떤 분의 지적이 가슴 깊게 다가옵니다.

많은 사람들이 기도의 능력을 믿고 그것에 관하여 듣기를 좋아하지만 실제로 기도하는 사람은 아주 적다.

낙타무릎이라고 별명이 붙은 야고보, 그가 죽어서 시신을 보니까 무릎이 낙타 무릎처럼 굳어 있더라는 것입니다. 얼마나 기도를 했으면 무릎이 낙타처럼 되었을까?

> "내게 기도의 응답은 단지 신앙이 아니라
> 일상생활의 실험이다." (스펄젼)

5만번 기도응답 받은 죠지 뮬러는 다음과 같이 말합니다

> "기도를 시작하세요. 하나님이 기도를 가르쳐 주십니다.
> 낙심하지 마세요. 하나님은 열매를 보여주십니다.
>
> 항상 기도하세요. 하나님은 열매를 열리게 해주십니다
> 자주 하나님께 찾아가세요. 하나님은 자주 응답해 주십니다.

일평생 기도하세요. 하나님은 일평생 도와주십니다.
그리고 영원히 함께하십니다." (조지 뮬러)

<하나님이 나를 버리셨다>라는 책에서 맥스 루카도도
다음과 같이 말합니다.

"더 깊이 있는 기도생활을 하는 방법을 알고 싶습니까?
기도하십시오. 기도할 준비는 하지 마십시오.

그저 기도하십시오.

기도에 대한 책을 읽을 필요도 없습니다.

그저 기도하십시오.

기도에 대한 강의를 듣거나 기도에 대한 토론에 참석할 필요도
없습니다.

그저 기도하십시오"

가장 위대한 기도학교는 유명한 기도책을 읽는 것도 아니고
기도세미나를 참석하는 것도 아니고 단지 시간을 내어 기도하는
것입니다.

"기도는 경건을 훈련하고 연습하는 영적인 체육관이다" (Crawford)

기도의 영으로 사십시요

기도는 해야 할 특별한 장소가 정해져 있지는 않습니다. 기도해야하는 경우가 생겼을 때에는 어디에서라도 기도할 수 있습니다. 야곱은 얍복강가에서 기도하였습니다(창32:22-32), 예수님의 제자들은 다락방에서 기도하였고(행1:12-14), 바울과 실라는 감옥에서도 기도하였습니다(행16:2-25)

그러므로 우리는 길을 걸어가면서도 기도할 수 있고, 차를 타고 가면서도 기도할 수 있고, 일을 하면서도 기도할 수 있습니다.

김활란 박사님은 숨을 거둘 때 이런 유언을 하였습니다. 내가 죽거든 나의 장례를 꽃가마로 해 주십시오. 신랑 되시는 예수님을 만나러 가는 것이니 얼마나 기쁘고 감사한 일입니까!

이렇게 귀한 신앙생활을 하던 김활란 박사가 어린 시절 유년 주일학교에 다닐 때에 활란아, 너는 하루에 기도를 몇 번이나 하니? 하고 물었답니다. 그러자 대답하기를 저는 한 번 기도합니다.

깜짝 놀랐습니다. 그게 무슨 말이니? 그러자 어린 활란이가 말하기를 저는 아침에 눈을 뜨면 기도를 시작해서 잠을 잘 때에 기도를 마친답니다.

"나는 기도의 영 속에서 살고 있습니다. 걸을 때, 누울 때, 일어날 때, 운전할 때, 언제나 나는 기도합니다. 그리고 언제나 응답이 내게 옵니다" (죠지 뮬러)

"기도는 말보다 깊은 것입니다. 기도는 말로 고백 되기 이전에 이미 마음 속에 있었고 간구의 마지막 말이 입술에서 그친 뒤에도 기도는 여전히 우리의 영혼 속에 남아 있기 때문입니다"

(오할레스비)

"나는 너희를 위하여 기도하기를 쉬지 죄를
결단코 범하지 아니하고" (삼상 12:24)

"기도자는 영적 전쟁의
최전방에 서있는 사람입니다"
(이동원 목사)

absolute prayer

13장 중보기도

창세기 28장에서 야곱은 광야에서 꿈을 꾸고 꿈속에서 하늘과 땅을 잇는 사닥다리와 천사들이 오르고 내리는 모습을 봅니다 그리고 꿈에서 깨어 "두렵도다 이곳이여 다른 것이 아니라 이는 하나님의 전이요 이는 하늘의 문이로다"라고 고백합니다.

그렇습니다. 우리가 서있는 나의 문제와 고통과 좌절과 절망의 그 처소에 하나님이 함께 계심을 우리는 잊지 않습니까? 우리가 그곳에서 무릎만 꿇을 수 있다면 우리는 승리의 넉넉한 인생을 살아갈 수 있습니다.

창세기 28장에서 야곱은 그리고 하나님께 서원합니다.

"야곱이 서원하여 이르되 하나님이 나와 함께 계셔서 내가 가는
이 길에서 나를 지키시고 먹을 떡과 입을 옷을 주시어 내가
평안히 아버지 집으로 돌아가게 하시오면 여호와께서 나의

하나님이 되실 것이요. 내가 기둥으로 세운 이 돌이 하나님의
집이 될 것이요 하나님께서 내게 주신 모든 것에서 십분의 일을
내가 반드시 하나님께 드리겠나이다 하였더라" (창 28:20~22)

응답받는 기도의 원칙

응답받는 기도의 매우 중요한 영적 원칙중 하나는 이타
적인 기도라는 것입니다.

그렇기에 서원기도, 금식기도, 중보기도, 합심기도 등은
응답이 매우 분명하고 확실합니다.

왜입니까? 이기적인 기도가 아니라 이타적인 기도이기
때문입니다. 우리 이 시간 함께 중보로 기도합시다. 중보기도
는 역사하는 힘이 크고 분명하고 확실합니다.

"남을 위한 기도는 큰 유익이 있다. 남을 위해 하나님께 심부
름하는 대가로 돌아오는 수고비가 있기 때문이다." (사무엘 러더포
드)

"함께 기도하는 것은 혼자 드리는 기도의 독단성을 감쇄시키는
효과도 있습니다. 흔히 다른 성도들과 함께 협력해서 기도할 때
보다 혼자서 기도할 때 우리가 부적절하고 비성경적인 기도에 빠
질 위험이 훨씬 더 커집니다" (우리는 어떻게 하나님의 친구가 되
는가, 레잇 앤더슨)

지구촌교회 이동원 목사님의 <서로 기도하십시오> 라는
설교 중에 나오는 예화입니다.

'이런 아름다운 이야기를 선교잡지에서 읽은 적이 있습니다. 아프리카 산골 작은 마을에 복음이 들어와 마을사람 거의 모두가 예수를 믿게 되었습니다.

그들은 선교사가 가르쳐준 그대로 기도의 삶을 생활화하기 시작했습니다. 이 마을사람들은 마을에서 조금 떨어진 숲 속에 저마다 자기의 기도처를 만들었습니다. 그리고 하루에 두 번 이상 정기적으로 그 기도처를 찾아가 기도했습니다.

마을에서 그 기도처에 이르는 곳까지 여러 개의 기도길이 생겼습니다. 마을 사람들은 그 길을 각자의 기도길 혹은 '나의 생명길'이라고 불렀습니다. 그런데 누군가가 기도를 게을리 하고 기도처를 찾지 않으면 풀이 자라납니다. 그러면 신앙의 친구가 조용히 찾아가 이렇게 말해준다고 합니다.

형제님, 생명길에 풀이 많이 자랐어요.

그래도 변화가 없으면 그의 친구 몇 사람이 함께 대신 그의 기도처를 찾아가서 기도해준 다음 그들의 친구를 다시 찾아와 이렇게 말한다고 합니다.

형제님, 우리가 형제님의 생명길을 닦아놓았어요. 주님이 거기서 형제님을 기다리시는데 저희가 함께 가드리겠습니다.

그러면 그들은 며칠간 그 형제와 함께 그 길을 동행하며 기도의 회복을 도왔다고 합니다'

헤르만이 쓴 「창조적 기도」라는 책을 보면 무도회의 한 장면이 나옵니다. 그 주인공은 결혼식을 앞둔 미모의 처녀로 프랑스 리용의 부자인 비단 상인의 딸입니다.

그녀는 한 청년과 짝이 되어 춤을 추다가 환상을 봅니다. 그 환상은 바로 '죽어 무너져가는 세상'이었었습니다. 눈이 덮인 산이 폭풍에 무너지면서 자신의 주위가 죽음의 구렁텅이 속으로 굴러 떨어져 내려가는 것이었습니다. 그러나 거기에는 기도하는 사람이 한 사람도 없었습니다.

기도로 유지되어야 할 세계가 기도하는 사람이 없기 때문에 무너져 내리고 있었던 것입니다. 기도의 부재로 피조물들은 생명의 근원에서 단절되어 허무한 가운데 구렁텅이속으로 빠져들어 가고 있으나 어느 한 사람도 그 일에는 관심이 없고 오로지 춤만 계속 추고 있었다는 것입니다.

그녀는 마침내 환상에서 깨어났습니다. 그리고 무엇을 결심한 듯이 자기 짝의 팔을 뿌리치고 그 자리를 떠납니다. 그녀는 결혼을 하지 않겠다고 선언하고 수녀원으로 들어가서 기도의 부재로 죽어가는 세계를 위해 평생 중보기도에 몸을 바치기로 결심하였다는 것입니다.

오늘날 이 세상에서 얼마나 많은 사람들이 기도를 외면하고 죽음의 춤만 추고 있습니까? 그리스도인은 이 사람들을 위해 기도해야 할 의무가 있습니다.

"믿는 자는 한 몸이다. 자신이 속한 교회와 사회의 안녕을 위해 기도할 뿐 아니라, 우선적으로, 모든 성도들을 위해 기도해야 한다.

이러한 크고 이기적이지 않는 사랑은 그리스도의 영과 사랑이
그들을 기도하도록 가르치고 있다는 증거가 된다.

먼저 모든 성도를 위해 기도하고 당신 주위의 성도들을 위해
기도하라" (앤드류 머레이)

"우리는 기도 외에는 아무 것도 할 수 없다. 기도는 모든 교파
를 초월하여 진심으로 그리고 전면적으로 연합하여 하나가 될수
있는 유일한 방법이다. 그리스도의 몸 전체가 한 영으로 생명력이
넘치게 된다면, 신자들이 성도로서의 모든 의무를 기쁨으로 수행
하게 될 것이다" (윌리암 캐리)

칼바르트는 기도에 대해 이렇게 설명합니다

"기도는 그리스도들인이 자신만을 위하여 비는 이기적인 기도가
되어서는 안 된다. 교회는 제사장적인 백성이기 때문에 국가와 사
회의 안녕을 위하여, 인류와 만물의 고통을 대변하여 하나님에게
기도해야 한다. 그리고 기도가 그리스도인들이 늘 실천해야 할 행
동이듯이, 실천적인 행동도 하나님에게 드리는 기도여야 한다. 바
울이 '쉬지 말고 기도하라'(살전 5:17)고 한 것도 이런 의미를 갖는
다고 생각한다"

기도자는 다니엘과 같이 기도를 통해 하나님과 영적 세
계의 비밀을 나누는 사람입니다.(단 9:20-23)

"내가 이같이 말하여 기도하며 내 죄와 및 내 백성 이스라엘의 죄를 자복하고 내 하나님의 거룩한 산을 위하여 내 하나님 여호와 앞에 간구할 때 곧 내가 말하여 기도할 때에 이전 이상 중에 본 그 사람 가브리엘이 빨리 날아서 저녁 제사를 드릴 때 즈음에 내게 이르더니

내게 가르치며 내게 말하여 가로되 다니엘아 내가 이제 네게 지혜와 총명을 주려고 나왔나니

곧 네가 기도를 시작할 즈음에 명령이 내렸으므로 이제 네게 고하러 왔느니라 너는 크게 은총을 입은 자라 그런즉 너는 이 일을 생각하고 그 이상을 깨달을찌니라

네 백성과 네 거룩한 성을 위하여 칠십 이레로 기한을 정하였나니 허물이 마치며 죄가 끝나며 죄악이 영속되며 영원한 의가 드러나며 이상과 예언이 응하며 또 지극히 거룩한 자가 기름부음을 받으리라" (단 9:20-23)

이상과 비전으로 가득차 구약의 요한계시록이라 불리우는 다니엘서는 기도를 통하여 하나님의 비전과 뜻을 분별합니다. 기도자는 다니엘과 같이 기도를 통해 하나님과 영적 세계의 비밀을 나누는 특권을 가진 사람입니다.

따라서 지구촌교회 이동원 목사님의 말씀처럼 기도자는 숨어 있는 것과 같이 보이지만 사실은 영적 전쟁의 최전방에 있는 사람들입니다.

기도자는 영적 전쟁의 최전방에 서서 하나님의 뜻과 경륜을 분별하고 예언하는 자입니다.

예언적 중보기도

규장에서 출간된 『예언적 중보기도』라는 책에서 바바라 웬트로블은 이렇게 역설합니다.

"분명히 하나님은 모든 믿는 자들에게 그 어느 때보다 강하게 무언가를 요구하고 계신다. 그것은 바로 모든 믿는 자들이 지옥문을 뒤흔들고 죽어가는 세상의 만물을 새롭게 하시는 하나님의 빛을 비추는 자, 세상을 깨울 수 있는 뜨거운 기도의 용사, 곧 예언적 중보자가 되는 것이다.

기도에 여러 방법이 있겠지만 '예언적 중보기도'는 믿는 자들이 하나님의 마음과 가르침에 어떻게 귀 기울일 수 있는지 분명히 보여주는 기도이다. 기도로 하나님의 음성을 듣는 일은 매우 중요하다. 그리스도의 몸인 교회는 바로 이 중보기도를 통해 매우 중요한 순간에 어둠의 세력과 전략적이고도 효과적으로 맞설 수 있다.

하나님께서 우리에게 은혜를 베푸셔서 특정한 사람이나 장소에 대한 그분의 때와 의도를 알려주시는 적은 매우 많다. 그러나 우리가 주님의 음성에 귀 기울이지 않아 여러 사건에 대한 그분의 지혜를 놓쳐버릴 때도 너무나 많다! 사랑하는 사람이나 낯선 사람을 위해, 공동체나 지역사회, 또는 정부를 위해 예언적 중보기도를 하는 것은 대단한 특권이다. 중보자는 맨 앞줄에 앉아 인류를 향한 하나님의 처방에 귀 기울이는 자들이기 때문이다.

이런 예언적 표현들이 모두 중보기도와 관계가 있다. 하나님께서는 사무엘, 엘리사, 다니엘 같은 선지자들에게도 동일한 방법으로 말씀하셨다. 하나님께서는 자신의 뜻을 전하실 뿐, 그 뜻을 표현하는 방법은 교회에 맡기신다. 이러한 예언적 사명은 두려워해야 할 것이 아니라 크게 환영할 일이다. 하나님께서 이를 통해 그분의 깊은 마음을 우리와 나누고 계시기 때문이다.

예언적 중보자가 되기 위해 모든 사람들이 예언자가 될 필요는 없다. 예언적 중보기도는 특정 집단만을 위한 것이 아니다. 이것은 하나님의 뜻을 행하려고 하는 모든 이들에게 열려 있다"

"기도는 지구 끝까지 영향을 끼친다. 모든 지역의 모든 사람들에게 모든 면으로 역사한다. 기도는 하나님을 접촉하고 이 땅에 일에 관여하시도록 그 분을 움직인다. 천사로 하여금 사람들의 삶을 섬기도록 한다. 우리를 죽이려고 하는 사탄을 결박하고 패배시킨다. 기도는 무소부재하며 모든 것에 역사한다. 기도는 우주적인 것이다" (이엠 바운즈)

중보기도의 힘

"기도와의 8가지 색다른 만남"(이레서원)이라는 책에서 케임브릿지에 있는 트리니티 홀의 연구교수 겸 학장으로 있다가 은퇴하신 챨스 엘리엇교수님은 기도하는 사람에게 나타나는 네가지 측면에서의 변화를 제시합니다.

그 중에서 2가지를 살펴보면 먼저 그는 우리가 기도하면 위해서 기도하는 사람들을 더욱 동정하고 이해하고 사랑하게 된다고 말합니다.

또 한가지 그는 우리가 종종 기도해야할 대상에 대해 관심을 기울이게 하는 알수 없는 힘을 의식한다는 점에서 기도에는 계시적인 특징이 있음을 말합니다.

그는 이렇게 말합니다

"동티모르를 위해서 간절하게 기도하면 영국과 인도네시아가 무기 거래를 통해 저지른 만행에 대해 무관심 할 수가 없다" 북아일랜드를 위해 강한 책임의식을 갖고 기도하면 그 나라에 영국이 개입했던 부끄러운 역사에 관심을 기울이지 않을 수 없다

이처럼 우리는 기도하는 대상에 대해 어떤 안전거리도 유지할 수 없다. 우리는 자기가 기도하는 대상에 빨려 들어가게 된다"

템플이라는 감독이 켐브리지 대학에서 설교 부탁을 받아 설교를 하게 되었습니다. 그는 석학들이 모인 그 곳에서 도대체 무슨 얘기를 해야 하나 하고 고민하다가 '기도를 응답하시는 하나님'이라는 제목으로 설교 준비를 했습니다. 그리고 그는 담담하게 하나님의 말씀을 전했습니다.

그런데 한 청년이 와서 따져 물었습니다. "목사님 지금이 어느 시대인데 기도가 응답된다고 말씀하십니까? 기도가 응

답되는 것은 우연입니다. 어쩌다 그렇게 되는 것입니다. 그래서 우연의 일치라는 말이 있지 않습니까? 기도는 응답되는 게 아니고 우연히 그저 그렇게 요행으로 된 것입니다."

템플 목사님은 그 청년의 말을 듣고 다음과 같이 대답해 주었습니다. "그래, 청년의 말도 일리가 있네. 그런데 이상한 것은 기도하면 우연이 생기고 기도를 안 하면 우연이 안 생긴다는 거야. 그래서 나는 기도하는 거라네. 기도가 응답되는 것이 우연이든 아니든, 기도하면 응답이 오기 때문에 기도가 중요하네."

그 말씀으로 인해 그 집회에 큰 은혜가 쏟아졌답니다.

"기도와의 8가지 색다른 만남"(이레서원)이라는 책에서 케임브릿지에 있는 트리니티 홀의 연구교수 겸 학장으로 있다가 은퇴하신 찰스 엘리엇교수님은 위하여 기도하는 사람과 그 기도를 받는 사람과의 인과관계를 이렇게 설명합니다.

"내 개인적인 경험을 볼 때, 극한 궁지에 몰려 있는 사람들 - 제 3세계의 위기 상황 가운데 있거나 위험하고 고통스럽고 생명의 위협을 느끼며 힘든 상황 속에 있는 사람들 - 은 스스로 깜짝 놀랄 만큼 자기가 도움과 격려, 능력을 공급받고 있다는 사실을 얼마나 자주 반복해서 느끼는지 말했다. 그들은 종종 자주 자기들의 경험을 이야기 했다.

'마치 보이지 않는 어떠한 힘이나 능력이 나를 지탱해주는 것 같은 기분을 느꼈습니다'

만약 그들이 보이지 않는 힘에게서 능력과 용기를 얻었다고 말하고 믿음의 공동체가 그들을 위해 뒤에서 계속 기도해 왔다는 것을 당신이 안다면

물론 인과관계를 부인할수 있지만 그러한 증거를 제시하는 방법에 있어 매우 신중해야 한다. 그렇게 하려면 내적 용기를 외부의 도움으로 돌려야 하는 신앙적인 도약이 필요하다. 나는 이것을 자주 직접 목격하고 들었다.

그러므로 기도하는 사람과 기도받는 사람사이에는 분명한 인과관계가 있다고 자신있게 말할수 있다"

전쟁터에서 한참 교전 중에 한 병사가 앞장을 섰다가 적의 총탄에 맞고 쓰러져 신음을 하고 있었습니다.

총알이 비오듯 쏟아지는데 부상당한 병사는 신음하며 살려달라고 고함을 치고 있는 것입니다. 소대장이 누구든지 뛰어나가 저 병사를 구해 이 참호속으로 데려오라 고 명령을 했습니다.

그러나 모두 공포에 질려 아무도 나갈 생각을 하지 않고 있었습니다. 그때 한 병사가 시계를 보더니 소대장님 제가 가겠습니다. 하고 뛰쳐나가 부상당한 그 병사를 업고 달려왔

습니다.

교전이 끝난 후 소대장이 그 병사에게 물었습니다.

아무도 나갈 생각을 하지 않고 있는데 어떻게 병사만은 나갈 수 있었는가?

그때 그 병사가 말했습니다.

"소대장님, 제가 뛰어나간 바로 그 시간은 저의 어머니께서 저를 위하여 기도하여 주시는 시간이었습니다. 그래서 저는 하나님께서 저를 보호하여 주실 걸 믿었습니다. 그래서 뛰어나가 그를 구할 수 있었던 것입니다"

워싱턴 힐튼 호텔에서 3200명의 정치인이 모인 국가 조찬 기도회로 모였다. 거기서 레이건 대통령은 이렇게 연설해했습니다.

"기도의 힘은 놀랍습니다 정치인이란 서로 원수가 되기 쉬운데 기도하는 사이에 어떤 면으로든지 서로 화해되고 이해할수 있게 된다는 사실입니다.

기도운동은 지금 국내문제가 복잡한 다른 여러 나라에서도 전개되고 있는데 대립된 정치들이 마음을 합하여 위기를 극복하는 면에서 큰 성과를 거두고 있습니다"

주님은 베드로에게 내가 너를 위해서 기도하였다 하셨지

만 유다를 보고는 기도하셨다고 하지 않으셨습니다. 그런 말이 말씀에 없습니다. 신기한 일입니다.

백부종이 그 종의 질병을 사랑으로 주님께 치료를 간구하였을때 그 백부장의 간구는 주님의 마음을 움직였습니다.

이것은 관계의 문제입니다. 관계가 설정이 되지 않으면 기도가 안됩니다. 그래서 관계가 중요합니다.

우리는 기도해보겠습니다 라는 말들을 좋아해야 합니다

"세상에서 가장 위대한 결정은 기도로부터 나옵니다.
세상에서 가장 최상의, 최선의 결정은 기도로부터 나옵니다.
세상에서 가장 최고의 결정은 바로 기도로부터 나옵니다.
세상에서 가장 확실한 결정은 기도후의 결정입니다.
세상에서 가장 큰 위로는 기도해주겠노라 하는 말입니다"

기도해보겠습니다. 기도하십시다. 기도 후에 말씀드리겠습니다. 기도하고 있습니다. 그 문제를 위해 함께 기도하십시다 라는 말을 매우 중요하게 우리는 여겨야 합니다.

기도는 최상의 것을 가져옵니다.

좋은 것은 다 위로부터만 옵니다. 위로부터의 것은 기도로만 얻어집니다.

"각양 좋은 은사와 온전한 선물이 다 위로부터 빛들의 아버지께로서 내려오나니 그는 변함도 없으시고 회전하는 그림자도 없으시니라" (약 1:17)

야고보는 좋은 은사와 완전한 선물은 위로부터만 온다고 역설합니다 기도하는 자는 가장 좋은 것을 얻습니다.

"함께 기도하는 것만큼 성도들의 마음을 하나로 만들 수 있는 것은 없다. 기도 가운데 서로의 마음이 흘러나오는 것을 보게 될 때 우리는 서로를 깊이 사랑하게 된다" (챨스 피니)

"예루살렘이여 내가 너의 성벽 위에 파수꾼을 세우고 그들로 종일 종야에 잠잠치 않게 하였노라 너희 여호와로 기억하시게 하는 자들아 너희는 쉬지 말며 또 여호와께서 예루살렘을 세워 세상에서 찬송을 받게 하시기까지 그로 쉬지 못하시게 하라" (이사야 62:6~7)

"주기도문은 우리가
하나님 앞에 구할 수 있는
모든 것이 총괄되어 있다"
(칼빈)

absolute prayer

14장 기도중 기도, 주기도

일본 동경 대학에 처음으로 철학과가 생겼습니다. 그런데 마땅히 가르칠 교수가 없어서 독일에서 쾨에벨이라는 교수를 초청했습니다. 그는 철학뿐만 아니라 문학, 음악, 종교에도 깊은 조예가 있는 사람이었습니다.

어느날 쾨에벨 교수에게 일본 학생들이 물었습니다.

"선생님은 기도를 드립니까?"

"물론 기도를 드립니다"

"선생님은 무슨 기도를 드립니까?"

"나는 예수 그리스도께서 가르쳐 주신 기도를 자주 드립니다"

"다른 기도는 드리지 않습니까?"

"예. 더 좋은 기도를 드릴 수도 없고, 또 주기도문이면 족하다 고 생각하기 때문에 주기도문만을 즐겨 드립니다"

"선생님, 주기도문은 너무 짧지 않습니까?"

"그 기도가 짧다니 무슨 말입니까? 나는 '나라가 임하옵소서!' 라는 한 구절만으로도 벅차고 커서 감당할 수가 없습니다"

왜 주기도인가?

안산 새능력교회의 김동성 목사님은 주기도문에 대하여 이렇게 역설합니다

"주님이 기도의 삶을 몸소 실천하여 보여주시고 가르쳐주신 주기도문이 가장 복음적이고 능력있는 기도이다. 주기도문은 어찌보면 참으로 짧고 단순하다. 30초 정도면 누구나 다 외울수 있고 또 그대로 기도할 수 있다. 그러나 짧은 그 내용에는 너무도 깊고 오묘한 뜻이 담겨져 있다

도슨 트로트맨이라는 사람이 주기도문을 비유해 마치 햄버거를 구하는 것과 같다고 했다. "햄버거 하나 주세요"라고 주문하면 그 안에 치즈, 고기, 야채 등 여러 가지가 모두 다 합쳐진 햄버거가 나오듯이 간단한 주기도문 안에 우리가 간구할 소망의 내용이 다 포함되어 있다는 뜻이다"

마틴 루터의 기도 글을 다룬 책인 "프로테스탄트의 기도"(비아)에서 마틴 루터는 성화를 위한 강력한 훈련의 책으로써 "주기도문", "십계명", "사도신경", "시편"을 한 구절, 한 구절 강해하며 "주기도문", "십계명", "사도신경", "시편"

의 중요성을 역설하고 있습니다.

한분의 간증을 소개합니다.

어느 여교사가 있었는데 교사생활이 어려울 정도로 몸이
아프고 혈압이 높아져서 혈압을 낮추는 약을 계속해서 복용
을 했습니다. 그렇지만 자신의 할 일을 할 수가 없었습니다.

그것을 지켜보던 한 동료 교사가 '강남금식기도원에 가보
라'고 하였습니다. 그래서 그는 강남금식기도원을 찾아갔는
데, 사람들이 다들 금식하면서 기도를 하는 것을 보고 자기
도 3일을 금식해야겠다고 작정을 하였습니다.

그러나 금식은 따라서 하겠는데 기도를 할 줄 모르니 답
답했습니다. 그래서 지나가는 전도사님께 기도하는 법을 알
려달라고 도움을 요청했습니다. 그 전도사님은 찬송가 맨 뒤
에 있는 주기도문을 찾아 펼쳐주면서 그것을 따라 기도하라
고 하였습니다. 그래서 그 때부터 주기도문을 열 번, 백 번,
천 번, 만 번, 계속해서 복창을 했습니다.

그런데 금식 3일째 되는 날 갑자기 목구멍에서 뭉클하고
핏덩어리 세 개가 올라왔습니다. 그 순간부터 혈압이 낮아지
고 어지럼증도 없어졌습니다. 금식이 끝난 후 병원에 가서
진단을 받으니 질병에서 깨끗하게 고침을 받았다고 했습니
다.

그래서 하나님께 감사하며 '주기도문이 내 병을 고쳤습니다.' 하고 간증을 하게 된 것입니다.

"주기도문은 하나님께서 주신 선물이요,
기도 중의 기도다" (마틴 루터)

"주기도문은 우리가 하나님 앞에 구할 수 있는
모든 것이 총괄되어 있다" (칼빈)

수정 같은 음정과 음색을 가지고 있는 한국의 파바로티로 불리우는 최승원은 고등학교 때부터 하루도 빼놓지 않고 '주기도문'을 외웠다고 합니다. 주기도문을 외우다 보면 불편한 다리가 나을 것이라는 생각이 들었기 때문이었습니다.

지금도 매일 주기도문을 외우기는 하지만 다리 때문은 아닙니다. 이제 그의 다리는 살아가는 데 전혀 문제가 되지 않습니다. 조금 불편한 뿐입니다.

주기도문을 통해 그는 매일하늘에 계신 하나님을 찬양하는 삶을 살기를 작정합니다.

어명기도, 주기도

"어명기도"(킹더마이저)의 저자 이방석 목사님은 주기도문에 대하여 아래와 같이 역설합니다.

"마태복음 6장 9절 이하에 나오는 주기도문은 달달 외워서 무의식적으로 하는 주문이 아니라 주님이 명령하신 기도이다. 왕이신 예수님께서 명령하신 기도이기 때문에 엄밀하게 말하면 주기도문은 '어명기도(御命祈禱)'인 셈이다.

우리말 성경에는 약하게 표현되어 있지만 영어나 헬라어 원문으로 보면 '너희는 반드시 이렇게 기도하라(This is how you should pray)'고 하였다. 이렇듯 어명기도란 왕이 이렇게 기도하라고 명령하신 것이기 때문에 반드시 그렇게 기도해야 된다는 말이다.

주기도문에는 1인칭(I, my, me, mine)이 없다. 자아 중심적인 세계관을 가질 수밖에 없는 것이 인간인데 주기도문을 통해 자기를 뽑아내면 그 뽑아진 공간에 예수 그리스도가 들어오심으로 말미암아 이제는 내가 사는 것이 아니라 내 속에 그리스도가 살게 되는 기도가 바로 주기도문인 것이다.

우리는 삶 속에서 자기의 체면과 명예를 세우려고 예수님의 명예를 얼마나 많이 죽이는지 모른다. 나드 향유의 껍질이 깨져야 향유의 향이 나오듯이 이 비밀은 자아가 깨어짐으로 예수의 향기가 온 세상에 퍼지는 놀라운 비밀이다. 『어명기도』는 자기를 포기하는 기도이다.

예수님께서 "너희는 반드시 이렇게 기도하라"고 명령하신 '어명기도(주기도문)'는 한마디로 자기를 포기하는 기도이며 근본적으로 자기를 제거하는 기도이다.

그런데 오늘날 그리스도인들이 하는 기도의 내용은 대부분 자신을 위한 것이다. 겉으로 보면 신앙에 아무런 문제가 없어보일지 모르지만 그 중심에는 하나님을 이용해 잘 되고자하는 욕심이 깊이 내재하고 있음을 발견하게 된다. 심지어 하나님이 자신의 기도를 잘 안 들어주신다고 하면 '밥 안 먹어!' 하면서 '금식기도'에 돌입하고, 또 '잠 안 자!' 하면서 '철야기도'로 땡강 쓰는 기도를 종종 한다.

이와 같이 하나님께서 마치 나를 위해 존재하는 것 같이 느끼고, 또 가르치고 있는 것이 오늘날 한국 교회의 현주소는 아닐까?

예수는 '주기도문'을 통해 우리에게 기도의 본을 보여준다. 내 이름이 아니라 아버지의 이름이 거룩해져야 하며, 내 왕국이 아니라 아버지의 나라가 임하게 해달라고 기도해야 하고, 또 내 뜻이 아니라 아버지의 뜻이 이루어지게 해달라고 기도해야 된다는 것이다. 이것은 우리에게 존재론적인 혁명을 요구하는 것이다. 과거에는 하나님의 능력을 구했으나 이제는 능력의 주인이 되시는 하나님을 구하고, 과거에는 은사를 구했으나 이제는 은사 주시는 그 본체인 주님을 찾는 것이다."

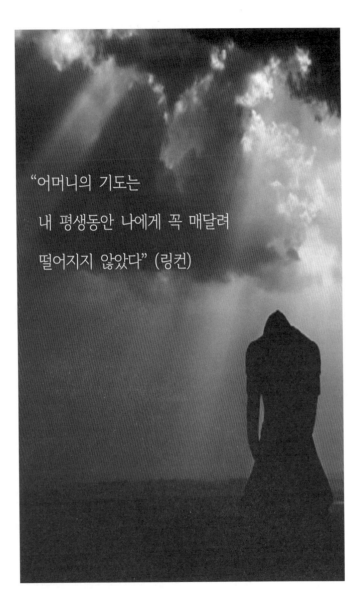

"어머니의 기도는

내 평생동안 나에게 꼭 매달려

떨어지지 않았다" (링컨)

15장 구원과 기도

기도는 구원입니다.

구원이란 내가 내 힘으로 구원을 받을 수 없을 때 전적인 하나님의 외부에서의 구원(extra nos)을 얻어 살리심을 받는 것입니다.

"너희의 허물과 죄로 죽었던 너희를 살리셨도다 전에는 우리도 다 그 가운데서 우리 육체의 욕심을 따라 지내며 육체와 마음의 원하는 것을 하여 다른 이들과 같이 본질상 진노의 자녀이었더니" (에베소서 2장 1-3절)

이것이 마치 전혀 수영을 못하는 내가 물속에 빠졌을 때 다른 사람의 도움이 없이는 살 수 없는 상태에서 전적인 다른 사람의 도움으로만 물속을 나올수 있듯이 구원이란 나에게서 오는 것이 아니라 나 밖에서 임하는 것입니다(extra nos)

"너희가 그 은혜를 인하여 믿음으로 말미암아 구원을 얻었나니 이것이 너희에게서 난 것이 아니요 하나님의 선물이라 행위에서 난 것이 아니니 이는 누구든지 자랑치 못하게 함이니라"

(에베소서 2장 8~9절)

마찬가지로 기도는 구원입니다. 기도는 하나님의 전적인 도움의 행위이며(extra nos), 하나님의 절대적인 선물이며, 무로부터의 하나님의 전적 창조입니다(creatio ex nihilo)

혹자는 기도를 '기가 막힌 도움'의 약자라고 합니다. 맞습니다. 기도는 기적입니다. 기도자는 기적을 체험합니다

시편 107편 기자는 여호와께서 인생에게 행하시는 기적의 2가지 원천을 말씀해줍니다. 그 2가지는 말씀과 기도입니다. 기도할 때 하나님은 우리 인생에 기적을 일으키십니다. 기도할 때 하나님은 우리 인생에 기적을 행하십니다.

"여호와의 인자하심과 인생에게 행하신 기적으로 말미암아
그를 찬송할지라" (시 107:8)

"이에 그들이 그 환난 중에 여호와께 부르짖으매
그들의 고통에서 구원하시되
흑암과 사망의 그늘에서 인도하여 내시고
그들의 얽어 맨 줄을 끊으셨도다"
(시편 107:13-14)

"여호와의 인자하심과 인생에게 행하신 기적으로 말미암아
그를 찬송할지라" (시 107:15)

환난과 역전기도

"여호와께서 내 음성과 간구를 들으시므로
내가 그를 사랑하는도다. 그 귀를 내게 기울이셨으므로
내가 평생에 기도하리로다"
(시편 116:1-2)

"환난 날에 나를 부르라 내가 너를 건지리니
네가 나를 영화롭게 하리로다"
(시편 50:15)

한 형제가 자신의 인내의 부족함을 두고 주님께 간절히 기도 중에 마침 또 다른 형제에게 자신의 인내함을 위하여 중보기도를 부탁하였습니다.

그런데 자신의 중보기도 부탁을 받은 형제가 "주님, 저 형제에게 환난을 주시옵소서" 라고 기도하는 소리를 듣고 이상하게 생각이 들어 그 형제에게 왜 그렇게 기도하느냐며 질문하였습니다.

그러자 중보기도 부탁을 받은 형제가 이렇게 대답합니다. "형제님, 환난은 인내를 낳습니다."

크리스천의 믿음의 훈련은 환난을 통하여 연단되어집니다. 주님이 무엇을 통하여 우리를 연단시키십니까? 주님이 우리를 연단시키시는 오직 단 한 가지 방법이 있는데 그것은 바로 환난입니다. 믿음의 훈련은 환난을 통하여 연단되어집니다. 여기에는 예외가 없습니다.

나의 믿음에 모가 난 부분들이 있다면 나의 믿음에 잘못된 부분들이 있다면 주님께서는 나를 환난이라는 용광로에 집어넣으십니다. 용광로에 넣어진 금이나 철들을 한번 생각해 보세요. 그 뜨거운 불속에서 금이나 철 속에 있던 불순물들이 다 제거되어집니다. 불순물들은 다 용광로에서 제거됩니다.

마찬가지로 하나님께서는 환난이라는 뜨거운 용광로에 우리를 집어 넣으셔서 우리를 연단시키십니다. 그리고 우리의 신앙의 불순물을 다 제거시키십니다. 여기에는 예외가 없습니다.

특별히 나에게 환란이 있다고 하는 것은 주님이 나를 사랑하신다는 사인입니다. 이것을 분명히 알아야 합니다.

"주께서 그 사랑하시는 자를 징계하시고 그의 받으시는 아들마다 채찍질 하심이니라. 하나님이 아들과 같이 너희를 대우하시나니 어찌 아비가 징계하지 않는 아들이 있으리요 징계는 다 받는 것이어늘 너희에게 없으면 사생자요 참 아들이 아니니라"

(히 12:6-8)

징계가 없으면 환난이 없으면 그는 주님의 자녀가 아닙니다. 나에게 환난이 있고 징계가 있다고 하는 것은 주님이 나를 여전히 사랑하신다는 중요한 사인입니다.

19세기 미국 설교계의 거장인 헨리 워드 비이처 목사님은 고난에 대하여 이렇게 정의합니다.

"고난은 하나님의 심부름이다. 어려움이 우리에게 찾아 왔을 때, 우리는 그것을 하나님으로부터 온 선물로써 하나님의 신임의 증거라고 간주해야 한다."

맹자도 고난에 대하여 이렇게 말했습니다.

"하늘이 어떤 사람에게 큰 임무를 맡기려고 할 때, 반드시 먼저 그 심지(心志)를 괴롭히고 그 근골(筋骨)을 고생시키고, 그 몸을 굶주리게 하고 그 육체를 궁핍케 하고, 그의 하는 일을 다 어지럽게끔 한다."

또 한명 저명한 기독교 저술가인 c. s 루이스 박사는 고통은 하나님의 사랑의 확성기라고 표현했습니다. 고통을 느끼는 것은 결코 재앙이나 불행이라 생각하지 마십시오. 그것은 쓸데없이 찾아오는 것이 아닙니다.

혹시 말 못할 환난 중에 있습니까? 눈물을 흘려도 흘려도 감당치 못할 큰 환난과 고난 중에 있습니까? 그 고난이 깊으면 깊을수록 분명한 사실 한 가지는 그 고난과 환난의 깊이만큼 주님이 여러분들을 사랑하신다는 것입니다.

유달리 큰 환난을 당하는 성도님들을 봅니다. 그러나 저는 그 성도님들을 보면서 생각합니다.

'하나님이 정말 사랑하시는구나' 그 고난이 깊으면 깊을수록 분명한 사실 한 가지는 그 고난과 환난의 깊이만큼 주님이 여러분들을 사랑하신다는 것을 분명히 믿으시기 바랍니다.

환난은 이처럼 소중하고 귀중한 것입니다. 믿음은 환난을 통하여 연단되고 성장되어집니다. 환난이 깊으면 깊을수록 주님이 나를 그만큼 사랑하신다는 것을 우리는 알게 됩니다. 환난은 이처럼 소중하고 귀중한 것입니다.

특별히 주님은 환난 중에 있는 자들에게 말씀하십니다.

"환난 날에 나를 부르라 내가 너를 건지리니 네가 나를 영화롭게 하리라" (시 50:15)

이 말씀은 인생 역전의 확실하고 분명하고 위대한 비결을 알려줍니다. 환난 날에 주님을 부르며 기도하는 자는 그의 인생이 역전됩니다. 불가능이 가능으로 바뀌며 저주가 축복으로 바뀌며 절망이 소망으로 바뀝니다. 실패가 승리로 바뀝니다.

주님을 부르는 자에게 불가능은 없습니다.
주님을 부르는 자에게 절망은 없습니다.
주님을 부르는 자에게 더 이상 절망과 불가능은 없습니다.

환난 날에 무릎 꿇고 주님을 부르십시오. 그러면 살아계신 주님께서 여러분들을 그 환난에서 건져주시고 날마다 승리를 주실 것입니다.

무릎 꿇고 주님을 부르는 자에게 더 이상 불가능은 없습니다. 기도는 모든 것을 변화시킵니다. 기도하는 자에게 실패는 없습니다.

기도하는 자에게 불가능과 절망은 없습니다. 독자 여러분도 기도할 수 있기를 바랍니다. 기도하는 자에게 주님은 승리를 약속하셨습니다.

> "환난 날에 나를 부르라 내가 너를 건지리니
> 네가 나를 영화롭게 하리라"
> (시편 50:15)

'환난 날에 나를 부르라. 내가 너를 그 환난에서 건져주겠다.'고 주님은 약속하십니다. 환난에서 우리를 건져주신 신실하시고 성실하신 하나님께 우리로 하여금 영광을 돌리게 하겠다고 말씀하십니다.

다윗은 시편 40편 1-3절에서 다음과 같이 신실하신 하나님에 대하여 고백합니다.

> "내가 여호와를 기다리고 기다렸더니
> 귀를 기울이사 나의 부르짖음을 들으셨도다
> 나를 기가 막힐 웅덩이와 수렁에서 끌어올리시고
> 내 발을 반석 위에 두사 내 걸음을 견고하게 하셨도다
> 새 노래 곧 우리 하나님께 올릴 찬송을 내 입에 두셨으니
> 많은 사람이 보고 두려워하여 여호와를 의지하리로다"
> (시편 40:1-3)

다윗의 하나님은 다윗을 기가 막힐 웅덩이와 수렁에서 끌어올리시는 신실하시고 살아계신 하나님이십니다. 우리의

입술에 새로운 찬양을 새로운 노래를 주시는 성실하신 하나님이십니다.

다윗은 하나님을 기가 막힐 웅덩이와 수렁에서 나를 건지시는 신실하신 하나님으로 고백합니다. 그래서 그 위대한 일을 행하신 신실하신 하나님을 향하여 영광의 새 노래를 부릅니다.

2차 세계대전 때에 영국군이 독일군에게 밀려 어느 반도에 35만 명이 갇히고 말았습니다. 영국 국왕은 독일군을 이길 방법이 없어서 모든 국민에게 하나님께 회개와 금식을 선포하고 하나님께 부르짖었습니다. 이때 영국군은 하나님의 도우심으로 무사히 탈출할 수 있었습니다. 그 이후 영국은 이날을 기도의 날로 정해서 지키고 있습니다.

환난 날에 주님을 부르십시오. 신실하신 주님께서 여러분을 환난과 기가 막힐 웅덩이와 수렁에서 건져주실 것입니다. 그리고 우리로 하여금 영광을 돌리게 하시고 우리의 입술에 그 신실하신 주님을 향한 새 찬양을 날마다 주실 것입니다.

창세기 17장에서 이스라엘이 르비딤에서 아말렉과 싸울 때 모세가 손을 들고 하나님께 기도하면 이스라엘은 이겼고 손을 내리고 기도하지 않으면 그들은 아멜렉과의 싸움에서 패배했습니다.

그러나 모세의 피곤하고 지친 팔을 아론과 훌이 붙들어 올렸을 때 이스라엘은 아멜렉과의 싸움에서 승리할 수 있었습니다. 모세의 올라간 팔 때문이었습니다.

모세는 그곳에 단을 쌓고 단 이름을 '여호와 닛시'라 명명하였습니다. 여호와 닛시란 '여호와는 나의 깃발, 나의 승리'라는 뜻입니다.

승리는 올라간 팔에서부터 나옵니다.
주님의 이름을 부를 때 우리는 승리하게 됩니다.
주님의 이름을 부르며 모세와 같이 내 팔을 주님을 향하여 높이 들 때 우리는 승리하게 됩니다.
주님의 이름을 부르며 내 팔을 주님을 향하여 높이 들며 무릎을 꿇을 때 우리는 승리하게 될 것입니다.

시편 116편 기자는 다음과 같이 고백합니다.

"여호와께서 내 음성과 간구를 들으시므로
내가 그를 사랑하는도다. 그의 귀를 내게 기울이셨으므로
내가 평생에 기도하리로다"
(시편 116:1-2)

환난 날에 날마다 승리를 주시는 신실하시고 성실하신

하나님을 향하여 항상 기도하시기 바랍니다.

> "환난 날에 나를 부르라 내가 너를 건지리니
> 네가 나를 영화롭게 하리로다"
> (시편 50:15)

"세상에서의 갈등을 풀고 개인적인 상처를 치유받기 위해 우리는 해결책을 찾아다닌다. 많은 사람들은 자신의 소리에 귀 기울일 정신과 의사 혹은 존문가나 목회자 등에 문의한다. 그러나 우리의 삶에서 가장 큰 필요가 기도라는 사실을 우리는 깨닫지 못하는 것 같다. 기도는 우리가 가지고 있으면서도 가장 방치되고 있는 자원이다. 기도는 우리가 아무 이유없이 사용하지 않고 있는 능력이다"(McGee)

구원과 기도의 기도신학적 접근

기도는 구원입니다

구원이란 내가 내 힘으로 구원을 받을수 없을 때 전적인 하나님의 외부에서의 구원(extra nos)을 얻어 살리심을 받는 것입니다.

이것이 마치 전혀 수영을 못하는 내가 물속에 빠졌을 때 다른 사람의 도움이 없이는 살 수 없는 상태에서 전적인 다른 사람의 도움으로만 물속을 나올수 있듯이 구원이란 나에게서 오는 것이 아니라 나 밖에서 임하는 것입니다(extra nos)

"환난 날에 나를 부르라 내가 너를 건지리니
네가 나를 영화롭게 하리로다"
(시편 50:15)

"내가 여호와를 기다리고 기다렸더니
귀를 기울이사 나의 부르짖음을 들으셨도다
나를 기가 막힐 웅덩이와 수렁에서 끌어올리시고
내 발을 반석 위에 두사 내 걸음을 견고하게 하셨도다
새 노래 곧 우리 하나님께 올릴 찬송을 내 입에 두셨으니
많은 사람이 보고 두려워하여 여호와를 의지하리로다"
(시편 40:1-3)

전혀 수영을 못하는 내가 물속에 빠졌을 때 다른 사람의 도움이 없이는 살 수 없는 상태에서 전적인 다른 사람의 도움으로만 물속을 나올수 있듯이, 환난 날에 나를 건지시고 (extra nos-내 밖으로부터), 기가 막힐 웅덩이와 수렁에서 나를 건지시며 무로부터의 하나님의 전적인 새로운 창조의 역사를 만드시는(creatio ex nihilo) 하나님의 전적인 구원의 행위가 바로 기도입니다.

기도는 구원입니다. 기도는 하나님의 전적인 도움의 행위이며(extra nos) 하나님의 절대적인 선물이며, 무로부터의 하나님의 전적 창조입니다(creatio ex nihilo)

너희가 그 은혜를 인하여 믿음으로 말미암아 구원을 얻었나니 이것이 너희에게서 난 것이 아니요 하나님의 선물이라 행위에서 난 것이 아니니 이는 누구든지 자랑치 못하게 함이니라 (에베소서 2장 8,9절)

"기도의 성공자가
인생의 성공자이다"

"지금 그대에게 필요한 것은
다름 아닌 기도이다" (마더 테레사)

absolute prayer

16장 기도의 성공자가 인생의 성공자

"똑같은 장소에서 똑같이 일하여도 어떤 사람은 성공하고 어떤 사람은 실패한다. 기도에 실패한 인생이기 때문이다.

성도라면, 더군다나 적어도 제직이라면 새벽기도는 기본이고 하루에 30분 정도는 골방에 들어가서 주님과 더불어 깊은 묵상을 하며 기도해야 한다.

그것조차 되지 않는다면 제직이라 할 수 없고 주님께서도 그런 사람에게는 결코 축복을 주실 수가 없다.

기도하지 않는 사람에게 어떻게 하나님께서 역사하시며 그런 사람을 어떻게 축복을 하실 수 있을까?

목청을 높여서 하루에 최소한 7곡 이상의 찬양을 성령이

충만하여서 올려드려야 한다. 이것도 못하면서 어떻게
주님의 평안과 축복이 나에게 임하기를 바랄 수가 있겠는가.

하루에 최소한 한 편 이상의 설교말씀을 간절히 사모하면서
말씀을 들어야 한다.

이러한 영적 생활이 없다면
평안하기를 아예 생각도 하지 말라.
축복받을 생각은 아예 하지 않는 것이 좋다.

기도를 해야만 산다. 잎은 무성하고 말로는 주님을 잘
찾는데 도무지 순종의 열매가 없다. 어찌 형통의 축복과
평안을 누릴 수가 있겠는가?

기도의 성공자가 인생의 성공자이다.
기도하지 않는 자는 하나님의 자녀가 아니다.
지금 나에게 가장 필요한 것은 무엇인가?

지금 나는 진정으로 주님의 평강과 기쁨이 함께 하고
있는가? 아니면, 조그마한 일에도 불안하며, 근심하며,
좌절을 하는가? 그러면 모든 것을 접어두고 주님 앞에
엎드려 통곡을 하며 기도해야만 산다.

죽어가는 내 가족의 영혼과 죽어가는 이웃의 영혼을 보고도

애통하는 마음이 없다면 심한 중병에 걸린 것이다.

언제까지 기도해야 하는가 얼마만큼 기도를 올려야 하는가?
죽을 만큼 고통과 절망의 환경 가운데 있을지라도 내
마음에 진정으로 주님의 기쁨과 평강이 올 때까지, 그리고
밤낮 주님 때문에 행복하고 평강이 넘칠 때까지 주님께
기도를 올려야 한다.

이렇게 하고 나면 그 나머지는
그냥 공짜로 주님께서 더하여 주신다.

그리고 문제가 풀리기 시작하며, 사업이 번성하기 시작하며,
인간관계가 풀리기 시작한다. 어려운 환경 가운데
있으면서도 마냥 멍하게 있으면서 기도할 마음이 생기지
않는다면 정말로 심각한 일이다.

안되면 금식을 해야 한다. 최소한 3일은 금식으로 자신을
주님께 복종시켜야 한다. 하루 이틀 금식은 믿음과 정성이
부족하므로 기도의 응답이 어려워지게 되는 것이다.

물에 빠진 자를 구출하는 잠수부는 그가 완전히 녹초가
되어 힘이 다 빠진 후에야 비로소 구조 작업을 시작 하듯이
주님께서도 우리가 완전히 항복할 때까지는
결코 역사 하시지 않는다.

축복을 주시기 전에 반드시 흔들어 보시는 것이다"

(크리스천과 경제생활 퍼옴)

"기도의 용사는
하나님께 타인에 대하여
말씀드린다" (존 맥스웰)

17장 기도십(prayership)과 리더십

"영혼을 구원하는 자는 다른 사람에게 하나님에 관하여 이야기한다. 그리고 기도의 용사는 하나님께 타인에 대하여 말씀드린다"

(존 맥스웰)

진정한 리더십은 기도십입니다. 리더십이란 다른 사람의 마음을 효율적으로 움직이게 하여 일치와 교감을 이루는 기술입니다.

허드슨 테일러가 가장 빈번하게 인용했던 말 중 하나를 소개합니다. "사람을 움직이는 것은 하나님을 통해서 '오직 기도로만' 가능하다"입니다. 우리는 기도로 다른 사람의 마음의 변화를 이끌어 낼 수 있으며, 다른 영혼의 심령도 만질 수 있습니다.

<셀 그룹 폭발>(NCD)이라는 책에서 조엘 코미스키는 기도와 리더십의 상관관계를 이렇게 설명합니다.

"살아계신 하나님과 가지는 경건의 시간에 셀 리더들은 하나님의 음성을 들으며 그의 인도하심을 받는다. 이 조용한 시간에 그들은 말이 많은 사람들을 어떻게 대해야 하며 기도의 응답을 기다리는 법, 또한 그룹 내의 상처받은 회원들을 어떻게 인도할 것인가를 깨닫는다.

하나님의 인도하심에 따라 행동하는 리더들은 놀라운 의사결정 능력과 지도력을 가지고 있다. 그룹원들은 하나님의 음성을 듣고 방향을 잘 아는 리더에게 반응한다. 하나님은 성공을 가져다주시는 분이다."

기도하는 리더만이 놀라운 의사결정 능력과 지도력을 가질 수 있습니다. 소그룹 회원들은 하나님의 음성을 듣고 방향을 잘 아는 리더에게 반응합니다.

'기도는 마음의 벽을 허뭅니다.'는 글을 소개합니다.

"사람들과의 간격이 느껴질 때가 많습니다. 같이 이야기하고, 인사하지만 뭔가 벽이 느껴집니다. 사람들과의 거리는 물리적인 거리가 아니라 마음의 거리입니다. 영계의 거리가 서로 떨어져 있기 때문입니다.

기도의 영계에서 그를 만나십시오. 그에게 이야기를 하십시오. 현실 세계에서의 이야기는 오해가 생길 수도 있지만 기도 세계 속에서의 대화는 순수한 것입니다.

기도의 세계에서 그를 격려하고 조용히 그의 손을 잡아 주십시오. 머지않아 당신은 그와 함께 조용히 웃을 수 있게 될 것입니다."

캠브릿지 대학의 프레이저 왓츠도 말합니다.

"다른 사람의 필요를 위해서 하는 중보기도는 그들과 우리 사이의 관계에도 변화를 가져온다. 예를 들어 다른 사람들 때문에 화가 나거나 속상할 때 그것을 바꾸는 방법으로 그들을 위해 기도하는 것보다 효과적인 방법은 없다."

진정한 리더십은 기도십(prayership)입니다.

1) Pigeon Walk, 2003년 swim 'QT' 나눔 인용
2) Ibid.
3) 지원상, "마틴 루터의 기도론" (월간기도사, 1987)
4) 존 칼빈, "기독교 강요 III권"(서울:혜문사, 1984), p. 604
5) 정인철, 누가복음에 나타난 '예수의 기도'
6) Ibid.
7) Ibid.
8) C.A.S., <5만 번 응답받은 뮬러의 기도 비밀>
   (생명의 말씀사, 1995)
9) Ronald S. Wallace, <칼빈의 기독교 생활 원리>
   (나용화 역, 기독교 문서 선교회, 1992)
10) Ibid.
11) 김이곤·황정욱·오영석·강성영, "시편 기도시의 문맥에서 본
    칼빈의 기도론"
  (Calvin's View of Prayer in the Context of the Lament Psalms)
12) Ibid.
13) 김오성 "기도의 이론과 실제에 관한 연구"
    (한세대 석사학위 논문, 2000년)
14) Wayne R. spear, "기도의 신학"
       (지인성 역, 대한 기독교서회, 1990)
15) "기도, 은혜의 방편", 유해무 논문 재인용
16) 이종욱, "능동적 밤에 있어서의 기도와 정화", <십자가의
    성 요한의 영성 입문: 가르멜 수도회 편>
    (서울:크리스챤 출판사, 1991)
17) 홍성주, <21세기 기도 신학> (은성, 1996)
18) Ibid.
19) 프론 호펜, op.cit.

20) 김경희, "영성생활의 중심으로서 기도 연구"
　　(한신대 석사학위 논문, 2001년)
21) 이덕주, "이덕주 교수가 쉽게 쓴 한국 교회 이야기"
22) Ibid.
23) 조하식, "미국 연합기도 부흥운동 1857~1859"
24) Ibid.
25) Andrew Murray, <그리스도의 영>
　　(임석남 역. 기독교문서선교회)
26) Jessie Penn-Lewis, <능력있는 기도> (두란노, 2000)
27) 프론 호펜, <Theology Digest>
　　1999년 봄 호에 실린 글 중
28) Wesely L. Duewel, <능력있고 응답받는 기도>
　　(주상지 역, 생명의 말씀사)
29) Ibid.
30) 김이곤·황정욱·오영석·강성영, op.cit.
31) John Arndt, <참 기독교에 관한 4권의 책>,
　　김문기, "요한 아른트의 생애와 '참 기독교'에 나온 기도
　　에 관한 이해" 논문에서 재인용
　　(평택대학교 신학전문대학원)
32) R. A. Torrey, <어떻게 기도할까>
　　(장동수 역, 기독교문서선교회)
33) "프로테스탄트의 기도"(비아, 마틴 루터)
34) <칼 바르트가 읽은 주의 기도/사도신조>
　　(최영 역, 다산글방, 2000)
35) 김이곤·황정욱·오영석·강성영, op.cit.
36) Thomas Merton, "Praying the Psalms"
　　오무수 역 (성바오로, 1994)

37) Donald J. Campbell, <The Adventure of Prayer> (Nashville: Abingdon-Cokebury Press)

38) 정찬문, '영혼의 어두운 밤'(the dark night of the soul)을 지나는 여정

39) 크리스챤 투데이, 이대웅 기자 2013년 7월 9일자 보도내용 중

40) "기도, 은혜의 방편", 유해무 논문 재인용

41) Ibid.

42) 김이곤·황정욱·오영석·강성영, op.cit.

43) 정대식, 「기도의 삶」(서울:카톨릭 출판사, 1993)

44) Brent P.Waters, Prayers and Modern Man, by Jacques Ellul, "Christian Spirituality"

45) Ibid.

46) Ibid.

40) 홍성주, "21세기 기도 신학"(은성, 1996)

48) 김요셉, "무릎비전"(누가 출판사, 2006)

49) Derek Willams, <IVP 성경사전> (이정석 외 역, 한국기독학생회출판, 1993)

50) Leane Payne, <듣는 기도> (김경옥 역, 조이선교회, 2000)

51) Ibid.

52) Ibid.

53) Henri Nouwen, <모든 것을 새롭게 만들고> (바오로딸, 1990)

54) 김이곤·황정욱·오영석·강성영, op.cit.

55) Ibid.

56) Wayne R. Spear, <기도의 신학>, 지인성 옮김

(서울: 대한 기독교 서회, 1990)

57) John Arndt, op.cit.

58) Ibid.

59) Ibid.

60) Ibid.

61) Ibid.

62) Ibid.

63) Ibid.

64) Ibid.

65) Ibid.

66) R.C.Bondi, 사랑과 기도(이후정 역, 컨콜디아서, 1994)

67) Harmon Bro, Margueritte, <More Than We Are>
    (New York : Harper and Brothers, 1948)

68) C.A.S., op.cit.

69) Jordan Aumann, 영성신학(이홍근 역, 분도출판사, 1987)

70) Harmon Bro, Margueritte, <More Than We Are>
    (New York : Harper and Brothers, 1948)

71) Richard J. Foster, <기도>(송준인 역, 두란노, 1995)

72) Campbell Morgan, <주여 우리에게 기도를 가르쳐
    주옵소서> (김원주 역, 도서출판 풍만, 1987)

73) David Winter, <당신도 기도할 수 있습니다>
    (한정옥 역, 바오로 딸, 1996)

74) 김보록, "신자들의 영성생활"
    (사목, 1991년 12월호, 한국 천주교 중앙협회)